深層文化 異文化理解の真の課題とは何か

DEEP CULTURE　The Hidden Challenges of Global Living　Joseph Shaules

ジョセフ・ショールズ | 著　鳥飼玖美子 | 監訳　長沼美香子 | 訳　大修館書店

DEEP CULTURE by Joseph Shaules
Copyright © 2007 by Joseph Shaules
Japanese translation published by arrangement with
Multilingual Matters through The English Agency (Japan) Ltd.

TAISHUKAN PUBLISHING COMPANY, 2013

日本語版への序

　私が初めて日本にやって来た1986年，この国は元気いっぱいの10代の若者のような活気で満ちていた。景気はよく，ソニーやトヨタのような大企業が世界を席巻していた。日本製品は洒落たデザインと質の高さで世界中にその名をとどろかせていた。1986年というのは，"Walkman"（ウオークマン）という語がオックスフォード辞典に取り上げられた年である。若く現代的でクールな日本が戦後世代に取って変わりつつあった。海外での日本のイメージは，ゴジラからドンキーコングに変わった。このような世界的な大成功と溢れんばかりの活気は当時の私にさえ顕著だった。英会話学校は大人気だったし，私が教えていた生徒たちはたいてい私よりはるかに国際的だった。パリやローマを訪れたことを話題にし，アメリカかイギリスに留学する夢を語った。妙な話だが，私が西欧文化を発見したのは1980年代の東京でであった。高級フランス料理やイタリアの食べ物をご馳走になった（初めてニョッキを食べた）し，西洋美術展に行った。ゴッホの有名な「ひまわり」の絵さえ見たが，あれは安田生命保険会社が4千億ドルというべらぼうな価格で購入したものだった。夢と希望に満ちていた時代だった。「国際化」や「国際人」という言葉が斬新でワクワクするような響きを持っていた。

　時代は何と変わったことだろう。私の来日が未来への期待に溢れた若さを示していたとするなら――私は若干24歳だった――私も日本も，共にいささかくたびれた中年にさしかかったといえよう。国際化という考え自体が何やら古くなっている。海外に出る学生の数も減ってきている。海外で生活したり働いたりというのは，もはや頑張って手にする夢ではなく，単なる仕事に過ぎないことが多い。しかし幸いなことに日本は，アメリカのものなら何でも良いというような強迫観念から脱し，もっと広い意味での国際的なものに関心を移している。大学生はヨーロッパと同じくらいアジアに興味を持っていたりする。ディズニーランドやベニス・ビーチに行くだけでなく，フィリピンやタイでボランティア活動をする。

　最近の日本が世界に対して取っている控えめで慎重なアプローチの仕方は，単に経済不況の結果だけではない。国際関係や異文化理解というものが

最初に考えていたよりは難しいということを根本的に認識したことを表わしている。1980年代の国際化は非常に表面的であった——娯楽の一形態に近いと言って良いくらいだった。海外旅行に出かけた観光客はビッグベンやタイムズスクエアの前で写真を撮り，帰国するとみやげのチョコレートやキーホルダーを配った。今日の日本は，このようなナイーブな国際化を超えている。日本は今や成熟し，国内外でより大きな挑戦を引き受けることができるようになっている。アジアにおいて複雑な関係を調整しながら，国際社会で自らの場を確保しつつある。これは派手な企てではない。求められているのは，対話を継続することであり，深い種類の人間外交である——これは単なる経済的便利性を超えるものの上に築かれる。

　本書は，このような，より困難で，より深い形の国際化について書いている。鍵概念は「深層文化の学び」であり，異文化感受性を獲得する上での試行錯誤のプロセスを指している。深層文化を学ぶことはインターネットではできないし，観光地を訪れるだけでは可能でない。深層文化を学ぶとは，他者の文化的視点を理解しようと試みる長期にわたる過程である。外国で時を過ごす時に，物事がどうなっているのか分かろうと苦心惨憺する時に，外国語を習得しようとする際に，私たちの頭脳は変容する。新たな眼で世界を見るようになる。本書では，このような深い変化に繋がるような異文化の学びの過程を説明する。

　国際的な理解というのは，極めて個人的なプロセスである。それは外国での生活という挑戦と闘っているうちに，個々の人間の内部で起こる。私にとって，日本に来たことは，そのプロセスにおいて重要な意味を持つ。日本語を学び，日本社会で暮らすことを学び，日本文化を個人的かつ親密な方法で知るようになった——これらはすべて私にとって，変容を迫る体験であった。この体験のおかげで私は，深層文化を学ぶことがいかに難しく，そしていかに報われるものであるかを理解することができるようになった。

　この本が，ささやかではあっても，日本で学んだことすべてに対する恩返しとなり，このワクワクするようなプロセスが他の方々にとってより円滑になる一助となることを願う。

　　　　　　　　　　　　　　　　　　　ジョセフ・ショールズ

はじめに

　少し前に参加した異文化コミュニケーションに関する学会で，発表者のひとりから次のようなコメントがあった。「グローバリゼーションは，文化の差異という概念を無効にしている」。何週間か後に，1年半の世界一周旅行から戻ったばかりの友人と再会した際に，この主張をどう思うか尋ねてみた。彼の意見はこうだった。誰にせよ，そういう発言をする人は「インターネットをやめて，バスに乗って出かけるべきだ」，そうすれば文化の違いがわかる。さらに続けて，「地球村」での異文化接触の大方は，本来的な「異文化体験」と称するに値しない，とも。なぜなら，「地球村」は多様性を見せてくれるかもしれないが，一般的にはまともに「適応する」必要はないからだ。自文化の環境内で異文化と仮想的な接触をしたり，外国の人と実際に会ったりするのさえ，比較的浅い体験だ。自分を大きく変えて付き合う必要はほとんどないからだ。ところが，海外で生活したり，あるいは外国へ旅行したりするだけでも，未知の環境でやっていくことは学びのプロセスを体験せざるを得ないことを意味する。異文化接触は，異文化適応と同じではないのである。

　この違いは，本書のねらいを理解するうえで大切だ。本書は，異文化滞在者（sojourners）が新たな文化的環境で生きていく上で体験する「文化を学ぶ」プロセスに着目する。今日のますますグローバル化する世界で，未曾有の数の人々がこの課題に直面している。海外駐在者，留学生，NPO（非営利団体）のボランティア，世界各地を訪れる旅人にせよ，またはリゾート・ホテルに宿泊する観光客でさえも。本書では次のことを主張する。異文化体験の多様性にもかかわらず，未知の文化環境では基本的に誰もが類似した学習プロセスを体験する──新たな環境に適応する必要性（adaptive demands）は共通したものである。適応への必要に直面すると，異文化の中にいる滞在者は新たな環境について学ぶだけでなく，より深いレベルで，時として自分を変容させることさえも学ぶ。本書ではこのようなプロセスを理解するために，理論的なモデルを紹介する。このモデルが，異文化トレーニングや異文化教育の基礎として役立つことを願うものである。

本書の題名は『深層文化』（原題 *Deep Culture*）である。深層文化とは，自らの体験を解釈する際に用いる意味，価値観，規範，隠れた前提などの無意識の枠組みである。ここで論じるのは，この深層レベルでの文化の差異が異文化の学びにおける主要な，しかし往々にして気づかれないでいる障壁だ，という点である。このような差異があることで，異文化に滞在する人間は新たな文化環境を自文化中心主義で判断し，躓いてしまう。異文化教育の「ちょっとした秘密」のひとつは，海外体験が意識を高めたり，滞在者を寛容にしたりするとは限らない，ということだ。かえって，ステレオタイプを助長したり，出会った人々を批判したり冷淡になったり，違いをけなしたりするようにもなる。最悪なのは，たいてい本人は気づいていないのに，こうした事態が起こってしまうことだ。たとえば，本書に登場するオーストラリア人学生は，フランスにおける高等教育機関の事情を1年間学んだ後に，一般的に「フランス人は非効率的だ」と結論づけた。別の例では，パイロット訓練の教官がアジア人を教えた体験から，アジア人は命を大切にしないと語った。あるフランス人留学生は1年間アメリカで生活した後に，アメリカ人に対する態度に変化があったかと問われて，あっさりと答えた。「ええ，悪い方にね」と。もちろん人によっては，好ましい体験，人生を一変させてしまうほどの体験さえする場合も当然ある。また，体験のある部分には非常に肯定的で，別の部分には否定的だと思われる事例もある。このような多様な反応を，異文化の学びに関する理論モデルの広いコンテクストで考えることが，本書の重要なねらいである。

　本書は2部構成である。第1章から第6章までの第1部では，異文化を学ぶ体験を考察し，第2部では異文化を学ぶことについての理論モデルを紹介する。まず第1部で「深層文化」という概念を詳述し，深層文化の差異がどのように文化の学びを阻むかを説明する。また，文化という概念そのものに対する異論についても，あらかじめ取り上げる。

　現在，言語相対主義を無視して普遍的な言語本能を説く言語学者もいれば，文化は時代錯誤の概念だと議論する人類学者もおり，人間の話し方の違いは何も文化的背景から生まれるわけではないと述べるコミュニケーション専門家もいる。このような議論の多くは，グローバリゼーションがもたらした変化に関係する。本書では，「文化」や「文化的差異」という語のさまざまな使用について重要な区別をしなければならないと考える。本書における

深層文化の定義付けを出発点として，第1部では文化を学ぶプロセス，学びの否定的な結果，異文化を学ぶ目標についても検討する。

第2部で提唱する「深層文化モデル（Deep Culture Model）」は，多様な学術分野の諸理論に依拠している。モデルの概要は，いたってシンプルだ。文化の学びを発達プロセスとしてとらえる——新たな環境で見出した認識世界を解釈する能力が（願わくは）おおいに向上すると考える。この能力が発達するのは，異文化滞在者に内在する能力と環境からの外的要求との間にあるギャップに対応する必要があるからだ。とはいえ，環境に適応する必要性に直面したときに，異文化滞在者の誰もが，それが妥当であると受け入れるわけではない。抵抗する場合もあるだろう。適応の必要性に対する異文化滞在者の反応を概念化する際には，本人の行動ではなく，文化的差異を概念化するために用いた認知カテゴリーの変化をもとにする。このような反応——「抵抗（resistance）」「受容（acceptance）」「適応（adaptation）」——は絶対的なものではなく，これしかないというものでもない。異文化に滞在する者は体験の中のある要素には抵抗し，別の要素には適応するかもしれない。学びは，見てはっきりわかる文化現象レベルだけでなく，深層文化という隠れたレベルでも起こるとみなされる。この区別は，異文化滞在者が自らの体験に対して示す，複雑で時には矛盾する反応を理解する上で大切である。

本書では一貫して，異文化に滞在している人たちの声を引用しながら論点を説明する。このようなアプローチでは，文化の学びの現象学を重視し，理論は実際の体験に根ざしている。本書で引用した語りはどれも，多様な背景をもつ異文化滞在者を対象に行ったインタビューを使用している。研究の目的は，異文化の学びに関する滞在者の語りを既存の理論モデルと比較することであった。異文化滞在者への質問項目には，新たな土地での暮らしに慣れるまでに直面した課題，外国語能力，滞在先での対人関係の種類やその関係を築く際に使用した言語は何か，などが含まれている。この研究から得られた洞察は，異文化の学びの「深層文化モデル」として，第7章から第12章にまとめられている。

本書のアプローチは全体として，異文化の学びに関する筆者の直感的な理解から大きく影響を受けている。筆者はアメリカ合衆国で生まれ育ち，3年間メキシコに暮らしてスペイン語を学び，14年間日本で暮らして日本語を

学び，2年間のフランス生活でフランス語を学んだ。また，20年間の言語教育の経験，さらに異文化トレーニングと教育の経験によっても知見を得ている。筆者自身が外国からの居住者として，滞在先の共同体（host communities）にかなり深く入り込んでおり，外国生活で直面する課題への反応はなぜ千差万別なのかという点に長きにわたり興味を抱いてきた。語学教師として，外国語での効果的なコミュニケーションを阻む文化の障壁に関心があった。そして異文化トレーナーとしては，外国生活を始める準備を助け，異文化に滞在を予定している人を待ち受けている課題に対処するために，どのような手助けをしたらよいのか，頭を悩ませてきた。

　文化の違いについての異文化滞在者の語りから，文化を学ぶプロセスへの洞察が得られることが本書を読み進むとわかる。東京で暮らすアメリカ人のジャックが，「典型的な日本人は，礼儀正し過ぎる」と語るとき，彼は自分が体験した尊敬のパターンにもとづいた判断を下している。このような判断は，日本人が示す尊敬のパターンは（日本人にとっては）正常であるという前提ではなく，何か絶対的な意味で過剰であるという前提に依拠している。また一方で，韓国人と結婚して韓国に暮らす日本人女性のマユミは，夫の実家とのつきあいにストレスを感じている。たとえば，姑が自分の留守中に急須まで漂白することを屈辱的だと思っている。だが，このような状況にもかかわらず，姑は親切心から，韓国人ならそう期待するということに従って行動しているだけなのだ，と受け入れている。マユミは，ジャックがしたような否定的判断を回避しているのである。マユミは受容し適応しているが，ジャックは抵抗している。

　適応という課題に直面した際に，あまり建設的ではない反応を示す異文化滞在者も確かにいるが，本書では異文化の学びについての良し悪しを押しつけるべきでないという立場をとる。変化に対する抵抗は，適応への圧力に対する自然な反応である。単に，もっと寛容にと求めたり，異文化接触がそれ自体で「気づき」を高めたり，ある種の「グローバル・アイデンティティ」をもたらすと想定するのは単純過ぎる。異文化体験からは，少なくとも時として，対立，誤解や中傷が生まれるのが自然だということも認めなければならない。異文化滞在者（そして教育者）には文化の学びを説明する中立的な用語や，新たな環境へのあらゆる反応を網羅する理論的枠組みが必要である。本書ではそのような用語を提案しながら，文化的差異についての異文化

滞在者の語りを用いて，異文化を学ぶプロセスを図式化する方法も示す。深層文化モデルのキーワードについては，巻末の用語解説を参照していただきたい。第13章では，このモデルの教育的意味と適用の可能性について論じる。

　本書に登場する異文化滞在者たちと話すのは，素晴らしいことだった。同時に，その語りを異文化の学びについての理論につなげるのは難題であった。本書で提示した学びのモデルを作成しようと思ったのは，文化，文化の学び，グローバリゼーションの影響に関連する研究文献が断片的でまとまっていないのを明確な形にしたいという動機もある程度あった。異文化に滞在する人々の語りを用いたのは，適切な概念的枠組みさえあれば，異文化の学びの深層要素を比較的簡単なことばで理解できるという点を示すためである。さらに語りは，グローバリゼーションの時代に文化を越境する機会が増す中で，文化の深い学びが一層重要な問題になっているという，筆者の個人的な考えを裏付けてくれるものでもあった。地球上に存在する文化的差異は全体としては減っているかもしれないが，深い異文化体験は劇的に増加している。文化という，その多くが隠れているものを学ぶプロセスにあって苦労している教育関係者や異文化滞在者にとって，本書が少しでも役立つことを願っている。

目　次

日本語版への序 …………………………………………………………… 3
はじめに …………………………………………………………………… 5

第1部：異文化体験

第1章　地球村での異文化接触 …………………………………… 16
1.1　体験から学ぶ異文化滞在 ………………………………………… 16
1.2　本書のねらい ……………………………………………………… 17
1.3　深層文化 …………………………………………………………… 18
　1.3.1　深層文化と地球村 ………………………………………… 21
　1.3.2　異文化の深い学びの回避 ………………………………… 22
1.4　異文化の学びについての視座 …………………………………… 25

第2章　文化に対する異議 ………………………………………… 28
2.1　「文化」とは ………………………………………………………… 28
　2.1.1　百花繚乱の定義づけ ……………………………………… 28
　2.1.2　エドワード・ホール：文化から異文化へ ……………… 31
2.2　「文化」への異議 …………………………………………………… 34
　2.2.1　社会アイデンティティと意味を共有する共同体 ……… 35
　2.2.2　文化は行動を引き起こすか ……………………………… 38
2.3　文化を体験する …………………………………………………… 40

第3章　文化の深層構造 …………………………………………… 42
3.1　文化の「規則」と文化の差異 …………………………………… 42
　3.1.1　解釈のための確かな枠組みとしての文化 ……………… 43
　3.1.2　文化差の深層構造 ………………………………………… 44
3.2　深層文化の差異に関する研究 …………………………………… 46
　3.2.1　言語相対論 ………………………………………………… 47
　3.2.2　深層文化と認知プロセス ………………………………… 48
　3.2.3　次元と領域 ………………………………………………… 53
3.3　価値志向の理解へ向けたアプローチ …………………………… 54
　3.3.1　ホフステードの価値志向 ………………………………… 55
　3.3.2　トロンペナースとハムデン＝ターナーの「文化たまねぎ」モデル
　　………………………………………………………………… 58

3.3.3　規範，価値観，隠れた前提 ………………………………………… 63
　3.4　人間の普遍性と文化の生物学的基盤 ………………………………… 68
　　　3.4.1　文化プログラミングと個人の選択 ………………………………… 72

第4章　深層文化と残念な結末 …………………………………………………… 73
　4.1　悪化 …………………………………………………………………………… 73
　　　4.1.1　隠れた文化と増幅する偏見 ………………………………………… 74
　4.2　「型(パターン)の認識」として異文化を学ぶ ……………………………… 76
　4.3　求められる変化への抵抗として異文化を学ぶ ……………………… 79
　　　4.3.1　深層文化の差異と絶対的判断 ……………………………………… 81
　4.4　傾注レベルと異文化への抵抗の深さ ………………………………… 84
　4.5　中立的に異文化を語る言葉 …………………………………………… 86
　4.6　否定的反応と異文化における成功 …………………………………… 88

第5章　異文化を学ぶ目標 ………………………………………………………… 92
　5.1　異文化における成功の定義 …………………………………………… 92
　　　5.1.1　異文化教育と異文化適応 …………………………………………… 93
　　　5.1.2　異文化の気づきと異文化教育 ……………………………………… 93
　　　5.1.3　言語教育における異文化能力 ……………………………………… 96
　　　5.1.4　異文化適応研究 ……………………………………………………… 98
　5.2　異文化における成功の現象学的見解 ………………………………… 99
　　　5.2.1　建設的境界性 ………………………………………………………… 101
　　　5.2.2　ベネットへの批判 …………………………………………………… 102
　　　5.2.3　異文化の学びと深層文化 …………………………………………… 105
　5.3　文化の深さをはかる対人関係 ………………………………………… 106
　5.4　言語学習と深層文化 …………………………………………………… 106
　5.5　目標からプロセスへ …………………………………………………… 107

第6章　異文化学習プロセス ……………………………………………………… 109
　6.1　深層文化を学んだ成果の違い ………………………………………… 109
　6.2　カルチャー・ショックと文化の学び ………………………………… 110
　　　6.2.1　カルチャー・ショックの構造 ……………………………………… 111
　　　6.2.2　環境の手がかりと「ナビゲーションの課題」 …………………… 112
　　　6.2.3　コミュニケーションと「相互行為の課題」 ……………………… 112
　　　6.2.4　異文化の学びから生起する「アイデンティティの課題」 ……… 113
　6.3　深層と表層レベルでの適応課題 ……………………………………… 114
　　　6.3.1　抵抗，受容，そして適応 …………………………………………… 115
　6.4　ベネットの提唱した6段階の異文化感受性 ………………………… 116

　　　　6.4.1　自文化中心主義の段階 ……………………………………… 116
　　　　6.4.2　文化相対主義の段階 …………………………………………… 118
　　6.5　異文化感受性発達モデル（DMIS）の妥当性 …………………………… 119
　　　　6.5.1　文化を超えての妥当性 ………………………………………… 121
　　　　6.5.2　DMISと「混在状態」 ………………………………………… 122
　　　　6.5.3　異文化感受性と深層文化 ……………………………………… 125
　　6.6　異文化の学びの図式化 ………………………………………………… 129

第2部：文化学習の深層文化モデル

第7章　深層文化モデル …………………………………………………… 136
　　7.1　異文化の学びについての深層文化モデル ………………………………… 136
　　　　7.1.1　異文化を学ぶプロセス ………………………………………… 136
　　　　7.1.2　用語の定義 ……………………………………………………… 137
　　7.2　異文化における成功と失敗 ……………………………………………… 138
　　7.3　深層における異文化体験が求めるもの ………………………………… 139
　　7.4　異文化の学びにおいて不可避なもの …………………………………… 141
　　7.5　文化の学びにおけるジレンマと志向性 ………………………………… 142
　　7.6　文化を学ぶプロセス …………………………………………………… 143

第8章　変化への抵抗 ……………………………………………………… 147
　　8.1　抵抗 ……………………………………………………………………… 147
　　　　8.1.1　抵抗と反感 ……………………………………………………… 148
　　　　8.1.2　抵抗とラポール ………………………………………………… 151
　　　　8.1.3　反転 ……………………………………………………………… 151
　　8.2　表層抵抗 ………………………………………………………………… 152
　　　　8.2.1　目に見える課題と象徴的な意義 ………………………………… 153
　　8.3　深層での抵抗 …………………………………………………………… 154

第9章　差異の受容 ………………………………………………………… 156
　　9.1　受容 ……………………………………………………………………… 156
　　　　9.1.1　好感と受容 ……………………………………………………… 158
　　9.2　表層受容 ………………………………………………………………… 158
　　　　9.2.1　深層での抵抗を伴う表層受容 ………………………………… 159
　　　　9.2.2　知的受容と深層受容 …………………………………………… 159
　　9.3　深い受容 ………………………………………………………………… 162
　　　　9.3.1　深い受容と言語学習 …………………………………………… 164
　　　　9.3.2　受容と適応 ……………………………………………………… 166

第10章　適応と異文化アイデンティティ ………………………………… 167

10.1　適応 ·· 167
　　　　10.1.1　強制された適応 ·· 169
　　　　10.1.2　表層適応 ·· 171
　　　　10.1.3　深層と象徴 ·· 172
　　　　10.1.4　変化への明示的必要性と不安 ·· 172
　　10.2　深い適応 ·· 173
　　　　10.2.1　内面的適応への必要性と言語学習 ···································· 174
　　　　10.2.2　明示的／非明示的な規範と価値観 ···································· 177
　　10.3　文化的コード変換 ·· 179
　　　　10.3.1　深い適応とアイデンティティの揺らぎ ································ 181
　　　　10.3.2　ラポールと文化的アイデンティティ ·································· 182
第 11 章　個人差 ·· 184
　　11.1　個人差 ·· 184
　　11.2　抵抗とラポール ·· 184
　　11.3　関係性と言語学習 ·· 190
　　11.4　文化の距離 ·· 195
第 12 章　適応を超えて ·· 200
　　12.1　適応を超えて ·· 200
　　12.2　異文化における成功とは ·· 200
　　12.3　「カメレオン」 ·· 204
　　12.4　アイデンティティの問題 ·· 208
　　　　12.4.1　2 項対立的な異文化体験と三角測量 ·································· 211
第 13 章　「地球村」が意味するもの ·· 214
　　13.1　何のために異文化を学ぶか ·· 214
　　　　13.1.1　異文化体験を語る言葉 ·· 214
　　　　13.1.2　異文化体験用語の適用 ·· 215
　　13.2　外面的／内面的文化と表層／深層異文化体験 ···························· 217
　　13.3　関係を作る，言語を学ぶ，異文化を学ぶ ································ 219
　　13.4　異文化教育の原理 ·· 220
　　13.5　結論 ·· 222
＜異文化体験＞用語解説 ·· 225
本書に登場する異文化滞在者たち ·· 238
訳者あとがき ·· 241
参考文献 ·· 243
索引 ·· 254

第1部：異文化体験

第1章　地球村での異文化接触

「日本ではものごとを予測できる。それはいいことの方が多い。これから乗る電車は時刻表通りに到着するってわかってるし，店ではきちんとしたサービスを当てにできる」と，ジャック。来日して14年，東京での生活を語って。

1.1　体験から学ぶ異文化滞在

　外国で時を過ごすことは，体験から学ぶことである。短期の海外旅行なら，未知の土地を見て世界についての知識が増える。ニョッキというイタリア料理に初挑戦するかもしれないし，トルコ語でガソリンの買い方を覚えたり，あるいは単にパリや上海の名所旧跡に詳しくなるだけかもしれない。もっと長期に海外で暮らす人たち——移民，留学生，駐在者など——は，新たな環境について学び，それに慣れるために，より長く，より深い過程を経なければならない。必死で新しい言語を勉強し，新たな生活様式に慣れ，十分に理解していないかもしれない相手と関係を構築することになる。短期の訪問者であれ長期の滞在者であれ，完全には理解できない環境と相互作用しながら，それぞれのやり方で，学びのプロセスを体験する。

　このような体験を通した学びにより人は変わる。広く旅した人を私たちは「国際的」だと思う。海外で暮らして外国語を習得すると，異文化への気づきがあり文化の違いがわかる人だと見なされる。カルチャー・ショックを経験したかもしれないし，以前よりも寛容になったり，価値観が変化したかもしれない。他国の生活様式や価値観が身について「現地の人」になったかに見える人だっている。こうした体験はアイデンティティの危機さえ引き起こしたかもしれない。長期にわたって異文化に暮らした人は，短期の外国訪問で必要な「なんとかやれる」能力をはるかに凌駕するほど変容について学ぶことができる。

　未知の文化環境での生活に適応すること——本書では，「文化を学ぶ，文化的な学び（cultural learning）」と呼ぶ——は非常に強力な体験となり得

る。同時に，その結果は予測しがたく，説明は困難だ。語学教師は，教え子を留学プログラムに送り出す際，何名かは根源的に人生が変わるだろうことを知っている。しかし，仲間とばかり過ごし，どうやら深い教訓をほとんど学ばずに帰国する学生もいるかもしれない。留学時だけ一時滞在する家庭に魅せられる者もいるだろうし，否定的な印象を悪化させる者もいるだろう。留学体験にストレスが高じて，早期帰国する者もいる。どうしてこのような異なる結果が生じるのか説明するのは，容易ではない。海外での生活は，あらゆることを含む経験であり，個性や生活状況は十人十色なので，異文化滞在者が体験する変化を概念化するのは難しいかもしれない。

　海外生活のための準備をさせる教育者や指導者は，その国の地理，歴史，文学など具体的な情報提供については知っている。しかし，外国生活で遭遇する目に見えない課題──未知の価値観に開眼し，新しい方法でのコミュニケーションを学び，自分が抱いている偏見を発見すること──を，これから異文化に滞在する者に教えるのは至難の業だ。外国に行く本人も，異文化での滞在がどれくらい容易なのか，困難なのかという点を，ひどく過小評価したり過大評価したりするかもしれない。外国に行ったら何を学ぶだろうか，と質問すると，戸惑った表情をされることが多い。どのように価値観や世界観が変わるだろうか，と聞くのは難しい問いになる。外国で暮らすというのは，他に類のない体験なのであるから。

1.2　本書のねらい

　本書では，外国で暮らす上での隠れた課題に焦点をあわせる。そのねらいは異文化を学ぶモデルを提案することである。このモデルは，未知の文化環境に長期滞在する際の隠れた「適応するための課題（adaptive challenges）」について，教育者と異文化滞在者の両者が考え，語る方法を提示する。どこであれ新たな環境に入ると，学びへの挑戦が生まれるが，長期の異文化滞在者は新しい環境に適応する試練を深層レベルで受けることが多い。新しい環境により「深く」適応するとは，世界を理解し他者と付き合うために，通常は無意識に依拠している信条，価値観や前提を再考する必要を意味する。行動の変化は，同時に世界観の変容を伴うこともある。文化が存在する事実に気づくのにさえ外国体験が必要なことも多い。

　本書で見ていくように，専門家がこれまで異文化体験の特質を研究してき

たにもかかわらず，異文化を学ぶ過程をどのように説明するのかという点で意見の一致はほとんど見られない。これは部分的には，異文化の学びが広範な視座から研究されていることに起因する。しかしながら，教育者や異文化コミュニケーション専門家の間でさえも，次のような単純な問いへの一致した答えはない。異文化体験の成功要因とは何か？ 異文化への「気づき」とは何か？ 行動を決定するうえで，文化が果たす役割とは何か？ 文化の差異を「超える」ことは可能か？ 文化の差異という概念は，現代のグローバル化した世界においても妥当と言えるのであろうか？

　本書では，このような問いへの答えを模索する。「気づきを高める」「グローバルな意識」などという曖昧で理想化された概念を避けるよう努める。異文化体験の結果として何を学ぶ「べき」かについて説かないようにする。そうではなく，結果の功罪両面を見て，それがどのように生ずるのかを理解しようと試みる。偏見については，文化の違いに邂逅したというコンテクストにおいてのみ扱う。したがって本書は，異文化の学びには望ましい結果とそうでないものがある——文化的差異の受容は軽蔑より好ましい——としても，すべての結果が異文化を学ぶという挑戦に対する人間の自然な反応である，という考えに立つ。自文化中心主義は人間の生物的進化の産物であり，異文化を学ぶ出発点なのである。

　あらゆる異文化状況はそれぞれ異なるし，明らかに同様の状況に対しても人間は違った反応をする。外向的な観光客，失意の経済移民，理想にもえる平和部隊ボランティア，楽しく過ごそうとホームステイ・プログラムに参加する学生など，それぞれが直面する課題を比較することは難しい。とはいえ，どんな異文化体験による学びにも共通した要素があり，それによって異文化を学ぶ過程が，予測はできないにしても，少なくとも理解可能となる。本書の第1部では，特に次の3領域に焦点を当てる。(1) 文化と文化的差異の特質，(2) 文化の違いに遭遇した滞在者に課せられる負担，(3) 異文化体験による学びの「深さ」，についてである。第2部では，この3分野を合わせて異文化を学ぶモデルを作成することで，文化的な学びを滞在者本人や教育者がよりよく理解するための一助とする。

1.3　深層文化

　本書で繰り返し登場する主題は，「深層文化（deep culture）」という概

念である。この本で用いられているように，深層文化とは，意識されていない意味，価値観，規範，そして隠れた前提のことであり，これによって私たちは他者と相互作用する際に自分の体験を解釈することができる。深層文化という枠組みは，人間とは何か，何がふつうの行動を構成するのか，どのように道徳的・倫理的な選択をするのか，通常は何をもって妥当だとするのかを感知する出発点として作用する（Hampden-Turner & Trompenaars, 2000；Trompenaars & Hampden-Turner, 1998）。深層文化は，概して意識の外で（out of awareness）直感的なレベルで作用し，通常は気づかないままだが，異なる文化的前提をもつ人々とやりとりしなければならない時に意識されるようになる。深層文化は「文化プログラミング」であり，またはバーンランド（Barnlund, 1989）の言う「集合的な無意識」である。ホフステード（Hofstede, 1997）は「こころのソフトウェア」として説明している。さらにコンピューターとのアナロジーを続けると，私たちの身体や生物学的嗜好がハードウェアだとすれば，深層文化はオペレーティング・システム——知覚，解釈や判断の学習された枠組み——であり，日常生活のタスクに従事する解釈プログラムを実行してくれるものである。

　他の国に暮らしたり訪れたりすると往々にして，異なる深層文化を有する人々と接触することになる。これは，珍しいと思うような行動（例：東アフリカのマサイ族は，伝えられるところによると，牛の尿で洗濯する）を目の当たりにすることとは限らない。深層文化とは個別の行動ではなく，行為の奥にある価値観や前提を指すのである。深層文化の事例としては，男女の役割に関する文化的前提の差異，時間やアイデンティティの感覚に関する異なる志向性（例：集団か個人か），道徳性や倫理的行動に関する感じ方の違い（例：「面子」や罪の感じ方）など多数ある。このような深層レベルでの文化的差異が，異文化の学びにおいての最も根本的な課題となる。

　深層文化は気づかれないか，きちんと理解されていないことが多い。タイを訪問した英国人が托鉢を行っている僧侶と出会うと，タイ文化の奥深さを体験したと思うかもしれない。しかしそれは，厳密に言えばタイ人の体験ではなく，英国人がタイで体験したものである。タイ文化の深層レベルにあるのは神聖で象徴的に重要という要素ではなく，非常に根源的かつ微妙なものである。来訪者の目に「霊的（スピリチュアル）」と映るものが，多くのタイ人にとっては単に日常の繰返しにすぎないかもしれない。タイ人の共同体は，先祖や家族

関係を重視しているかもしれないが、英国からの来訪者には理解するのが容易でないだろう。タイ語でのフォーマル度は、ありえないほど複雑に見えるかもしれない。単純な概念の意味——家族、責任、独立、道徳、恥、楽しみ、大人になること——が、タイ人の視点からは非常に異なって見えるかもしれない。

　しかし、訪問者がタイ社会にもっと十分に溶けこむと、タイ人についての見方が変わるかもしれない。理解のしかたが、よそ者の目に映る明示的な文化現象を観察し解釈するというものから、内部者としてその共同体での意味や解釈を共有するというものに変容するのである。この変化は主として直感的であり、知的なものではない。滞在者が外部者としての判断を一時的に保留すると、その共同体の内なる論理がより明確になるかもしれない。この直感的に感じられる内在論理、つまり共同体の行動の背後にある語られない前提こそが、深層文化を構成するものである。意味の新たな枠組みに入りこむ能力を獲得するプロセスが、深層文化を学ぶことなのである。

　異文化体験の、より深い「隠れた」側面は、少なくとも1959年には認識されていた。この年、エドワード・ホール（Edward Hall）が代表作 *The Silent Language*（邦訳『沈黙のことば』）を出版している。それ以来、文化とはそもそも意識されないで作用するものだと広く認められてきた。すなわち、魚が水に気づかないのと同様に、人は自分自身の隠れた文化プログラミングに気づかないのである。残念なことに、このような基本的な知見が示唆するところはめったに注目されない。深層文化の隠れた構造について明確に理解していないと、次のような基本的な問題に混乱をきたす。たとえば、「文化」はますますグローバル化するなかで有用な概念であるのか。ある特定の文化共同体で社会化すると、特定の行動が予測できるのか。行動に影響するという点で、性格と文化の役割の違いをどのように理解するのか。

　「深層文化の学び（deep cultural learning）」が起こるには、短期の海外旅行やただ外国人と会ったりするだけでは不十分である。本書ではこの点を示すために、異文化の学びに関する研究プロジェクトの一環として実施したインタビューから、異文化滞在者の体験を考察する。これから見ていくように、異文化滞在者は外国生活に多様な反応を示し、多岐にわたる異なる教訓を得ている。すぐに適応して、とても好ましい体験について報告する者がいる一方で、変化に抵抗し、滞在先の文化に文句を言ったり、あからさまに批

判したりする者もいる。たとえば，フランスに暮らした英国人女性のリンダは新生活を「発見の旅」と説明したが，日本に暮らしたアメリカ人女性のアデルは4年に及ぶ日本での生活を苦々しく次のように語った。「(日本で) ひとつ学んだのは，自分は本当にアメリカが好きで，アメリカ人に生まれてよかった，ということ」と。加えて，他の人よりも異文化体験が長いのに学びが浅い人もいる。(本章の冒頭で引用した) ジャックは，14年間の東京での生活に満足しているものの，片言の日本語を話すだけで，日本人の友人はほとんどおらず，日本の生活に溶け込んでいるとは言い難い。異文化に対するこのような反応の違いを理解しようとすることは，本書の重要な目標である。

1.3.1 深層文化と地球村

　グローバリゼーションは異文化間の関係を一変させている。早くも1964年にマクルーハン (McLuhan, 1964：4) は，世界が「地球村（グローバル・ビレッジ）」に転じていることを指摘した。そこではコミュニケーション技術が「われわれの中枢神経系をグローバルな規模で拡張し，時間と空間ともに消失する」。マクルーハン (McLuhan, 1968：11) においても次のように予測されている。人々はどこでも，すぐに「巨大なグローバル環境に順応してしまう。あたかもそれが自分の故郷のように」。地球規模での相互関連性によって，新たな「超文化的共同体 (transcultural community)」(Agar, 2002) の出現を告げる論者もいるが，深層文化の差異は，長期的に外国で暮らす人々の大半に今もって課題を突き付ける。ひとつの村の中でさえ，偏見，対立，差別，そして不平等がある。接触が増えれば調和につながるとは限らない――誤解や攻撃という悪循環も同様に生じ得る。たとえば，北アイルランドのカトリックとプロテスタント，またはパレスチナ人とイスラエル人の関係などがそうである。

　新たな地球村での接触は広範に及ぶが，とかく浅いままである。サイバー空間でのコミュニティは多様な人々を結びつけるだけでなく，より深い人間関係がもたらす多くのわずらわしさからの逃避も許す。世界中の人々がブランド，消費財，大衆文化などをますます共有するようになっているが，受け手によってその意味は異なる。ハンバーガーは，ある人にとっては高級な食べ物かもしれないが，経済帝国主義の象徴と受け取る人もいる。ニュース報道は地元や国内の視聴者からの期待に合わせて制作され，娯楽メディアの映像が遠く離れた場所での暮らしぶりを正確に描くことはめったにない。マ

ス・メディアが家庭にまで文化の違いを届けてくれる一方で，それは非常に浅い経験にすぎず，私たちの世界観を根本的に変えることはない。実際，既存の信条を強めるだけかもしれない。ブルックス（Brooks, 2006）は以下のように論じている。

> グローバルな経済力と技術力が，地方の文化や価値観を徐々に浸食するのではないと，われわれは今や知っている。実際はそうではなく，文化や価値観こそが経済発展を方向づけるのだ。その上，人々が一層裕福になり教育レベルが向上して力をつけると，文化的差異はこれまで以上にさらに顕著になるだろう。集団ごとに異なったイメージの良い生活を求め，自文化の尊厳が侮辱されたと思えば攻撃的に反応する。

暴力に訴える宗教的過激派，民族分離主義，疎外された移民が示すのは，これがサイバー空間だけで起こるのではない，ということである。

もちろん，異なる文化的，社会的，宗教的，そして民族的背景の人々と対面して接触する機会も増えている。毎年およそ7億人近くが外国を訪れており（Scott, 2003），海外に旅行できる人の数は——かつては，ほんの一握りのエリートのみに許された活動であったが——今や驚異的なペースで増加している。しかし単に物理的に外国にいるだけで，自動的に異文化理解が深まるわけではない。そして，グローバル化にもかかわらず，知らない国に引っ越したり，外国語を学習したり，外国で働いたり，移住したりするのは現在でも容易ではない。だがこれまでとは違って，このような課題に何百万もの人々が直面しているのだ。グローバリゼーションが集団間の文化的差異を全体として減じているとしても，異文化で暮らすという挑戦に直面する人の数は増えている。人類史上はじめて，深層レベルでの異文化の学びが大規模に起こっているが，この学びのプロセスについての私たちの理解は，グローバル環境の変化の速さに追いついていない。

1.3.2 異文化の深い学びの回避

グローバリゼーションによって国境や文化の境界を越える人々の「数」が増えているだけではなく，異国の人々と相互作用する「方法」も変化している。グローバル化が，外国での深層レベルの異文化体験を避ける能力を助長

していることは，時として見逃される。かつてないほど，自分と異なる人々の近くにいる機会はあるのだが，深い相互作用は回避する。これはジャックの例でわかる。ジャックは来日して14年になる英語教師で，日本での生活に満足し，勤務する高校での生徒との関係も楽しんでいる。日本人の彼女がいて，快適に暮らし，東京でとてもうまくやっている。けれどもジャックは，基本的な会話程度の日本語しか話せない。日本人との友情について質問されると，こう答えた。

　…実のところ日本人の友だちはそんなに多くない。というか，男友だちはみんな外国人だ。親しい日本人の友だちって，これまで付き合ってきた女の子たちだけなんだよ。親しい友人と呼べるような日本人の男友だちはひとりもいない。

日本に適応したかどうかを質問すれば，ジャックが感じている壁の存在を感じ取れる。

　流ちょうに話せるまで日本語を勉強して，すべての面で受け入れてもらえるようにがんばることもできるだろう。でも実際には決して受け入れてもらえない。…他の外国人から，そう聞いた。だから，自分はそこまでしなくて十分だった。

　ジャックは，外国人に対し開放的でない日本人を責めているようだが，壁があるとしても，それを乗り越える努力をさほどしたわけではなさそうだ。
　当然のことながら，日本語ができることは日本文化を一層深く知るうえで重要な要素であるが，ジャックは日本語の上達に問題があった。

　生活に最低限必要なことだけ勉強した。…英語教師としての仕事で必要なことをね。日本語を使う機会はない。いろいろと試してみた時もあるし，語学学校にも通った。ただ他に面白いことがあったからだろうね。他のことをやって日本文化を体験することだってできるし，英語で人と話して日本文化を体験することもできる。

　日本語を習得しないで日本文化を深く理解できる，と日本人が思うかどうかは疑問だ。では，なぜジャックはもっと勉強しなかったのか。

ほんとに日本語を使う機会がないんだよ。自分で機会を作らないとならないんだ。たとえば，店に行って，ツナ缶なんかいらなくても，ツナ缶ありますかって尋ねてみるとか。デパートに電話して，何か頼むとか。

日本語ができないことは，ジャックの周囲の人との関係に影響している。

英語があまり上手くない日本人の英語教師は，僕を避ける。英語以外の教科の同僚は，日本語と英語を混ぜて話すけれど，ほとんど付き合いはない。だから日本語を使わずに何日も過ごせるし，実際にそうしてきたと思う。

東京に住みながら，ジャックが日本語を使う機会がめったにないと話していることは意外かもしれない。しかし日本に住んでいる外国人と一緒になると，周囲の環境に対するジャックの反応は，決して珍しいものでないとすぐに納得できる。というのも，ジャックの仕事は英語中心で，英語のメディア，（日本人と外国人で構成される）英語を話す集団，世界各地の食物に囲まれているので，日本に適応しなければならないという重圧があまりない。だから適応しないのである。もちろん日本在住者の誰もがジャックのような反応を示すわけではない。だがジャックが特殊なのではなく，これから見ていくように，異文化に暮らす者のなかには異文化体験に対して，もっと残念な反応を示す者もいる。滞在先の文化共同体に対する偏見，否定や批判を増幅させる場合もあるのだ。

このように，グローバル化した世界では，あらゆる種類の異文化接触をしている人の数が増えている——eメールのやりとり，仮想コミュニティ，エコツーリズムやグローバル企業から留学や移住に至るまで。これらの体験は，表面的なものから深く関与するものまで幅がある。とはいえ，異文化接触におけるこのような異なるレベルがもたらす効果は，まだはっきりとは理解されていない。表面的な接触や技術の進歩による一体化は，より深く微妙な文化の差異を隠すことがあり，異文化間の誤解を生むことがよくある。そしてこれまで以上に異文化滞在者は，新たな環境にどこまで関与するのかを「選ぶ」。深層文化の差異によって関与ではなく孤立が選択されているとすれば，私たちの地球共同体(グローバル・コミュニティ)は今後ますます異文化間の葛藤を見ることになるだろう。

1.4 異文化の学びについての視座

　文化適応に関した専門的な文献は広範にあるが，バラバラで断片的である。人類学，社会学，心理学，教育学などを含む多くの異なる分野に関わるため，キム（Kim, 2001：11）が指摘しているように，「知的な整合性があるとは言い難い」。移民の歴史が長いアメリカでは，「文化変容（acculturation）」について人類学者と社会学者が20世紀を通して研究してきた。この「マクロな」視点では，文化変容を集団現象として捉えている。そこでは社会集団に属する個人が「同化（assimilation）」の過程を経るか，もしくは「境界性（marginality）」の状態に存在する（Ansari, 1988；Gordon, 1973；Schuetz, 1963；Simmel, 1950）。

　人類学，異文化コミュニケーション学，異文化心理学という分野は，「文化」という言葉の競合する使われ方の理解に寄与する。ホール（Hall, 1959, 1976），トリアンディス（Triandis, 1972），トマリンとスタンプルスキー（Tomalin & Stempleski, 1993），トロンペナースとハムデン＝ターナー（Trompenaars & Hampden-Turner, 1998），ホフステード（Hofstede, 1997）などの異文化コミュニケーション専門家による研究は，文化的な価値観，信条，隠れた前提の「深層構造」を理解する助けとなる。言語教育の分野も，コミュニケーションと異文化学習との関係についての理解を与えてくれる。英国やヨーロッパでは，バイラム（Byram, 1987, 1997； Byram & Feng, 2004；Byram et al., 2001）やマラー（Muller, 2003）の研究が，未知の言語や文化の環境においてコミュニケーションをはかり機能するために必要な能力を構成するさまざまな要素に光を当てている。米国では，英語教育の分野で異文化教育が注視されている（Damen, 1987；Moran, 2001）。これは異文化トレーニングの考え方と組み合わせることが可能である。このような研究では，次のような問題を検討する。すなわち，どのように異文化トレーニングや教育を概念化し実行するのか（Dinges, 1983；Dinges & Baldwin, 1996；Goldstein & Smith, 1999；Landis & Bhagat, 1996；Paige, 1993）。異文化感受性ないしは異文化の気づきとは何を意味するのか，異文化学習の目標は何であるべきか，異文化学習の段階を説明するのに最適な方法にはどのようなものがあるか，などについて大量の研究がなされている（Adler, 1975；Bennett, J. 1998；Oberg, 1960； Stone & Ward, 1990；Ward et al., 2001）。さらに，異文化体験が個人の成長と発達をいかに促すことができる

のかという点についての文献も増えている (Cornes, 2004；Jack & Phipps, 2005；Nagata, 2005)。

　異文化心理学の分野では，異文化の学びという課題に直面した人の情動および心的状態に関する研究がある。これは，新しい文化的環境における成功や失敗に関する個人の資質を探ろうとする試み (Babiker *et al.*, 1980；Dinges, & Lieberman, 1989；Kamal & Maruyama, 1990；Stone & Ward, 1990)，異文化で成功するためのストレス対処法 (Matsumoto et al., 2001) と関連することが多い。より基礎的なレベルでは，一般心理学の分野が，無意識についての解釈を提供してくれる——本人が完全に気づいているわけではない部分が，さまざまな形でその人自身に影響を及ぼす，という仮定が出発点となる。これは，文化の差異を研究する専門家による文化的価値観や信条の深層構造に関する発見と類似する (Hampden-Turner & Trompenaars, 2000；Hofstede, 1983, 1986, 1997；Kim *et al.*, 1994；Kluckhohn & Strodbeck, 1961；Lewin, 1936；Ting-Toomey, 1994；Ting-Toomey & Oetzel, 2001；Trompenaars & Hampden-Turner, 1998, 2004)。

　ただし本書は，異なる学問分野がどのように異文化を学ぶという問題を見てきたのか，という内容ではない。そうではなく，本書では異文化を学ぶ過程を問いの中心に据える。この観点はキム (Kim, 2001) に依拠しており，異文化適応を普遍的現象として捉えなければならないというものである。異文化の学びは，言語学習や海外勤務に関連した単なる付随的なプロセスではない。むしろ，異文化の学びとは，人間が社会的動物として文化共同体の参与者として，異なる社会環境で機能する必要に取り組まねばならない度に体験する，基本的な学びのプロセスである。未知の環境との相互作用は，個人がすでに持っている内在化された知識や能力と，外部環境のシステム，期待や要求との間に隔たりを生む。

　このような見方は，異文化の学びが進行しつつ発達するという性質があることを強調する。この考えはオープン・システム論に端を発し，生物は「物質エネルギー代謝や情報代謝」(Ruben, 1972：120) などある種の生命過程を共有していると見なす。またはキム (Kim, 2001：35) が説明するように，「人間は，安定した内部構造の静的なパッケージではなく，動的で自己内省的なシステムであり，環境と絶え間なく相互作用しながら，自身を観察して更新するシステムである」。人間には「生得的な自己組織化動因や環境の問

題に適応する能力」があるとされる。現象学の用語に仮託すれば，この自己組織化動因には，既存の知覚カテゴリーによって体験したことの意味を理解しようとする生得的願望が含まれる。ところが新たな異文化環境において，既存のスキーマが新たな環境を効果的に解釈し相互作用するのに十分ではない場合がある。この時，生得的な適応能力——新たな環境との相互作用の結果として，私たちの内なる世界を再構築しようとする——の出番となる。異文化の学びについてのこのような考えでは，異文化体験の中心に文化的差異を置く。そして，文化的差異を「異文化滞在者がすでに持つ内在的な文化能力と，新たな滞在先での環境で要求される能力との間にある格差」と定義する。そして，人間は誰しも普遍的な特性や生物学的動因を共有するにしても，新たな環境での差異に対処するという課題が異文化の学びの原動力となる，と想定する。たとえば，ある表情が大方の，もしくはすべての文化集団によく知られたものである場合には，異文化の人々の誤解を招いたり，適応するための圧力を滞在者に与えたりはしない。だが仮に笑顔という同じ表情であっても，文化集団によって解釈が異なる場合には，異文化の学びはチャレンジとなる（Matsumoto & Juang, 2004）。

　本書においては，異文化の学びの最大の難問は主として，意識の外にある文化的差異から生じると考える。異文化滞在者の多くは，滞在先の文化について自文化中心的な判断を下すが，そのように反応している現象が個人特有のものではなく，文化的かつ体系的なものだと知らずにいる。現象学の用語で説明すれば，異文化滞在者は共感（empathy）の失敗——滞在先文化の認知基準が理解できない——を体験している。このような失敗は，少なくとも最初は，無知に起因する。つまり異文化滞在者に内在する世界観と，滞在先の共同体の期待や共有されている意味との乖離が原因なのだ。このようなギャップに呼応するプロセスが異文化の学びである。次章では，「文化（culture）」に関する競合する概念を確認する。その後，「深層文化（deep culture）」が何を意味するのかを考察し，さらに異文化の学びがどのように失敗するのかを分析する。こういった問題を考えることは，各章で取り上げる諸概念を統合した「異文化を学ぶモデル」について，本書の第2部で説明する下地となるだろう。

第 2 章　文化に対する異議

「日本での暮らしを便利にしているものが，日本の文化が失われつつあるってことを表してる。そのうち地の果てまで行かないと，和風建築は見られなくなるのかしら」と，アデル。

筆者：日本文化についてどう思いますか？
ジャック：「文化」って，どういうこと？
筆者：人がどう生活しているか…どうコミュニケーションしているか…価値観とか。

2.1 「文化」とは

　これまで「文化の差異（cultural difference）」について述べてきたが，「文化（culture）」という語をどのように用いているか，具体的に論じてこなかった。一般的に「文化」という語は，ある集団の創造的な成果を表象する，目に見える所産（プロダクト）を指して使用される場合が多い——たとえば芸術，文学，食べ物，記念建造物など。冒頭の引用部分で，アデルが日本文化の衰退を語っているとき，このような目に見えるものを思い描いているようだ。アデルにとって，日本文化とは和風建築なのである。日本文化と日本の芸術作品を同じものと考え，近代化すなわち日本らしさの喪失，と考えているようだ。他方，ジャックは文化を明確に定義するよう求める。インタビューの聞き手（筆者）が示した定義は広義の文化であり，それぞれの土地に暮らす人々の日常行動，慣習，価値観や信条を包摂する。

2.1.1　百花繚乱の定義づけ

　研究者の間でも，文化の本質をどのように理解するかは時代とともに変遷し，「文化」の定義の細部は未だに解決のつかない議論になっている。たとえば，*The Encyclopedia of Social and Cultural Anthropology*（社会・文化人類学事典）（Barnard & Spencer, 1996）では定義さえしておらず，そ

のかわりにさまざまな定義づけの歴史をたどることを選んでいる。語源的に見れば,「文化 (culture)」は,「耕す (cultivate)」や「農業 (agriculture)」という語とつながり,「教養のある (cultured)」人物を指す場合のように,人が進歩する可能性に言及して 17 世紀に使われはじめた。19 世紀になると,「文化」は 2 つの異なる意味で使われた。1) ある人は他の人より「教養がある」というように,望ましい資質を記述する。2) 人類学的な意味で,世界をいくつもの「文化」に分けて,それぞれが固有の価値を有することを記述する (Williams, 1958)。

このように相対的な意味での展開は重要だった。なぜなら 20 世紀初めから半ばまで,人間の違いについて支配的な見方は,人種決定論——人種による生理的な違いは行動を決定する重要な要素という考え方——であった。多くの場合,遺伝的優位性が産業の発達や近代化の理由とされた。しかし,20 世紀前半には,人類学者や社会学者,たとえばボアズ (Boas,1928),レヴィ=ストロース (Levi-Strauss, 1958),ミード (Mead, 1961),ベネディクト (Benedict, 1934),デュルケーム (Durkheim, 1938),ウェーバー (Weber, 1968) などが,人種的差異ではなく,社会文化的環境こそが私たちの行動を決定する支配的な力であり,それぞれの「文化」には独自の妥当な世界観があると力説した。

上述の研究者たちは,「文化」を厳密にどう定義するかについて,対照的な考えを持っていた。初期の定義として影響力が大きかったのは,タイラー (Tylor, 1871) である。

> 文化もしくは文明とは,広義の民族学的な意味で捉えれば,知識,信条,芸術,道徳,法律,慣習やその他,人間が社会の一員として獲得した能力や習性などの複合的全体である。(p. 1)

タイラーの定義が強調しているのは,人間の集団が共有している知識や価値観,そして物質的な所産である。見知らぬ土地では食べ物や建造物が違い,そのような文化の所産を生み出す思考や価値観がこれまで慣れ親しんだものと対照をなすと感じる。加えて,タイラーの定義を読むと,「文化」は静的なものではなく,進行中のプロセスのなかで修正されて作り直されるのだと気づく。20 世紀を通して,社会科学者は「文化」の定義をさらに精緻

化する議論を重ねてきた。そのような議論は，文化が定義されるコンテクストや目的を反映していることが多かった。たとえば，ベネディクト（Benedict, 1943：9-10）は，文化とは「人間にとっては，生まれながらにして与えられた行動ではない。たとえば，スズメバチやアリなどの行動と違い，生殖細胞によって決定されるのではなく，各世代が大人から新たに学ばなくてはならない」と定義したが，これは遺伝子決定論への攻撃であった。

このような初期の研究者の大半にとって，文化システムを研究する目的は，人間が社会化することによって自己理解がどのように制約されるかを知るためであった。ミード（Mead, 1995：1）はこう述べている。「私は生涯の大半を他の人々，遠く離れた地の人々の生活を研究することに費やした。それはアメリカ人が自分自身をより良く理解するためであった」。ミードらが外国の社会制度を分析した目的は，「われわれの時代の社会習慣を明らかにして，…その教えに耳を貸す用意があるならば，何をすべきで，何をすべきでないのかをわれわれ（アメリカ人）に示す」ためである（Boas, 1928）。したがって，このような研究者たちは社会組織や家系図だけでなく，日常の行動やコミュニケーション様式にも興味を寄せた。ベネディクト（Benedict, 1934：9）によれば，これまで「慣習が社会理論家の関心を喚起しなかったのは，それが自分自身の思考そのものだったからである。つまり，慣習とはレンズであり，それなしでは何も見ることはできない」ものである。これら社会科学者に，サピア（Sapir, 1921）やウォーフ（Whorf [Carrol, J. B., 1956]）といった言語学者が加わり，私たちの世界観は大部分が，本人の話す言語と文化環境からの社会化により決定されると強調した。そして，文化や社会化の影響は内側からは見えないことが多いと論じた。すなわち，人間にとっての文化は魚にとっての水のようなものであり，すっかり自分の世界の一部となっているので，体験から切り離して客観的に研究するのは困難である。

20世紀初めの，このような文化相対主義の深い理解は，心理学の分野での無意識という概念についての進展と呼応していた。フロイト（Freud [Brill, 1995]）やユング（Jung [Jaffe, 1979]）による基本的な知見とは，見えない形で，体験が行動を形づくるというものである。こうして，精神分析学者は，ぼんやりとしか気づかないまま体験が性格や行動を決定することを個人のレベルで探求し，他方，人類学者は同様の知見を文化共同体というマクロなレベルで発見したのだった。バーンランド（Barnlund [Valdes, 1986]）

は，フロイトが初めて展開した「個人的無意識」という考えと「文化的無意識」（初期の研究者の考えに関してバーンランドが用いた）を，「現代における最も偉大な洞察」として説明している（Barnlund, 1989）。

当然ながら，人類学者が比較的孤立した民族を研究していた時代から，世界は変容した。グローバリゼーションの顕著な影響のひとつは，文化共同体がますます相互関係を深めて多様化していることである。もはや——かつて可能であったとしてのことだが——「ロシア文化」や「イタリア文化」を厳密な意味で語るのは可能ではないかもしれない。「文化」という語に関して一般的な同意があるとすれば，文化とは，行動を支配したり人が「帰属」したりするような単一の決定論的なものではなく，むしろ共同体が共有している所産，意味，期待のネットワークなのだ，という理解であろう。そして各個人は，さまざまな役割を担って複数の文化共同体に参加しているので，「文化」そのものよりも，「文化体験」あるいは「文化の枠組み」に言及する方が容易である。

しかしながら，「文化」が複雑かつ変容する性質を有するといえ，文化面での社会化（cultural socialization）の多大な影響力や未知の文化環境への適応という課題をうやむやにしてはならない。グローバル化が進み，多文化共同体が増加しているにもかかわらず，異なる文化環境で外国語を学び，生活し，仕事をするのは未だに難しい。目に見えない暗黙の文化の枠組みが秘める力は，20世紀初めに社会科学者によって発見されたが，現代の異文化滞在者の体験は多くの点でそれと類似している。つまり外国に行くことは，新たな物理的環境に慣れるだけでなく，異なる世界観を理解し適応し未知の文化共同体に向き合うことなのだ，と異文化に暮らす人間は悟るのである。

2.1.2　エドワード・ホール：文化から異文化へ

上述の人類学者にとって，文化の研究は主として，文化を自己完結システムと考え，そのシステムがどのように機能するのかを説明しようとする専門家の探求であった。ところが第二次世界大戦後になると，異なる文化の枠組みをもつ人々が出会うときに何が起きるのかを理解しようとする関心が高まった。エドワード・ホール（Edward Hall）は，「異文化（間）コミュニケーション（intercultural communication）」という用語を最初に使った学者で，異文化間のコミュニケーションや誤解に関連して文化を研究した。

ホール (Hall, 1959) は文化について，コミュニケーションを可能にするが異文化間の葛藤を不可避にするような，共有された意味についての無意識の枠組みとしての見方を詳述した。ホールは，人間は一般的に自身の文化的条件づけには気づかず，思考方法やコミュニケーション様式における隠れた差異が異文化理解の障壁を作ると論じた。

ホールは特に，このような隠れた差異を客観的に記述する方法を探し，比較のために中立的に参照できる概念を見つけようとした。これは文化的差異を説明する一種の普遍文法である。ホールの研究は，異文化コミュニケーションが難しいのは思考やコミュニケーションの隠れた型（パターン）に気づかないためである，という前提に明確に依拠する。ホールは，時間や空間の使い方に関する異なった文化的志向性に特に関心を寄せ，自分自身の文化の型を理解することによって人間は文化的制約から解放されると考えた。ホールが展開した概念には，コミュニケーションと文化における「高コンテクスト」「低コンテクスト」の相違などがある (Hall, 1959, 1976)。高コンテクストのコミュニケーションでは，意思伝達者はメッセージのコンテクストに比較的多く依存し，言語そのものにはあまり頼らない。ゆえに「一言で十分」なのである。他方，低コンテクストのコミュニケーションでは，伝達される意味は実際のメッセージ内容により多く依拠するので，いつ，どのように，誰によって表現されたのかということの比重は少ない。後者のコミュニケーション・タイプは，「言いたいことを言いなさい」式の意味表現方法である。

ホールの高コンテクストと低コンテクストのコミュニケーションという概念が有用だったのは，コミュニケーション様式や文化集団を比較する基準となったからだ。ホールの知見によれば，たとえば日本人のコミュニケーションは「高コンテクスト」志向であり，これは「一を聞いて十を知る」という日本語の表現に典型的に示されている。他方，アングロ・アメリカのコミュニケーション様式は低コンテクスト志向である——したがって，より直接的で明示的なコミュニケーション様式に価値を置く (Hall & Hall, 1987)。このように文化を比較するカテゴリーを用いることで，たとえば日本人とアメリカ人の間の文化摩擦が理解しやすくなる。

ホールの研究は，彼に続いて文化的差異を記述しようとした研究者に枠組みを提示した点でも重要である。ホールは他の初期の人類学者同様に，文化

研究の主要な目的は文化的な自己理解であると考えていた。そのような理解が異文化間の摩擦を解消し，人間の可能性を広げるための方法であるとして，以下のように述べている。

> 理論的には，異文化に属す人々が出会っても何も問題は起こらないはずである。たいていの場合，出会いは双方からの友情や善意だけで始まるわけではないが，お互いに異なる信条，慣習，道徳観，価値観などもろもろがあると頭では理解している。問題が起きるのは，たとえ表面的であっても，一緒に作業を始めなければならないときだ。往々にして，何年も親しく付き合いながら，相手のシステムを機能させられないことがよくある。このような困難は，われわれ研究者の観察では，あまりに長期にわたりあまりに変化に対し抵抗が強いので，心理学の用語でしか説明できない。すなわち，人は文化アイデンティティに支配されていて抜け出すことができないのである。…人類は今や文化を超えた苦難の旅に出なければならない。なぜなら，無意識の文化から自己を徐々に解放できたときこそが，自己からの分離という何よりも大きな成果になるのだから。(Hall, 1976：239-240)

ホール (Hall, 1976：17) にとって，文化の志向性の隠れた型を明らかにすることがまず重要だったのだが，それは同時に難問中の難問でもあった。というのは「ごくふつうの当たり前のことであり，だからこそあまり研究されてこなかった文化の側面こそが，最も深くかつ微妙な点で行動に影響を与える」からである。ホールの貢献は，フロイトが半世紀前に成し遂げたように，人間が何を言い，何をするかは，本人が十分に意識していないレベルで規定されているのだと，具体的な方法で指摘したことにある。

ホールの知見は多大な影響を及ぼしたが，異文化体験の隠れた面に明確に照準を合わせた研究は，最近あまりないように思われる。おそらく，現代のグローバル化した世界では，一見したところ文化は収斂しているという偏った見方があるからだろう。ただし，多くの研究者が，実際にホールに先導されて，文化を比較するためのカテゴリーを発展させてきたのも事実である。加えて，気づき，意識，文化アイデンティティなどの隠れた文化に関連する諸問題についても多く書かれてきた (Adler, 1977；Chalmers, 1996；Friedman, 1994；Gaston, 1984；S. Hall & Du Gay, 1996；Hanvey, 1979；Ingulsrud *et al.*,

2002 ; Kemp, 1995 ; Muller, 2003 ; Noels *et al.*, 1996 ; Schuetz, 1963 ; Shaules, 2003 ; Shaules *et al.*, 2004 ; Singer, 1968 ; Smith, 1999 ; Sparrow, 2000 ; Tomalin & Stempleski, 1993 ; Tomlinson, 2000)。しかしながら，異文化体験の隠れた要素をより明らかにしたいというホールの願望は，依然として完全には実現されていないように思われる。

2.2 「文化」への異議

　最近の2つの動向により，少なくともある人々にとっては，「文化」という語の使用が──たとえば「ポーランド文化」というようなコンテクストで使う場合──疑わしくなってきた。動向のひとつは，政治的公正さ (political correctness) であり，ある集団を一般化することを否定的なステレオタイプを用いることと同一視することである。もうひとつは，グローバリゼーションそのものである。人口がこれほど流動的になり多文化共生がかくも広範になったことを考えると，有意義な方法で文化を語ることは可能なのかとさえ疑問視される。カルチュラル・スタディーズの分野では，ポストモダンの世界における文化的アイデンティティとは何か，という活発な議論がある。とりわけ強調されるのは，ジェンダー，民族性(エスニシティ)，国籍，政治，メディア，価値観などの問題が，どのようにグローバル化のコンテクストで相互作用し，高度に分裂した自己アイデンティティのパターンが生み出されるのかという点だ (Friedman, 1994 ; McGuigan, 1999 ; Sherbert *et al.*, 2006 ; Singer, 1968)。現代社会において文化的アイデンティティの伝統的な境界がこれほど分裂したのだから，文化と文化的アイデンティティの概念そのものを問うべきだとする研究者もいる (Hall & Du Gay, 1996)。

　同様に，コミュニケーションはコンテクストへの依存性が極めて高いので，文化が決定論的に大きな役割を果たすという主張は適切でない，とするコミュニケーション専門家もいる。クラムシュ (Kramsch, 2005：15) はこう述べている。「『ドイツ文化』が標準ドイツ語話者の談話を通して語られると想定するのは不適切な仮定だ。現代では，文化は異種混交的(ハイブリッド)で，変容し対立するものである。…文化は多くの話者にとって，脱領土化した想像上の共同体になった」。スコロンとスコロン (Scollon & Scollon, 2001：138) は，「文化という語は，解決よりも多くの問題を生みだす」と述べ，エイガー (Agar, 2002) は，文化という概念全体がもはや妥当ではないとする。

「超文化的（transcultural）」という用語の「文化」という部分は，今や大きな問題だ。現代を生きるたいていの人にとって，ある特定の時に自分に作用する「文化」は，ローカルからグローバルまで，数多くあり，その影響において部分的でもあり可変的でもある。かつて文化は，人が何をしていたかを記述し，一般化し，説明するための方法であった。もはや同様の方法を用いるのは容易ではなく，もしかしたら不可能でさえある。(p. 15)

エイガーは「実践共同体（community of practice）」という概念——これは，ビジネス・コミュニケーション分野の用語であり，協働関係において発展する非公式のネットワークを指す (Sharp, 1997：15) ——のほうを好み，「従来の『文化』という考え方よりも強力なツール」だと主張する。エイガーは，行動を予測して一般化を行なうという意味での「文化」を語ることを断念し，特定の状況に焦点を限定するよう提案する。

状況というのはダイナミックだ——事実，直線的ではないダイナミックなシステムなのだ。状況には人間がいる。直線的ではない他のシステムと同様に状況は，ある環境とその環境のモデルの相互作用であり，この２つが時間の経過とともに合わせて進展する。この動的環境を「フロー（flow）」と呼ぶことにしよう。モデルは「フレームワーク（framework）」，略して「フレーム（frames）」と呼ぶ。大半の時間，ナビゲーションは直線である。だが，時として予期せぬ方向に進み，フレームが調整される。時には，素晴らしいアイディアがひらめき，フレームを変更すると，フローとの相互作用がさらに円滑になる。超文化的な瞬間は，途絶が起こりフレームでは手に負えないときに訪れる。超文化の自己は，そのような途絶を理解し説明することができるので，問題を解決して，好ましい結果をもたらす。(p. 15)

エイガーの論点を額面通りに受け取ると，個の多様性は，従来は文化共同体に起因するとされていた社会的結束性を超える，と示唆しているようだ。それゆえに，「文化」は時代錯誤の概念的枠組みになるのである。

2.2.1　社会アイデンティティと意味を共有する共同体

ここで重要な区別をしておく必要がある。まず，「文化」という語が適用

される目的は多種ある。文化は次のように慎重に峻別しなければならない。1) 個人，民族もしくは社会のアイデンティティの一形態，2) 意味を共有する共同体としての文化，という2つである。カルチュラル・スタディーズやポストモダン研究では社会アイデンティティに寄与する要素に関心を示す——人種，ジェンダー，エスニシティ，権力関係などが，どのように自己や世界観に影響を及ぼすのかという点である。たとえば移民の子どもたちは，家族からの期待と自分が育った社会に参加したいという願望との間で板挟みになるかもしれない。民族的なマイノリティとしての偏見に直面するかもしれない。香港からカナダに移住した，2言語併用（bilingual）で2文化に属するバイカルチュラル（bicultural）な子どもたちを軽率にただ「カナダ人」と呼んだとしたら，その豊かな文化的アイデンティティと異文化体験を正当に評価できないであろう。

　しかも社会的アイデンティティは，他の文化共同体が共有する意味の枠組みを理解する能力と同じではない。たとえば，アフリカ系アメリカ人は自己の社会的アイデンティティの一部として，アフリカに強い個人的つながりを感じるかもしれない。しかし，だからといって，セネガルを初めて訪れたときに，セネガル人の行動を他の観光客よりも正しく解釈できるわけではない。手指を使って食事をすることに違和感を覚えるかもしれないし，セネガルの主要言語のひとつであるウォロフ語を自動的に理解できるわけでもない。他のアメリカ人と同じように，セネガルの価値観，社会関係，食べ物，コミュニケーション様式などを理解するには時間を要するだろう。文化的アイデンティティがあることでセネガル人に対する「態度」が変わり，セネガルのことが学びやすくなるかもしれないが，セネガル人同士が意思疎通するために共有している意味の枠組みは，アフリカ系アメリカ人としての社会的アイデンティティとは別である。同様に，英国育ちで英国の学校教育を受けたインド人の移民は，主流(メインストリーム)の英国人の価値観からの疎外感を強く感じているかもしれないが，それでも英国人の世界観に触れてきた分だけ，英国育ちでない場合より英国人の行動をより解釈できる可能性が高い。

　「文化」という語のこのような2つの使用を混同すると，文化の類似性を過大評価することになる。社会的アイデンティティあるいは個人的アイデンティティの一形態として文化を見るならば，こう言えるかもしれない。異なる国の出身である十代の若者が——たとえば，イランとペルー——自分たち

を反抗的だと考え，同じようなビデオゲーム，ヒップホップの人気者，サッカー選手が好きだとすると，自国の十代が祖父母と共有するよりも，多くの文化的アイデンティティを互いに共有している。だがイラン人の若者は，ペルー人の友人が当たり前と思う社会環境においてはおよそ機能できないし，逆も然りである。このイラン人とペルー人の若者が共通の関心にもとづいて関係を構築できたとしても，ペルーの若者はまずファルシー語を習得しないと，友人の祖母と意思疎通をはかったり，近所の店で買い物をしたり，友達の友達とコミュニケーションをとることなどできない。同様に，特定の言語——たとえば，イタリア語——を話して成長することはイタリア人としてのアイデンティティを強く感じ，特定の個人的価値観に執着するということを必ずしも意味するわけではない。けれども言語は，その話者の世界観を反映するものであり，言語共同体の中に社会化されることで，当該の共同体に属する他の人たちの世界観についての直観が身につく。また，相互行為を可能にする共有された枠組みも得られ，共同体内の期待や意味に関連する，個としてのアイデンティティが表出できる。

　ベネットは社会共同体で共有された意味という問題に取り組み，抽象化の異なるレベルに存在するものとして文化を説明している。

　　日本人，メキシコ人，アメリカ人などの国民集団や，アラブやズールーなど国境を超えた民族集団は，抽象化レベルの高い文化である——文化の成員の大半（だが全員ではない）に帰する資質は非常に一般的で，集団内は多様である。抽象化のこのようなレベルでは，文化間の思考や行動の型における一般的差異を指摘できるのみである。たとえば，アメリカ文化は日本文化に比べるとより個人主義的な特徴があり，日本文化はより集団主義的であると観察される，という具合に。

　　抽象度が高いレベルでの分析は，文化の「統合する力（unifying force）」という見方を提供する。相互作用の存在こそが，それがメディアを通してであっても，個人や民族集団を超える共通性を生む。たとえば，かなりの個人差や民族差があるにもかかわらず，メキシコ人が他のメキシコ人とのコミュニケーションに費やす時間は，日本人とのやりとりに費やす時間よりも長い。メキシコ人がメキシコの新聞を読み，メキシコのテレビを見るために費やす時間は，

日本のメディアに費やす時間よりも長いのは確かだ。このような事実がメキシコ人の「国民性（national character）」を作り出す。それはメキシコ人と日本人（ならびに他のラテン・アメリカ人）とを弁別する何かである。(Bennett, M. J., 1998：4)

ベネットの指摘で再認識できるのは，大ざっぱな文化的なレッテルは特定の文化的枠組みの共有を示しているだけだと忘れなければ意味があるという点だ。誰もがある特定の方法で，自分のアイデンティティをもつことを必ずしも示唆しているわけではない。

2.2.2　文化は行動を引き起こすか

意味を共有する枠組みとして文化を捉えることは，原因——人にある方法で行動させる何か——として文化的な要素を考えることとも区別しなければならない。たとえばクラムシュ（Kramsch, 2005）は，ドイツ文化はドイツ語話者の談話で語られると想定すべきではない，と論じる。けれどもこれは，文化が特定の行動を引き起こすという見方を非難しているのであり，ドイツ語話者が意味の枠組みを共有しているという点についての批判ではない。個別の発話行為は言語によってあらかじめ決定されるわけではない。にもかかわらず，言語使用や談話は恣意的なものではなく，ドイツ人なら，仲間のドイツ人がどのように自分の行動を解釈するかという，複雑な期待を非ドイツ人より理解している。

同様に，「特定の瞬間に作用する文化（cultures）は複数あり，ローカルからグローバルまで及び，その影響は部分的でもあり可変的でもある」とエイガー（Agar, 2002：15）が論じるとき，文化を原因となる「影響」と考えることに異議を唱えている。だが，文化を人間に「作用する」ものとして特徴づけている点は，ホールや他の研究者と大いに異なる。ホールらによれば，文化とはそれを通して私たちがものを見るレンズであり，私たちを管理するものではない。文化は「行為を記述し，一般化し，説明する」ことはできない（p. 15）という表現は，文化共同体の一員であることが決定論的かつ絶対的だという考え方を排除しているように見える。しかし異文化体験の際立った特徴は，新たな環境での行動や出来事を解釈するための意味についての枠組み——特定の言語も含めて——の欠如である。行動に影響を及ぼす

ものとして定義される文化は，行動を解釈するための指針とされる文化とは別物である。

　文化を決定論的な力とする観点は，異文化研究の言説に深く埋めこまれている。ホフステード（Hofstede, 1997：4）は文化の多様性に関する研究で影響を与えたが，文化的差異を，行動は「心的(メンタル)プログラムによって部分的にあらかじめ定められている」として説明している。さらにホフステードはこう主張する。人生を通して学んだ「思考，感情や潜在的行為の型」を忘れなければ，別のものを学ぶことはできない。この考え方では，行動に駆り立てる内なる本質として，文化を特徴づける。それは，特定の行動をとらせる不変の気質としてパーソナリティを考えるのと同じである。ニスベット（Nisbett, 2003：123）によると，このように相互作用を説明するアプローチは，著しく西洋的な見方で人間を概念化している。これは「根本的な帰属の誤り（fundamental attribution error）」をする傾向にもとづいたもので，人間の行動を考えるうえで因果関係を強調しすぎている。心理学の分野では，内面の心理的気質で特定の行動を予測するのは難しいと力説されてきた（Kraus, 1995；LaPiere, 1934；Wicker, 1969）。そうだとしたら，ある人の文化的背景がわかっていても，その人の行動が正確に予測できないことは意外でも何でもない。

　文化に関する多様な定義づけは，その目的次第で適切になる。異文化滞在者にとって，ホール（Hall, 1959, 1976, 1984）の果たした貢献が重要であるのは，文化と行動の関係を問い直しているからだ。ホールはこう論じる。他の文化共同体から来た人と会話するとき，私たちは実際には異なる世界観と相互作用しているのであり，表面に現れる行動（surface behavior）は，相手の文化がもつ意味，価値観や期待という深層レベルの隠れたネットワークに結びついているのだが，それを私たちは完全に理解しているわけではない。これから見ていくように，異文化の相互作用を解明しようとするホールのアプローチは健在だ。異文化間の関係を扱う分野では，たとえばベネット（Bennett, M. J., 1993）の異文化感受性（intercultural sensitivity）という現象学的観点，トロンペナースとハムデン＝ターナー（Trompenaars & Hampden-Turner, 1998）が提示した文化的価値観におけるジレンマの根底にある隠れた前提という視点は，ホールの考えを反映している。これらの研究者は文化を，世界を理解するために用いられ，同時に特定の行動の選択に

おける決定を左右する認識の枠組みとしてとらえる点で，ホールと共通している。これは絶対的な意味での「正解」ではないにしても，異文化を学ぶという課題に直面した人々の体験談と実にうまく合致していると思われる。

2.3 文化を体験する

　本書の主たる関心は，未知の文化共同体で暮らして体験される文化にある。ホールによる，文化とは共有された意味や期待のシステムであるという見方が，外国に住んでいる人たちが語った異文化を学んだ体験と合致する。外国での体験を語るとき，圧倒的に多いのが，文化の違いという視点，ないしは「差異のパターン」とでもいう点である。たとえば，ジャックは日本人との関係を語る際，次のように話している。

> 僕が知ってる日本人は――生徒だけど――敬意をもって僕に接してくれる。…僕の生徒たちは専門家として僕を尊敬してる。称賛を浴びせてくれる。でも，それがどこまで本心で，どこからが典型的な日本人の過剰な礼儀なのかは，わからない。

　ジャックの出した結論に同意するかどうかは別にして，「典型的な日本人の過剰な礼儀正しさ」を語るジャックは，彼が日本で見出した価値観やコミュニケーション様式とアメリカ人として慣れ親しんだものとの間にある差異の体系的なパターンに直面している。私たちが文化をどう定義しようが，この体系的な差異こそ，文化の境界を越える者が異文化を学ぶときに挑戦しなければならないものである。そしてこのような差異が意識の外で作用しているときに，異文化滞在者は躓く。居心地が悪かったり，コミュニケーションに齟齬が生じたりする根本原因がつかめないのだ。ジャックの場合，日本人生徒からの崇拝を信じてよいかどうかわからないのは，アメリカ人生徒とだったらあり得ないことだからである。

　もちろん，ジャックが崇拝として体験したものは，恐らく「個々の」生徒がジャックに対して示した好意の一部にすぎないのかもしれない。加えて，日本人生徒が教師に対して「一般的に」示す敬意の結果なのかもしれない。少なくともある程度は，生徒はジャックに称賛を浴びせているのではなく，教師全員に対してと同じように，ふつうに対応しているといえる。これを

「過剰な礼儀正しさ」と説明しているという事実は，ジャックが依然としてアメリカ人の基準で生徒を判断しており，日本人の世界観に完全に踏みこんでいないことを示している。

　したがって，ジャックは日本での日常生活という表層レベルではよく適応しているかもしれないが，何かが欠けているのは，はっきりしている。次章では，ジャックの問題を理解する方法として，「深層文化」についてさらに詳細に考察をすすめる。深層文化の差異が生みだす，多くの異文化滞在者にとってのチャレンジを理解する一助となろう。

第3章　文化の深層構造

ウンスク：日本人にとって（昼食時に同僚と離れて座っていることは），まるで普通かもしれないけれど，韓国人の目から見ると全く理解しがたい。（日本では）レストランで，同じ学部の教員がいたら，同席していいのかどうか迷ってしまう。
筆者：つまり，そういう場合に，日本人だったらどうするのか，よくわからない？
ウンスク：そう，その場の空気を読むのはとっても難しい。
筆者：来日してもう12年になるのに？　難しそうだね。
ウンスク：（笑）そう，難しい。

3.1　文化の「規則」と文化の差異

　ウンスクは来日して12年になる韓国人で，日本語を流ちょうに話す。日本で博士号を取得し，都内有名大学の専任教員となり5年が経った。日本人と接する機会も多い——授業を担当し，大学院生を指導して，大学で委員会の仕事もする——が，それでも昼食時に同僚と同席するべきかどうか迷う。社会性がないわけではないし，気が利かないわけでもない。日本人の同僚の期待や意図が理解できないだけなのだ。
　ウンスクのような長期の異文化滞在者が直面する課題は，外国生活についての話でよく耳にする典型的な規則を超えたところにある。たとえば，「フランスで店に入るときには，必ず店員に挨拶する」とか，タブー集には「日本では食べ物を箸から箸に移してはいけません」などの規則がある。このような忠告からは，文化の学習は規則としてまとめることができるという印象を受ける。だが，どのような場合に同僚と同席すべきなのか，誰もウンスクに助言できない。なぜなら，文化的期待は「マナー教本」ではないからだ。昼食時に同僚と同席「できる」ということは，わかっている。しかし，同席することが何を意味するのかは定かではない。厚かましいと思われるだろうか。それとも，友好的だと見られるだろうか。これは状況次第だろう。場所

は大学構内か，学外か。同僚はひとりでいるのか。自分より年上か年下か。性別はどちらか。これまでどれくらい付き合いのある人なのかなど。このような状況をすべて網羅する規則を作ることはできない。

　ウンスクの悩みは，長期にわたり異文化に滞在する人々が抱える問題を明らかにしてくれる。微妙でもやもやとした文化の違いにぶつかっているのだ。説明や予測がしづらいし，異文化の専門家でさえ難しいと感じる文化の差異だ。とはいえ，差異は確かに存在するし，恣意的なものでもない。ウンスクが直感的に理解しているように，行為に付与される解釈，または行動を説明するための価値観や世界観は，恣意的でもなければ，単に個人的な選択の問題でもない。ウンスクにとって，日本人が昼食時に同僚と同席しないことが「不可解である」のは，韓国文化と日本文化の規範，価値観，暗黙の信条に関して実際に差異があっても，それが隠れたものであることが原因なのだ。深層文化の差異は直感的に察知されるばかりでなく，これまでに体系的手法での説明も試みられている。本章ではそのような研究を概観し，隠れた文化差によって，異文化滞在者が適応すべき課題がどのように生じるのかを明らかにする。

3.1.1　解釈のための確かな枠組みとしての文化

　第2章では，文化とは人を支配するものではなく，むしろ世界を理解する方途であると論じた。ウンスクの事例でいえば，人間の行動を左右している規則は簡単には特定できないということだ。しかし，行動を解釈するために適用できる確かな基準がないわけではない。「英国では初対面で何と言いますか」と質問すれば，英国人の言語使用は比較できる。とはいえ，このような方法で，言語使用を予測する規則を作り出すのは難しい。「何を言えるのか」というリストは作成できるかもしれないが，実際に「何と言うか」は予測できないのだ。人と会った際に 'How do you do?'（「はじめまして」）と挨拶すると想定しても，相手は何も言わないかもしれないし，若者は別の言い方をするかもしれない。ほぼ常にコンテクストの変数があり，ある状況で必ずある発話をするとは言えない。

　しかしながら，コンテクストの変数があったとしても，言語使用が恣意的であるということではない。英語話者であれば，'How do you do? It's a pleasure to meet you.'（「はじめまして。お会いできて嬉しいです」）とい

う挨拶は、'Hey there. What's up?'(「やあ，どうしてる？」)よりもフォーマルなレジスター(言語使用域)が選択されたのだとわかる。行動は予測できないものの，行動を解釈するための体系は比較的安定している。どのようにその体系を用いるのかに個性が表れる。すなわち，ある状況で当然だと考えられている暗黙の解釈の枠組みを考慮して，何と言うべきかを選ぶ際に個性が表れるのである。二人称単数の敬称 'vous' か親称 'tu' のどちらを使うべきなのかに迷うフランス語学習者と同じような状況に，ウンスクも遭遇したと語っていた。'vous' も 'tu' もどちらでも使える状況でフランス語学習者は，自分の意図を伝えるためにはどちらが適切なのかがわからないのである。

　相互行為を成功させる要因として，文化は重要ではないとする論拠は他にもある。お互いの言語を解さない場合，あるいは文化的背景を共有していない場合にも，コミュニケーションに支障がなく，満足のいく関係を構築できることもあるという事実だ。けれども，この事実によって，意味の枠組みがコミュニケーションや対人関係に必要だとする論拠は強化される。文化的背景の異なるエンジニアが，ことばの壁にもかかわらず，問題なく協働して作業ができるのは，関係性の基盤となる工学という枠組みを共有しているからである。各国からサッカー選手が集合しても，サッカーのルールを互いに理解しているため試合が成立する。ところが，サッカーをするというコンテクストから離れれば離れるほど，ますます選手たちはコミュニケーションに苦労する。また，選手が同じルールを共有している場合でも，文化が異なっているために対立することがある。攻撃的なスタンド・プレーをするアメリカ育ちのバスケットボール選手は，中国では自己中心的で思い上がっていると見られる。それは，中国ではチームワークが大切であるからだ。中国とドイツのエンジニアは異なる文化にもとづく思考で，問題を解決したりプロジェクトをまとめたりする最善策を探すだろう。たとえば，中国人は風水を配慮するのは当然だと考えるかもしれないが，ドイツ人は迷信だと思うかもしれない。

3.1.2　文化差の深層構造

　ウンスクが直面した学びの課題を理解するためには，何が深層文化の枠組みを構成しているのか，そしてその枠組みの差異がどのように新たな環境で

適応する必要性を生み出すのかをより明快に理解する必要がある。専門文献でこの問題を研究しようとすれば，まず「主観的な文化」と「客観的な文化」の峻別から始めることになる。文化の客観的な要素とは，衣食住をはじめとする文化的所産である。主観的な要素とは価値観，信条，態度，規範などであり，見たり触れたりできないものである（Triandis, 1972）。この2つを分けることで，気づかずに作用している多様な文化的要素を同定しようとするタクソノミー（分類法）が生まれる。この目的でよく用いられるイメージが「文化の氷山」である。意識外の文化要素は水面下にあるので目に触れることはないのだ。典型的な例（Terreni & McCallum）が図1である。

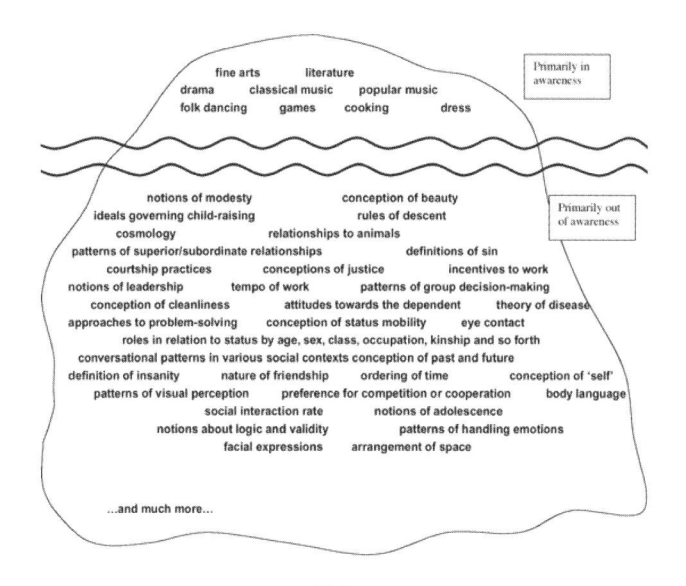

```
                fine arts     literature                  Primarily in
            drama    classical music    popular music      awareness
         folk dancing    games    cooking    dress
   ～～～～～～～～～～～～～～～～～～～～～～～～～～～
              notions of modesty      conception of beauty
           ideals governing child-raising    rules of descent      Primarily out
                cosmology         relationships to animals           of awareness
         patterns of superior/subordinate relationships
            courtship practices    conceptions of justice     incentives to work
          notions of leadership    tempo of work    patterns of group decision-making
             conception of cleanliness    attitudes towards the dependent    theory of disease
           approaches to problem-solving    conception of status mobility    eye contact
              roles in relation to status by age, sex, class, occupation, kinship and so forth
            conversational patterns in various social contexts    conception of past and future
              definition of insanity    nature of friendship    ordering of time    conception of 'self'
                patterns of visual perception    preference for competition or cooperation    body language
                       social interaction rate     notions of adolescence
                    notions about logic and validity    patterns of handling emotions
                         facial expressions    arrangement of space

           ...and much more...
```

図1

　このような分類が有用なのは，自明であると思っている深層文化の夥しい要素に気づかせてくれるからである。

　けれども，このような分類は隔靴掻痒でもある。というのは，文化の枠組みを体系的に比較する方法は示していないからだ。確かにこの図にあるように，「時間管理（ordering of time）」や「情動処理パターン（patterns of handling emotions）」は，隠れた文化の要素なのかもしれないが，この図

では、時間管理や情動処理のアプローチがどのように異なっているのかを説明していない。また、カテゴリー間にどのような相関関係があるのかという点も明確ではない。たとえば、「集団の意思決定パターン（patterns of group decision-making）」は「競争か協力かという選好（preference for competition or cooperation）」と何らかの関係があるだろうか。換言すれば、この膨大なリストを、深層文化の基本構造を構成する上位カテゴリーに分類することは可能だろうか。そして最後に、このようなタクソノミーでは、ある文化要素が他の文化要素よりも無意識的なものなのか否かが、はっきりしない。

どのような要素が深層文化の全体を構成するのかについて、一致した意見がないにもかかわらず、「文化の氷山」の隠れた部分に存在する特定の要素に関する研究は豊富である。前述したように、ホール（Hall, 1959, 1976）は、「時間管理」の異なるシステムを考察する体系的な比較を最初に試みた。その後、多数の研究者がホールに続き、深層文化の差異における具体的な要素を研究した。深層文化の全体を説明しようとすると、要素の数が膨大になるので難しい。図1では、このような問題に部分的に対処するために、'and much more'（その他多数）と図の下方に記すことで、リストに含まれるべき項目が多すぎて網羅できないことを示している。この問題を解決する別の方法は、構成要素に優先順位をつけたり、異なる文化集団を体系的に比較できるカテゴリーにまとめたりすることである。幸いにも、この目標を念頭において設計された研究には、重要な進展があった。

3.2 深層文化の差異に関する研究

文化的差異についての初期の研究は、文化人類学に端を発している。伝統的に文化人類学研究の重要な目標は、文化集団を記述的に理解することであった（Barnard, 2000）。文化人類学者は民族学的手法を用いることで、文化集団に対して、イーミック――内部者の視点――に立とうとする。そのために、文化の情報提供者に向けて、内部者がその社会を見るまなざしを問うのである。この方法論は、社会制度、儀礼、宇宙論、タブー、明示的な信条体系などを明らかにしていくのには適している。だが、自身が文化人類学者であるホール（Hall, 1959, 1976）の著書では、自文化について説明できるのは明白で客観的な要素に限られることが多い、と語っている。文化の隠れた

要素を説明し比較するのは容易ではない。それでも，この面での私たちの理解を助ける研究がいくつかの異なる分野でなされてきた。

3.2.1　言語相対論

　隠れた文化の影響を理解する方法のひとつとして，言語がわれわれの認知にいかに影響するのかという研究で，とりわけサピア＝ウォーフの仮説に関連したものがある。サピア＝ウォーフの仮説は「言語相対論」としても知られているが，言語が認知プロセスに影響を及ぼすと主張する。言語が異なると，客体，関係性，意味などの分類方法が異なるため，世界観は母語の習得プロセスで学んだ知覚カテゴリーを反映すると考えるのだ。サピア（Sapir, 1958 [1929]）は，こう述べている。

> 人間は客観的な世界にだけ暮らしているのでもないし，一般的に理解されているように社会活動の世界にのみ住んでいるわけでもない。人間は自分たちの社会にとって表現する手段となった特定の言語に大いに支配されている。基本的に言語を使用しなくても現実に順応できると考えたり，言語が伝達や考えなど特定の問題を解決するためにたまたま用いている手段にすぎないと思ったりするのは，全くの幻想である。実際には「現実世界」の大部分が，無意識のうちに，集団の言語習慣に基づいて構築されている。どのような2つの言語も，同じ社会的現実を表象すると考えらるほど十分に類似していることはありえない。異なる社会が生きる世界は，はっきりと異なる世界であり，単にラベルが異なるだけの同じ世界ではない。…われわれが見たり，聞いたり，または他の何らかの方法で体験するというのは多くの場合，われわれが属している共同体の言語習慣が一定の解釈を選択させるからである。(p. 69)

　サピア＝ウォーフの仮説を検証するために，多岐にわたる方法で研究が行われてきた。この仮説を支持する研究では，たとえば，ナバホ語話者が英語話者と異なる分類をするのは，ナバホ語には形が異なる物を扱う際の豊富な語彙があるからだろうと指摘している（Carroll & Casagrande, 1958）。その他にも，色を分類する能力（Kay & Kempton, 1984），中国語話者が仮定法で語られた話を仮定的に解釈するか否か（Bloom, 1981），視覚記憶への言語の影響（Santa & Baker, 1975）などの研究がある。この種の研究によって，

言語は認知にある程度まで影響するという証拠が揃ったが，それがどのように，またどの程度までそうだと言えるのかについては，多くの議論がある。上述したような研究が出した結論に異議を唱えた研究としては，アウ（Au, 1983）やデーヴィス他（Davies *et al.*, 1998）などがある。ピンカー（Pinker, 1998）は，いわゆる「言語を生みだす本能」[1] には賛成しているものの，言語の影響のためにある特定の方法で認識せざるを得ないという考えには反対している。

異文化を学ぶ者にとって，このような主張やそれに対する反論があるためにかえって，問われている内容の重要な限界がわかりにくくなっている。先のサピアの引用が文化を越境した人々にとって問題となるのは，色や形などの物理的環境の要素を分類する能力ではなく，言語が「社会的現実」を表象する体系だという事実である。感覚への刺激を処理する神経の活動を説明するために用いられる「知覚（perception）」と，世界観や問題に対する見解として用いられる「認識（perception）」を区別することが肝要である。異なる言語を話すことが，異なる色調を難なく「知覚する」（識別する）能力や形を分類する能力に影響するか否かに関係なく，ある状況で何が正しく合理的であるのかを「認識する」（解釈する）ことは，その社会での世界観と明らかに関係している。ウエディングドレスを白色だと知覚できることが，白色は純潔のしるしであり，婚前の性行為が伝統的なキリスト教の世界観では罪であると考えられているという知識となるわけではない。

3.2.2 深層文化と認知プロセス

認知の差異に関する研究が異文化を学ぶ人々に有用であるためには，ある特定の認知プロセスが文化的背景によって変わるというだけではなく，その差異が特定の共同体の世界観や社会的現実とどのように関係するのかを示す必要がある。ニスベット（Nisbett, 2003）は一連の実験を行って，東アジア人（中国人，韓国人，日本人）と西洋人（西ヨーロッパ人とアメリカ人）の思考プロセスを比較した。そのなかで，認知へのアプローチがこの2つの

---

[1] ピンカー『言語を生みだす本能』（日本放送出版協会）を参照。サピア＝ウォーフの仮説に対し，言語本能説の前提として，人は普遍的な心的言語で思考するとした。

文化集団の間で根源的かつ重要な点で異なることを論じている——西洋文化とアジア文化における伝統的な知のあり方や，さらに現代の価値観と社会慣習に明確に関係するところで異なるのである。

ニスベット（Nisbett, 2003）は，西洋人は，より不連続のデジタル思考をするが，東アジア人は全体論的でコンテクスト志向の認知プロセスであるという仮定——比較文化研究にもとづく——を検証したいと考えていた。特に検証しようとしたのは，次のような考え方である。

> ヨーロッパ人の思考は，客体——物体，動物，人間——の動きが，明快な規則によって理解できるという前提のうえに成り立っている。西洋人はカテゴリー化に強い関心を示す。問題となっている客体にどの規則を適用すればよいのかがわかり，問題解決には，形式論理の規則が有効だと信じているからだ。これに対して東アジア人は，客体を広いコンテクストで捉える。アジア人にとって，世界は西洋人が思うよりも複雑で，出来事を理解するためには——常に，決して単純な決定論的ではない相互に絡み合った多くの要因を考慮する必要がある。形式論理は，問題解決にほとんど役立たない。事実，論理にこだわりすぎる人間は，未熟だとみなされることもある。(p. xvi)

ニスベットによると，このような差異は研究室の実験をこえて重要である。以下がその理由だ。

> 東洋人と西洋人を特徴づける社会構造や自己意識は，それぞれの信条体系や認知プロセスとつながっているように思われる。アジア社会の集団主義的もしくは相互依存的な本質は，アジア人がコンテクストを重視して広い視野から世界を眺め，出来事は非常に複雑で多くの要因によって決定される，と考えていることに合致する。西洋社会の個人主義的あるいは自立性を尊重する本質は，西洋人が客体をコンテクストから離して捉え，客体を支配する規則を知ることは可能であり，したがって，その動きをコントロールできる，という西洋人の信条と合致する。(p. xvii)

ニスベットの実験では，さまざまな分野に関係した広範囲な問題を扱っており，1) 科学と数学，2) 注意と知覚，3) 原因の推測，4) 知識の体系化，5)

論理思考などが含まれる。そして，このような分野での差異は，社会的条件や思考体系に関係し，それは何千年も昔に発達して，今日まで一貫して維持されてきたのではないかと提案する。ニスベットは古代中国の思想や社会習慣を，古代ギリシャの社会制度や思考方法との比較に用いている。この考えでは，儒教や道教の教えは哲学的な宇宙論であるばかりでなく，当時の社会を反映し，自分の存在を認識する方法を形成するうえで多大な影響を及ぼした。同様に古代ギリシャでは，主体／客体という思考，直線的な論理思考，自然のなかに存在する本質の探求という伝統によって，思考パターンや社会観が形成され，現在に至っている。

このような主張を裏づけるために，ニスベットは出身国の異なる人々の認知タスクを比較する臨床実験を実施して検討した。これにより次のことが明らかになった。1) 東アジア人は西洋人よりも，出来事の関係を認識することができる。2) 東アジア人は，物をそれを取り巻く環境から区別するのが苦手である。3) 西洋人は人や物がどのような動きをするのかに関して，コンテクストの影響を見過ごしがちだ。4) 東洋人は「後知恵の先入観」をもつ傾向にあり，「最初からわかっていた」と思ってしまう。5) 東アジア人は関係性で分類し，西洋人はカテゴリーで分類する傾向がある。

ニスベットが持論を立証するために用いた実験は，いわゆる「全体論」対「分析的」とニスベットが呼ぶものに関係する。たとえばニスベットは，ものを客体か実体のどちらに捉える傾向があるのかという点で差異を見つけた。コルクでできたピラミッド形のものを見て，アメリカ人はピラミッド形をした客体として分類する（客体として捉える）傾向があるのに対し，アジア人はコルクでできたものとして，コルクでできた他のものと一緒に分類する（実体として捉える）傾向がある。ニスベットは，この実験結果と，プロセスやコンテクストを重視する中国の哲学的伝統や社会慣習とがつながり，ギリシャ人が発展させた主体／客体の論理思考における，より原子論的な伝統とがつながると考えた。このような差異がある程度まで影響して，西洋社会では近代的な社会や製造業が「モジュール化」する結果となった，とニスベットは主張する。これは今や世界中で展開するマクドナルドのチェーン店においての画一的な体験など，日常生活で明らかになっている。ニスベットの主張は，中国にはチェーン店がないということではなく，西洋には主体／客体という思考傾向があり，それがこのような社会慣習が発達した原因であ

り，結果でもあるという点にある。

　東アジア人と西洋人の文化差を論証するためにニスベットが依拠した研究は，主として実験室で行ったものである。しかしここで明らかになった差異は，社会慣習や世界観に反映されているとニスベットは主張する。その具体例は次の通りである。

　医学：西洋医学は客体志向で介入主義であるのに対し，伝統的な漢方医学は全体論的でさまざまな要素の過程と均衡を重視する。

　法律や紛争解決：西洋には法律家が非常に多く，規則に依拠した紛争解決（敵対的正義と訴訟）をするのに対して，東アジアでは紛争解決における仲裁と，契約の柔軟な解釈を強調する。

　議論：アジアにおける意思決定は合意にもとづく傾向が強く，西洋では真実を得るための方法として，敵対的な弁証法（ディベート）がよく用いられる。

　修辞法（レトリック）：西洋の修辞法は直線的思考から成り，背景，問題，仮説，検証，証拠，証拠についての議論，反論の論破，結論，提言に焦点をあてる。このような直線的な論理は普遍的ではなく，アジアのコミュニケーション様式でははるかに一般的でない。

　契約：アジアでは，契約は関係を維持する枠組みだと考えられ，行為を仲裁し紛争を解決するための規則としては捉えない。

　人権：西洋人は個人を，国家との関係を有し，ある種の権利と義務を伴った，主要な社会単位として考える。他方，アジア人は，社会を個人の集合ではなく，全体的な有機体として捉える。中国人の観点は「一対多」ではなく，「部分対全体」という概念にもとづく。

　宗教：西洋の宗教は「善か悪か」という考え方が中心になりがちだが，アジアでは「どちらも／両方」という傾向がある。日本では儒教も仏教も信仰し，キリスト教式の結婚式を挙げることが可能だ。絶対的に善である一神教の神は，

仏教や道教での輪廻転生と対照的である。

　ニスベット（Nisbett, 2003：201）は，実験室で検証した認知プロセスと，上述した社会現象との間に直接の因果関係があると論じているわけではない。むしろ，彼の主張はこうだ。「認知の違いは社会行動や動機付けの違いと切り離せない。人間が，ある信条を持つのは考え方がそうだからだし，そのような考え方をするのはその人が生きている社会の特質がそうだからである」。換言すれば，文化の違いとは，それぞれの共同体に見出される差異の原因と結果の両方なのである。

　ニスベットの考えが示唆するひとつの点は，どこを見ればよいかを知っていれば，異文化からの訪問者の日常の認知行動から，深く根ざした文化の差異を見分けることができる，というものである。もうひとつは，文化の影響は，グローバル化が示唆するかのように見えるより，はるかに深く及んでいるということである。ニスベットが発見した著しい認知的差異は数千年間も変わらなかったようである。このような差異の根本には，ある特定の教えに関する明示的な信条以上のものがある。つまり，神の存在，もしくは特定の宇宙論や社会的な束縛を「信じる」か否かを超えたものなのだ。態度，価値観，信条が異なるのは，世界を理解するための方法における，根源的でありながら，隠れている差異の結果なのかもしれない。ニスベット（Nisbett, 2003）は，次のように述べている。

　　人間が本当に思考体系——世界観や認知プロセス——で深く異なっているとしたら，態度や信条，さらには価値観や好みにさえ現れるさまざまな差異は，異なる教育や教え云々だけではなく，世界を理解するのに異なった手段を用いることの必然の結果であろう。そしてもしそれが真実ならば，国際理解を深めようとする努力は，われわれが望むほどには報われないのかもしれない。（pp. xvii-xviii）

　国際理解は考えているほど簡単ではないという見解は，ウンスクが日本人の同僚に溶けこむのに苦労しているということからもわかる。表面的には何気ない行動——たとえば同席するかしないか——は，外部の人間には簡単には理解できない世界観によるのである。

3.2.3 次元と領域

　人間の行動に対する文化の影響を深層レベルで説明する試みとして，そして深層文化を要素に分解して計測し比較できるようにする方法として，異文化間心理学者は文化の「領域 (domain)」と「次元 (dimension)」を分ける。マツモトとユアン (Matsumoto & Juang, 2004：46) によると，「領域」とは「具体的な社会心理的特徴であり，態度，価値観，信条，意見，規範，習慣，儀礼など，文化に関する有意味な成果，所産，構成要素と考えられる」と定義される。このような領域とは，個別の心理的プロセスを表すと考えられている。他方，「次元」とは，「行動に影響を与え，文化の多種性の有意味な側面を反映する一般的な傾向」とされる。このような主観的な文化の見方が前提とするのは，文化の「次元」はさまざまに異なる「領域」に現れることが可能だという点である。たとえば，個人よりも集団のニーズを重視する集団の傾向は，文化集団の価値観，信条，習慣，儀礼などに現れる。集団あるいは個人のどちらを相対的に重視するのかは，文化差の領域である。つまり，深層レベルで集合的な差異のパターンが存在しており，それが集団の社会慣習に浸透して，その文化集団における人々の行動や所産を形成する際に役割を果たすのである。

　文化の領域は直に観察できないという意味で，抽象度が高いレベルにある。文化集団が共有する目に見える行動や意味のカテゴリーからその存在を推測する必要がある。来日したフランス人が日本人のお辞儀をはじめて見ると，それは観察できる行動の一例を見たことになるが，そのお辞儀の意味は解釈に左右される。このフランス人は日本人を広範にわたる状況で観察して，誰が誰に，どのような方法で，どんな場面でお辞儀をするのかという行動パターンを見分けるようになるかもしれない。お辞儀に関する期待を決めるこの規範——お辞儀が深ければ尊敬の念も深い——が深層文化の特質が現れるひとつの領域である。同様に，お辞儀に関係した日本人の価値観——尊敬を示すことの大切さ——は，別の領域として日本人の行動パターンに現れる。

　領域と次元の違いは比較的はっきりとしているものの，何が文化差に必須の次元を構成するのかという点では，ほとんど合意がない。未知の文化環境で暮らすという挑戦に日々直面している異文化滞在者にとって，おそらく最も有用な研究分野は，価値志向における文化差の次元に関係する。文化の価

値観は英雄，法律，神話，道徳規範など多くの形態で表現されているが，価値志向を研究することで，異なる文化集団を比較する視点が得られる。これは，新たな文化環境で生きていく指針として，まさに必要となるものである。

3.3 価値志向の理解へ向けたアプローチ

価値志向を理解するために，文化的行動の理解に役立つ鍵概念の同定に注目するアプローチがあるが，異なる文化集団間の量的な比較はしていない。一例は，「フェイス（面子）」あるいは「フェイスワーク」の概念である（Goffman, 1967；Hu, 1944；Ting-Toomey, 1994）。たとえば，アジア文化の価値観は，多様なアジアの文化共同体内での相互作用を理解する方法として，フェイスワークという観点から研究できる。また，個々の文化集団に焦点を当て，内部者の視点からその共同体の顕著な特徴を説明しようとする研究者もいる。例としては，'dignidad'（英語の'diginity'に相当するスペイン語，「尊厳」）という概念を使用したラテン・アメリカ文化の型に関する研究（Triandis *et al.*, 1984）や，日本の「甘え」という概念の分析（土居，1971 [1995]）などがある。

この種の研究で試みているのは，他文化の価値観や前提に取り囲まれている基本的な深層原理を表す鍵概念を見つけることである。たとえば，日本語の「甘え」は，時として'dependence'（依存）と英訳され，最も純粋な形では，幼児が母親を慕うような「依存」として，概念化される。しかし，より広義には，「甘え」は，日本人の世界観の中で対人関係の基本要素とされる，頼ったり面倒を見たりという上下関係の形態を説明する。母親の愛情を求めて駆け寄る子どもを「甘える」と言うが，不相応に寛大な待遇を上司に期待する社員のことも「甘える」と言う。ある態度が「甘え」だとされると，それは現実の状況を判断できない未熟さによる非現実的な楽観主義を示すことになる。「甘え」という語の使用と日本語で重要な価値を表す他のことばとの関係が論じられる場合，とりわけ上下関係，責任，学習などに関して日本人がどのように感じているのかという点から，「甘え」は日本人の世界観を理解するための不可欠な概念になる。日本人以外にとって，このような基本的概念を理解しようとすることは，日本の言語と社会に近づこうとする試みである。

異なる価値志向を理解する手法としてもっと比較検討を取り入れたアプローチには，異文化間の比較における普遍的カテゴリーを定義しようとするものがある（Hall, 1959；Hofstede, 1983, 1997；Kim *et al.*, 1994；Kluckhohn & Strodbeck, 1961；Ting-Toomey, 1994；Triandis, 1995；Trompenaars & Hampden-Turner, 1998）。まだ今のところは，包括的に異文化間を比較するためのカテゴリーとして，絶対的な「文化の文法（cultural grammar）」はないが，この分野の研究から一連の概念が生まれている。たとえば，「個人主義と集団主義」，「権力格差」（文化共同体が地位を明示的にする程度），「感情表出的か感情中立的か」（情動を開放的に表出する程度）などは，広く受け入れられた概念ツールとなっている。これらの研究は，異文化を学ぶという文脈における深層文化の機能的説明に，これまででもっとも近いものかもしれない。

価値志向を説明するための2つの影響力を持つ枠組みは，ホフステード（Hofstede, 1980, 1983, 1997；Hofstede & Spangenberg, 1984）およびトロンペナースとハムデン＝ターナー（Trompenaars & Hampden-Turner, 2000, 1998, 2004）が作成している。どちらも文化比較の普遍的カテゴリーを説明しようとしており，個人主義と集団主義など重要な概念を共有している。ところが，かなり大きな違いもある。両者のカテゴリーが異なるだけでなく，価値志向を説明する理論や差異を検証する研究方法が異なるのだ。

3.3.1　ホフステードの価値志向

ホフステードは，異なる文化集団の情動や心理的な特徴を研究する社会心理学者である。IBMで実施した仕事に関する価値観の調査を通して，文化の次元に関心を寄せるようになった。ホフステード（Hofstede, 1980, 1983, 1997）は，40カ国のIBM社員を対象に職場での選好と態度について質問し，その回答から得られたパターンにもとづいて，根本的な文化の次元だと考えられるものを取り出した。たとえば，社員に理想的な職を表す特質を選ぶよう質問した。選択肢として挙げられたのは，1）高収入の機会，2）正当な評価，3）良好な対人関係，4）雇用の安定などであった。因子分析を用いて，ホフステードはある項目の回答が他の項目と相関関係にあることを発見した。たとえば，1）収入を重視する傾向のある人は，2）評価，3）昇進，4）やりがいも重視する傾向があり，それに対して1）良好な対人関係を重視す

る人は，2）協力，3）望ましい居住地，4）雇用の安定も重視する傾向にあったのである。

このようなパターンが意味するのは，各項目が属する上位の，根本的な構成概念の存在である。ホフステードは，回答パターンの裏にある統一的だと考えられるものから推定し，社会心理学からの概念を援用して，回答のクラスター分類をした。先述の例では，1）収入，2）評価，3）昇進，4）やりがいを望むのは，「男らしさ」であり，1）良好な対人関係，2）協力，3）望ましい居住地，4）雇用の保障を望むのは「女らしさ」だとしている。この2つの特質を，「男らしさ」と「女らしさ」という対比軸にある志向だと仮定するのである。ホフステードは全部で4つの異なった文化の価値志向を提唱した。すなわち，1）権力格差，2）個人主義と集団主義，3）男らしさと女らしさ，4）不確実性の回避，である。また後の研究では，「儒教的ダイナミズム」と呼ぶ5番目の次元があるかもしれないと提案した。これは，長期の動的志向か短期の静的志向という軸に存在する価値観から構成される。ホフステードの価値志向を表1で概観しておこう。

表1　ホフステードの価値志向

次元	定義	志向性と関連する比較特性
権力格差	文化がどのように不平等（異なる地位にある者の心理的な距離）に対処するのか	1）社員が反対を表明することを恐れる 2）上司が専制的あるいは温情的なスタイルをとる 3）専制的あるいは温情的なスタイルの選好
集団主義と個人主義	個人主義：個人間の絆がゆるやかで，自分のことは自分でする 集団主義：個人間の結びつきが強固で，結束した内集団に統合される	個人主義 1）私的な時間 2）自由 3）挑戦 集団主義 1）訓練 2）体調 3）スキルの活用

男らしさと女らしさ	男らしさ：自己主張が強い，競争好き，たくましい 女らしさ：人の世話をする，対人関係や生活環境に配慮する	男らしさ 1）収入 2）評価 3）昇進 4）やりがい 女らしさ 1）良好な対人関係 2）協力 3）望ましい居住地 4）雇用の保障
不確実性の回避	不確実または未知の状況に対して脅威を感じる程度	1）仕事におけるストレスのレベル 2）規則志向 3）安定雇用の願望
儒教的ダイナミズム	善と関係する長期（動的）志向ないしは短期（静的）志向	長期志向 1）忍耐 2）上下関係 3）倹約 4）恥の感覚 短期志向 1）個人的な着実さ 2）「フェイス（面子）」の維持 3）伝統の尊重 4）好意の返礼

　それぞれの志向性について，ある国が他の国よりもスコアが高いということから，たとえば「男らしさ」か「女らしさ」のどちらを個人が好むのかだけでなく，志向性に対する文化全体の傾向があることがわかる。しかし，文化差が仕事場での価値志向に関するアンケートに，ある一定の回答をさせる「原因」とは言えない。それは回答者の出身国と「関係づけられる」回答の比率が単に高いというだけである。ホフステードのサンプルでは，国民性によって特定の回答を選ぶ可能性が高いことが示された。文化が回答に影響を与える程度は統計的に有意であるが，出身国という要素のみでは，どう回答するか（そして，たぶん行動も）を個別に高い確率で予測するのに十分では

ない。

　ホフステードは当初，文化は一定の情動的，心理的反応をさせるプログラミングとして，最もよく理解されると想定していたようだ。この初期プログラミングが一旦刷り込まれると，情動的な生活は特定の型に帰属し，これを変えるには，異なる情動・心理的反応を学び直さなければならない。この点から考えると，集団主義的傾向のある社会で社会化された人は，内集団の人と一体感を感じ，情動的に集団内の他者の幸福を大切にすると考えられる。集団への愛着は協力や調和を重視する価値観と結びつく。ゆえに，価値の選択――この場合は，望ましい職場環境に関する選択――に関する質問へのそれぞれの回答は，文化集団の情動・心理的プログラミングを反映している。より個人主義的な共同体に暮らす人々は，集団内の他者から距離を感じており，それが自立などの価値観に現れる。

　ホフステードは，この価値観の次元が有効であることを外側から見える部分で証明しようと，このような志向性に関係があると予想される他の測定可能な項目と比較している。たとえば，ホフステードの提唱した次元のひとつである「権力格差」とは，どのように文化が不平等――より具体的には異なる力関係にある人々の間の感情的距離――を扱うのかという尺度である。権力格差指標のスコアが高かった国は，たとえば収入の配分が不平等であり，国内政治で暴動が頻発する傾向が見られた。これは，ホフステードが測定した構成概念が，実社会の現象と相関していることを意味する。

3.3.2　トロンペナースとハムデン＝ターナーの「文化たまねぎ」モデル

　ホフステードのアプローチは主に帰納的である。職場での多様な問題についての個人の選好を質問し，各国の人々の回答パターンを説明すると考えられる，根底にある統一した文化次元を導き出した。他方，トロンペナースとハムデン＝ターナー（Trompenaars & Hampden-Turner, 1998, 2000, 2004）は，演繹的なアプローチをとる。社会的な共同体が組織されるときに直面する基本的な課題という点から，文化差を説明しようと理論的な枠組みを開発した。この枠組みにもとづいて質問項目を作成し，異なる国民文化集団を横断した構成概念と関係するデータを収集したのである。ホフステードが一種の情動・心理的プログラミングの観点から文化差を論じているのに対し，トロンペナースとハムデン＝ターナーは，異なる文化集団が用いる多様な内在

論理を同定し価値選択を説明しようと試みている。

　人間は自分の社会化や価値志向に気づいていないとする考えが，トロンペナースとハムデン゠ターナー（Trompenaars & Hampden-Turner, 1998, 2000, 2004）における文化の概念化での際立った要素である。この研究では，文化とは基本的に，その集団の人々が問題を解決してジレンマを解消する方法だと考え，文化集団が答えを探し求める最も根源的な問題は生存だと想定する。したがって，アフリカ文化は干ばつの問題に，オランダ人は水面上昇に，イヌイットは厳寒に対処して，解決法を発展させてきた。そして一旦解決するとそれが自動化して制度化されるのだ。ある問題に対しては，同じように実行可能なさまざまな解決法があるが，ひとつの解決法が選ばれると，それが具体化されて永続する。そして，その解決法が基準となり，受け継がれて象徴的な意味を帯びる。別の解決法があるという事実は日常の意識からは消え去り，選ばれた解決法がなすべき方法だと考える不変的システムの一部となる。

　この動的プロセスは自然現象と関係するので，わかりやすい。たとえば，狩猟の技術を開発した文化ではそれを儀礼化して，その技能に超自然的な力や特別な意味を付与するかもしれない。また，ある動物を食べることを禁じるのは，たとえば，その動物の肉を食べると病気になる危険があるという理由からかもしれない。それが理由のひとつで，十分に火を通さないと寄生虫を宿す豚肉は，共同体によってはタブーとされるのかもしれない。こういった禁忌，制限，慣習は，禁忌を生じさせた自然界の現象と禁忌そのものとの関係などもはや考えない世代にも，受け継がれる。タブーは，もともとの原因からは独立して居残る形で，存続するのである。

　近代社会では，技術力が衣食住の基本的ニーズをはるかに上回るために，このような事例は時代離れしているように見えるかもしれない。だが，生存を確保するために集団が解決しなければならない問題は，単に食料を生産し住む場所を探す能力を超える。行動を規制し，争いを解決し，集団の成員間の協力を促し，世代から世代へと知識を伝承する方法なども発展させなければならない。このような課題は本質的に社会的なものであるが，思考や行動に関する体系的で永続的なシステムも要する。それが社会的な相互作用や協力のための安定した基礎を提供するのだ。そして自然界のシステムと同様に，このような社会慣習は世代から世代へと受け継がれる。

トロンペナースとハムデン=ターナー（Trompenaars & Hampden-Turner, 1998）によれば，価値志向とは，環境との共生や相互作用と関連する基本的な人間のジレンマ（葛藤）への文化集団の解決法を表象する。文化を越境した人々の間に生まれる誤解は，このようなジレンマの解決の根底にある「論理」が異なる結果だと考えられる。トロンペナースとハムデン=ターナーの説明するジレンマとは，1）人間同士の関係，2）人間と時間との関係，3）人間と環境との関係と連関する。人間関係に関するジレンマには，次のようなものがある。1）普遍主義と個別主義（規則に焦点を当てるか，特定の状況に焦点を当てるか），2）個人主義と共同体主義（個人重視か集団重視か），3）感情表出的と感情中立的（情動がどの程度まで表出されるか），4）個別的と拡散的な関係（生活を他と分離した専用領域に分ける度合い），5）達成型と属性型地位（個人の達成が重視された地位か，社会的に認められた基準が重視された地位か）。時間に関するジレンマとは，時間が不連続に直線的な経過をたどるのか，それとも循環型で出来事のニーズに適応するのか，ということが含まれる。人間と自然に関するジレンマとは，支配が内的か外的かということである。このジレンマは，人間はそもそも自然や運命を支配しているのかという問いと関係する。表2にトロンペナースとハムデン=ターナーの価値志向をまとめる。

表2：トロンペナースとハムデン=ターナーの価値志向

価値の次元	ジレンマのタイプ	ジレンマ
普遍主義と個別主義	対人関係	普遍的な規則に従って行動を規制すべきか，それとも，その場のコンテクストを重視して行動すべきか
個人主義と 共同体主義	対人関係	何が共通の利益に寄与するのか 集団を犠牲にしても個人の発達を重視するか，それとも，個人を犠牲にしても集団の幸せを重視するのか
感情表出的と 感情中立的	対人関係	情動は自由に表現すべきか，それとも，抑えるべきか
個別的と拡散的	対人関係	どの程度まで，生活をそれぞれの領域や構成要素に分けるべきか

達成型地位と属性型地位	対人関係	個人が明確にした達成基準で地位は付与されるべきか，それとも，社会が形式的に認めた基準で付与されるべきか
時間の志向性	人間と時間の関係	時間は不連続に直線的な経過をたどるのか，それとも，循環して出来事のニーズに適応するのか
内的制御と外的制御	人間と自然の関係	人間は根本的に自然や運命を支配しているのか，それとも運命は人間が統制できないものなのか

　多様な志向性はジレンマと考えられているが，それは相反する解決法をもつ問題に対処しようとするからだ。たとえば，社会組織の最も根本的な課題のひとつは，個人とその個人が属する社会集団のニーズや願望が対立する可能性だとする議論がある。また，共に生活し働かなければならない集団内において，個人が求めているものと，集団が適切だと考えるものが異なる状況は常時ある。これがジレンマとなるのは，個人が自分のしたいことをすれば，能力が向上し，最終的に共通の利益につながり得る一方で，個人がその能力を向上させるためには集団の支援が必要であり，集団のニーズを無視すれば，最終的に共通の利益を損なうかもしれないからである。

　文化集団には，このようなジレンマに対する異なるけれども妥当な解決法もある。個人と集団が対立する場合に，まず個人の共同体の成員に配慮し支援する責任を重視する社会慣習を発展させる文化集団があるかもしれない。相互に配慮すれば，それは究極的に集団内での個人の幸せが守られるだろう。個人は周りにいる人々の支援の枠組み内で自分自身を成長させることができる。このアプローチの背景には，広い共同体にあって個々の人間が不可欠で必要な部分を形成するという前提がある。もちろん，この前提には個人が成長するための最善の方法を決める際に，他者の判断を信頼することが要請される。また個人は他者との重要な関係性や共同体に貢献する責任についても認識すべきである。すべての人にとっての幸せを作り出す中心には共同体があり，それゆえにこの志向性をトロンペナースとハムデン＝ターナーは「共同体主義」と呼んでいる。

　これに対し正反対の解決法では，個人の成長を重視する。まず前提とし

て，共通の利益は個人が集団から独立して成長したときに達成される。したがって，他者に追随するという期待や制約から自由になり，結果として共同体に貢献する高い能力を持つことになる。しかし，だからといって個人が自分のことだけを考えると，これは自分勝手な我儘になるので，そうではなく，まず個人として独自の資質を伸ばして，集団に貢献するという意味である。前提となっているのは，個人は個別の存在であり，十分に伸びていくためには自立が必要だということである。そして個々人は，ただ自立するのではなく，自分自身や自分の行動に個人として責任を持たなければならない。これが意味するのは，個人は，時に集団の意思に背く必要もあるが，それは自分の個性を十分に表した当然の（そして，おそらく望ましくもある）結果だと見なされる，ということである。つまり，共同体にとっての幸せを作り出す中核で個人に焦点が当たるので，「個人主義」と呼ばれる。

　集団と個人という価値の相克を解決するには，単に集団か個人のどちらが重要であるのかを述べるだけでは不十分だ。価値システムと文化イデオロギーを発展させて，両極端によってもたらされる危険を解決しなければならない。個人を優先し過ぎると，利己的で無秩序さえも生じる可能性があるが，他方，集団の期待に従うことを過度に強調すると，個人の成長を抑えてしまい，消極的になりかねない。しかし両方の危険性が認識されていたとしても，個人主義的な価値観で社会化されると，個人の選択を抑える集団の危険性に鋭敏になり，共同体主義的な価値観で社会化されると，反社会的な個人の危険性に鋭敏になる傾向がある。

　ジレンマの解決として文化を理解するために大切なのは，それぞれ異なる解決法が有効であるという点である。集団か個人かのどちらを重視しても共同体は成り立つので，片方のアプローチが優れていると言うことはできない。同時に，このような解決法は相互を映す一種の鏡になる。どちらのシステムもそれ自体で作用しているため，一方のシステムの前提に慣れていると，他のシステムの前提や慣習が脅威に思えたり理解できないものに感じたりするかもしれない。たとえば，友人同士で食事をする場所を決めるときに，個人主義的なアプローチでは，それぞれが率直に自分の意見を述べ，最終的な結論を話し合うだろう。その論拠となっているのは，それぞれが個人として考えを述べて意見を表明する機会が与えられるべきだとするものである。そのために，各個人ははっきりと意見を述べる責任があり，この平等主

義が建設的な関係の基礎となると考えられる。

ところが，同じ状況でも共同体主義的なアプローチでは，集団の他の成員の願望やニーズに敏感になることが最も重要だと想定するかもしれない。このように周囲の人のニーズに合わせようとする意思によって，全員のニーズを考慮した密な関係が育まれる。また個人は，集団の指導者が積極的な役割を演じて決断を下すことを期待する。指導者は自分の個人的な好みだけではなく，全員の願望とニーズに配慮することを期待されるのである。集団内に影響を及ぼす役割とは，全員の利益が最良になるように影響力を行使する責任である。このように多様な志向性を考えると，共同体主義的な集団において個人主義的志向で行動すれば，自己中心的だと見られるだろうと容易に想像できる。同様に，共同体主義的な志向の人々と相互作用するとき，「個人主義者」の目には，彼らは過剰に礼儀正しく，はっきり意見を言わない人々だと映るかもしれない。

重要なのは，トロンペナースとハムデン＝ターナーは志向性を絶対的なものとして説明していないという点だ。最も個人主義的な人でさえ，他者のニーズを認めて配慮するし，集団主義的な思考は個人のニーズを全く無視するというのではない。個人の欲求か，それとも集団のニーズを重視するのかという選択は，どちらも，どのような人々の集団でも随時行われている。けれどもトロンペナースとハムデン＝ターナーの主張は，同じ状況に対して異なるアプローチをとる傾向があるということだ。さらに，ある行動が異なるというだけではなく，その行動は，どのように建設的な対人関係を形成しながら全員を幸福にするのかという，根本的に相容れない前提にもとづいているのだ。結果としての行動が異なるだけでなく，行動の根底にある論理も，その出発点が異なっているのである。

3.3.3 規範，価値観，隠れた前提

トロンペナースとハムデン＝ターナー（Trompenaars & Hampden-Turner, 1998）によると，異文化間の状況にある人々は，前項で説明したような文化ジレンマの根底にある暗黙の前提を理解することが大切である。これは，他文化の世界観の背景に存在する隠れた論理を理解しようとすることである。先に述べた例では，個人主義的な文化共同体で育った人が想定する暗黙の前提では，他者から独立していない人間は，完全に発達した人間とは

言えない。このような前提は，望ましい結果をもたらすための社会慣習——子どもを母親とは別に寝かせるなど——につながる。個人主義的価値観の背後にあるもうひとつの前提は，各個人が独創的なことを言う，つまり自分が他者とは違うということを表現する必要があるということだ。自己表現する機会が抑えられると，欲求不満や葛藤が生じると考えられる。たとえば，集団での意思決定の際に個人主義的な人間は，全員が発言する（もしくは投票する）機会を持つことの重要性に敏感になり，それがなければ，不公平であり（各個人が自主性に必須なものを失うため），反発が生まれると考える。

　他方，集団的な価値観における暗黙の前提では，他者との関係のなかでこそ人間的に成長するので，相互依存は自己啓発にとって必要かつ望ましいものだとされる。良好な対人関係は，育成や支援という観点から説明され，そうすることで対人関係が個人を育てると考える。したがって，異なる文化的志向性の到達目標は同じでありながら，慣習や根底にある前提は異なっている。「自立心」を養うために，就寝時に母親が泣いている幼児を別の部屋でひとりにさせること（欧米では珍しくない習慣）は，共同体主義の価値観や前提に慣れた人には残酷であり，虐待とさえ思えるかもしれない。暗黙の前提が私たちの行動の支えとなるという考えは，トロンペナースとハムデン＝ターナーの文化モデルでは重要な部分である。これを視覚化するために，この研究ではたまねぎのイメージ（図2）を用い，より深層レベルでの，意識外にある文化的要素を中心に置いている。

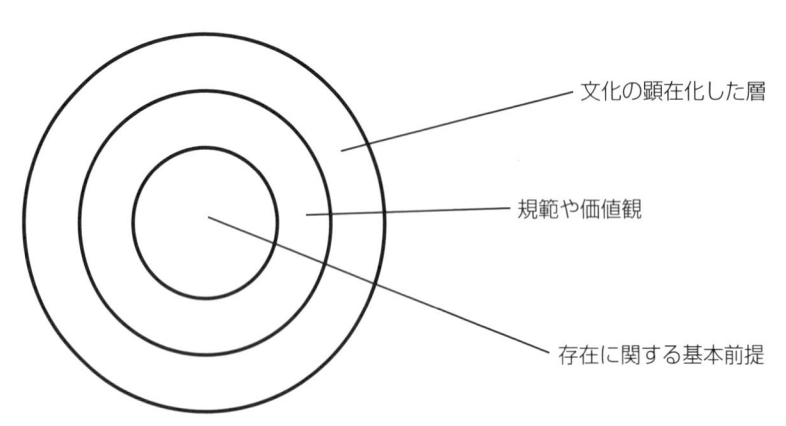

図2　トロンペナースとハムデン＝ターナーの「文化たまねぎ」

- 文化の顕在化した層
- 規範や価値観
- 存在に関する基本前提

たまねぎの外皮は顕在化した文化の所産であり、トロンペナースとハムデン゠ターナーは「言語、食べ物、建造物、住宅、記念碑、農業、寺社、市場、ファッション、芸術など観察可能な現実」(p. 21)と定義する。目に見える文化の所産は深層レベルでの意味の象徴である。トロンペナースとハムデン゠ターナーが用いた例では、日本人の集団がお辞儀をしているところを見たら、体を曲げる行為という明示的な文化を目の当たりにしたことになる。だが、お辞儀という行動の象徴的な意味は、顕在化した層ではなく深層レベルでの文化の解釈にある。日本人に「どうしてお辞儀をするのですか？」と質問すれば、「文化たまねぎ」の次の層である「規範と価値観」に触れたことになる。

トロンペナースとハムデン゠ターナーによると、「規範」とは「正しいか誤っているかに関して集団が有する共通の意味」(pp. 21-22)であり、法律のようにフォーマルなものから、握手や食事の慣習のようにインフォーマルなものまでがある。他方、「価値観」は文化集団の善悪の定義を反映し、選択肢から選ぶ際の基準となる。「規範」がどのように行動「すべき」なのかを定義するのに対して、価値観はどのように行動「したい」のかを定義する。違いがはっきりするのは、規範と価値観が相容れない場合だ。たとえば、ある企業の社員が「仕事に一生懸命になるのは良い」という理想を共有しているものの、行動規範は「周囲の人よりも一生懸命に働いてはいけない。なぜなら、全員がもっと一生懸命に働くように期待されるから」というものかもしれない。また、日本人にどうしてお辞儀をするのかと質問すれば、皆がそうしているから（規範）、あるいは敬意を示すために重要だから（価値観）などと答えるだろう。

トロンペナースとハムデン゠ターナーは次に、「文化たまねぎ」の中核部分をこう説明する。存在について基本となる前提は、規範や価値観が構築される絶対の基盤となり、さらに潜在的なレベルで作用する。規範や価値観の背後に潜む「深層前提」について人が考えることはめったにない。日本人にお辞儀をする理由を質問すれば、敬意を表したい——ひとつの価値観——と答えるかもしれないが、なぜそれが大切なのかと問い直せば、相手は困惑した顔をするだろう。基本的な前提を問うことは、聞かれたことのない質問をすることになり、苛立ちを生むかもしれない。また、アメリカ人に上司をファースト・ネームで呼ぶ理由を尋ねれば、会社では皆がそうする（規範）

からと答えるかもしれないし，そのほうが対等だから良い（価値観）と答えるかもしない。では，なぜ対等が良いのかと問い返せば，その答えは自明すぎるように思えて，相手は驚くかもしれない。どうしてファースト・ネームのほうが，姓で呼ぶよりも対等なのかと質問すれば，相手は理由をはっきりさせようと苦労するかもしれない。効率よく仕事をするためには上下関係が必要なのだから平等は決して可能ではないと主張して，対等であることの正当性に疑問を投げかければ，そのような論法は攻撃的に思われてしまうだろう。

　規範や価値観の根底にある「深層前提」はきわめて抽象的であるが，意味ある行動パターンや意味体系から推定できる。日本人にとって，言語，社会構造，コミュニケーション様式は，上下関係（ヒエラルキー）が人間の存在にとって自然であり普通なのだという前提を暗示している。言語には人間関係の序列や階層が明示的に表れている。たとえば，二人称は話し手との関係によって変わる。地位は文法的特徴と考えられ，食べるという基本的な単語でさえも対話相手との相対的な関係で「食べる，召し上がる，食う」のように使い分けられる。お辞儀と関係する規範では，このような隠れた前提を反映しているが，あまりにも当たり前なので日本人の間では話題にさえならない。

　他方，主流のアメリカ文化の典型だと考えられる価値観やコミュニケーション様式では，明示的な社会的平等を強調する。「ファースト・ネームの間柄」は，良好な対人関係の証拠だと考えられる。実際には多くの文化的コンテクストで，これは考えもつかないであろう。教師までもファースト・ネームで呼ばれることがあり，年長者としてではなく対等な親しい人として扱われる。友人をファースト・ネームで呼ばないアメリカ人は変わった人だと思われるかまたはもしかすると友人を怒らせてしまうリスクを冒すことになる。それは，ちょうど日本人が年長者に敬意を示さなかったり，年下にやたら礼儀正しく話しかけると，そのようなリスクを負うのと同じである。このように，アメリカ文化の型は社会的平等という前提があることを示唆し，ヨコの関係を強調していることがわかる。部下が上司をファースト・ネームで呼ぶ場合のように，社会的地位や権力に明らかな差異がある場合でも対等の関係を強調するかもしれない。反対に，日本人はタテの関係を強調する社会的序列を想定して出発点とする。だが，忘れてはならないのは，社会関係の平等を強調しても，政治的もしくは経済的平等が保障されるわけではない

し，また上下関係を強調したからと言って，政治や経済面での平等を妨げるのではないという点だ。その証拠に，所得配分や貧富の差で，アメリカは日本よりも平等ではないという現実がある（Scully, 2000）。

　このような問題を論じる際のひとつの問題は，使用される言語でさえも，暗黙の連想を有するため，文化的「他者」についての認識を遮ることである。たとえば，英語で 'hierarchy'（階層，序列）ということばの語感は，英語話者の文化共同体の大半で見られる平等主義や個人主義を重んじる傾向を考えれば，おそらく良くても感情的には中立的という程度で，たいていは否定的な意味で受け止められる。序列に従った差異は権力の行使と結びつき，上位の者が下位の者に絶対的服従を期待する軍隊を思わせる。上位／下位（あるいは年長者／年少者）の関係という観点では，他の文化における序列と情動・心理的関係を十分に捉えられない。日本では，主として儒教の影響が強いことから，上下関係は基本的に（たとえ理想としてだけでも）面倒を見る関係の表象と考えられている。上司は面倒を任されている部下の幸福に気を配らなければならないし，その責任感は非常に強い。英語ではこの種の関係を表現する単語として，'paternalism'（父親的温情主義）があるが，まさに深層文化の前提が異なるために，この語には否定的な意味合いが含まれる。

　トロンペナースとハムデン＝ターナーの図や，取り上げられている国レベルの文化について一点注意しなければならないのは，深層文化が数量化することが可能であり予測できる固定したものであるという印象を与えることである。これは誤解を招きやすい。というのも，とりわけ価値観や規範という深層レベルでは，トロンペナースとハムデン＝ターナーが説明する深層文化の現象は，どのように人々が相互作用するのかという特徴であり，人々が従う一連の規則ではなく，隠れた解釈の枠組みであるからだ——相互作用の枠組みであって，目的ではない。しかし，特定の行動の多様性やダイナミズムを認めると共に，文化共同体の人々を統一している類似性に関する深層パターンを抽象化のさまざまなレベルで認め，文化差を記述するのは容易ではない。けれどもそのような制約にもかかわらず，トロンペナースとハムデン＝ターナーの「文化たまねぎ」モデルは概念ツールとして，日本の大学で教員をしている韓国人女性ウンスクが同僚に感じたジレンマを考察する際に利用できる。ウンスクが直面した意思決定——同僚と一緒のテーブルに座った

方が良いか否か——は，文化現象の最も外面的な層——座るという身体的行為——と関係する。ウンスクの疑問に答えるためには，日本人の規範——日本人ならばこの状況でどうするか——や，その規範に付随した価値観を理解する必要がある。また，規範や価値観は自己のさらに深いところで作用している前提の上に成り立っている。このような規範や価値観や前提における目に見えない差異に対処するという挑戦こそが，ウンスクにとっての深層文化を学ぶという課題である。

3.4　人間の普遍性と文化の生物学的基盤

　本書では，認知プロセスおよび現象に対する心理反応に深く根ざした文化の差異について論じてきた。これは，「文化化（enculturation）」と呼ぶことができるが，文化の普遍性や人間の行動の生物学的基盤が，深層文化を理解するために重要でないことを意味するわけではない。実際に，進化生物学の分野では，求愛や協力などの行動パターンは，生物進化に合致した適応だと考えられている（Futuyma）。したがって，人間は生物学的基盤を共有し，この基盤が文化共同体をはじめとする社会システムの枠組みとなる。文化共同体の形成は生物学的要請である，と定義しても無理はない。つまり，人間が他の動物と異なる点は，文化共同体による社会化とその共同体への参加と，否応なく繋がっている特質を有することである。

　ここで洞察を与えてくれる研究分野が，文化の普遍性——すべての人間の共同体が共有する性質——についての研究だ。ブラウン（Brown, 1991）は，文化に関する民族誌学的記述を検討し，「普遍的人間（Universal People）」と呼ぶものの青写真だとする包括的な一覧を作成した。ブラウンの考えでは，各集団の風変わりな行動が報じられることで，文化共同体間を通しての基本的な類似性が隠れてしまう可能性がある。ブラウンが人間の普遍性として提示した一覧には，次の項目が入る。

　　ゴシップ。嘘。誤解。ことばのユーモア。詩的・修辞的言語形式。隠喩。日，月，季節，年，過去，現在，未来，身体部位，内面状態，行動性向，植物相，動物相，天候，道具，空間，動作，速度，位置，空間次元，物理特性，付与，貸与，事物や人間への影響，数，固有名詞，所有物などを表現する単語。親族カテゴリー。男と女，黒と白，自然と文化，善と悪などの2項対立。測定単位。

「否定」,「論理積」,「同一」,「等価」,一般と個別,部分と全体などの論理関係。

　非言語音声コミュニケーション。行動から意図を解釈。幸せ,悲しみ,怒り,恐れ,驚き,嫌悪,侮蔑など認識される顔の表情。友好的挨拶としての微笑みの使用。泣く。隠し,変え,まねる顔の表情。情愛の表明。

　自己意識と他者意識,責任,意図,個人の精神生活,正常と異常な精神状態などの感覚。共感。性的魅力。強い性的嫉妬。幼児期の恐怖。蛇に対する恐れ。顔の認識。身体装飾と整髪。衛生。踊り。音楽。演劇。道具の製作と依存。医薬と気晴らしのための薬。避難する場。工芸品の装飾。

　領土権を主張し,独自の民族性を持つ集団での生活。婚姻制度,年長者による子どもの社会化,母親と息子の近親相姦忌避。性的話題への強い関心。

　属性的(親類関係,年齢,性別)および獲得的な地位や名声。ある程度の経済的不平等。性と年齢による分業。女性による育児の多さ。男性による攻撃と暴力傾向。男女の特質の違いについての認識。公的な政治の場での男性優位。労働,物品,サービスの交換。報復をはじめとする互酬性。贈物。社会的論理。連携。政府組織。指導者。暴力,強姦,殺人に対する法を含む法規,権利,義務。処罰。遺憾な対立。強姦。不正に対する賠償請求。仲裁。内集団と外集団の対立。所有。善悪の感覚。羨望。

　礼儀作法。歓待。祝祭。日課。性的慎みの基準。甘味の嗜好。食事のタブー。魔術。幸運,不運の理屈。医術。通過儀礼などの儀礼。死者への哀悼。

　世界中のどの文化共同体を訪れても,このような資質を共有することになると言われれば,異文化滞在者は安心するかもしれない。

　この一覧が深層文化の差異を実感している異文化滞在者にとって,何を意味しているのかを理解するためには,それぞれの項目を識別することが重要である。その途上で,まず落胆させられるのは,この一覧の項目が文化共同体に関する「どのように」ではなく「何」から構成されているという点である。確かにどの共同体にも礼儀作法はあるが(共有されている「何か」),このことから異文化滞在者はどのような行動が共同体によって適切だと考えられているのか(「どのように」,つまりある集団が表現したり定義したりする方法)はわからない。たとえば,中国では食事の最後に上品な「おくび(burp)」(下品な「げっぷ(belch)」ではなく)をするのは礼儀正しいと考えられているかもしれないが,デンマークでは思慮に欠けた行為であると考

えられるのがふつうだ。中国とデンマークという文化共同体にはそれぞれの礼儀作法に対する期待があるが，期待される細目は共同体ごとに異なるのだ。他方，どこの文化共同体にも礼儀正しい行動に対する期待があるとわかっていれば（「何でもあり」という共同体はない），その共同体の礼儀作法を理解しなければならないと自覚できるかもしれない。

　カテゴリーそのものは，人間の存在という本質とどのように関係するのかを考える観点から体系づけられる。たとえば，その本質の多くは，言語に関して共有する特性である。人間の共同体ではどこでも言語を使用するために，言語による認識や表現のための能力は文化共同体を超えて共通している。だが残念ながら，このことは言語差が理解の障害とはならないということではないし，誰でも母語並みに外国語が使えるようになるということでもない。幼少期の社会環境において習得した言語によって刷り込まれるという人間の普遍的な能力は，人間の生活の普遍的特徴になると共に，外集団の理解を困難にする原因ともなり得る。

　社会的霊長類としての進化の起源と関係した共通点のカテゴリーも多くある。たとえば次のようなものが含まれる——非言語の音声コミュニケーション，行動から意図を解釈する，顔面表情の認識，集団での生活，地位と上下関係，性別，性的な嫉妬，互酬性，指導者等々である。ところが，サルやチンパンジーなど他の霊長類とは違い，人間は，象徴的意味の高度に精緻化した体系，つまり言語や概念的世界観にもとづいて，共同体を形成する。人間にもチンパンジーにも社会組織の要素として上下関係があるが，政府があるのは人間だけだ。また霊長類は配偶者や配偶行動（交尾）をめぐって争うが，人間だけが結婚式を行う。直接的な互酬は動物界にも存在するが，人間社会には概念的に精緻化された契約（成文化されたものもあれば，そうでないものもある）が存在する。このような意味の象徴的体系には，人間が自らの存在を自身に説明する方法が含まれており，それゆえに宇宙論，価値観，信条が含まれる。

　単一の生物学的青写真にもとづいて，独自に適応した共同体を形成する人間の能力によって，私たちは地球上の生態的に適したほとんどすべての場所で生き残ることができた（行き過ぎたという人もいるが）。生物としての必然から生まれる行動カテゴリーは——集団での生活，序列など——あらかじめ決められているが，カテゴリー内で，特定の行動に「どのように」象徴的

意味を与えるかは，極めて柔軟性に富む。広範な行動を内在化する人間の能力はめざましいが——ウォッカのマティーニを愛飲する人がいるように牛の血を飲むことがふつうな人もいる——共同体の最も強力な適応能力は，個人の行動レベルではなく，体系的な適応能力に存在する。共同体全体として共同体の生き残りをかけた課題を解決するために，特定のアプローチを維持して永続させるのである。

このような普遍的カテゴリーと結びつけて考えると，トロンペナースとハムデン＝ターナー（Trompenaars & Hampden-Turner, 1998, 2004）が指摘した，人間の基本的な価値ジレンマの特徴づけの重要性が理解できる。これまで見てきたように，人間は生物として進化した結果，集団で生活するようになったが，個人としての自己意識も持っている。この根本的な矛盾が，集団対個人のジレンマにつながる。それぞれの文化集団はこのジレンマを，「個人主義」あるいは「共同体主義」に関係する世界観，規範，信条，価値観を通して解決する。同様に，集団での生活や領土の主張が内集団と外集団の対立を生む。これは集団の公的領域と私的領域に関する共同の意識という，トロンペナースとハムデン＝ターナーが説明した別のジレンマで対処される。最後の例として，人間の作る共同体にはどこでも地位や権威があり，それは時として属性的（誰であるかにもとづく——年齢，所属，肩書など）であったり，獲得的（能力や功績）であったりする。このように競合するような地位の種類が，トロンペナースとハムデン＝ターナーの説明する，達成型地位と属性型地位のジレンマの根底にある。

文化的価値観を生物学的起源にまで遡ると，人間は体系的な文化適応に気づくようには基本的に設計されていないことがわかる。そして文化的条件づけの深層構造は霊長類としての生物学的起源と関係しているため，その構造への脅威は非常に直感的なレベルで作用する。脳の構造や機能に関する研究によって，大脳辺縁系システムという哺乳類のすべてに共通する脳の一部が，基本感情，縄張り意識，社会階層などを制御することが判明している（Morse, 2006）。大脳の一部である大脳皮質，とりわけ前前頭皮質で分析や推論が行われるが，この部位は比較的最近の進化で追加されたものである。文化システムの「どのように（how）」という点は，前前頭皮質で起きる論理で意識的に説明されて正当化される一方で，われわれ哺乳類の大脳の「何（what）」かが，文化システムへの脅威に対する本能的な反応を決定する。

意味の象徴的世界が深層にある生物的必要と非常に密接に結びついているため，人間の身体は信条や価値観への脅威に対して，正面からの戦いを挑むか，もしくは逃走するという反応を示す。攻撃や恐れが価値観や文化の前提に滲出し情報が伝わると，認知的な不協和が生まれやすくなり，脅威を見下したり（脅威を概念的に和らげる形態），既存の世界観を固めて防衛することで対処するのである。このような観点からすると，社会現象を説明する形態としての自文化中心主義は，生物が進化した結果なのである。自文化中心主義とは，象徴的な脅威に対する本能的な生物的反応であり，これは文化的に刷り込まれた世界観の概念レンズを通して体験するものなのである。

3.4.1 文化プログラミングと個人の選択

異文化体験に対する反応は，本能や生物進化の影響を受けるかもしれないが，ある個人の情動・心理的反応は，その個人の性格や選択にもとづいて解釈され意味が付与される。つまり，文化プログラミングがあるからといって，異文化体験に対して誰もが同じ反応をするわけではない。人はただじっとしているだけではない。進行中の相互作用にもとづいて，周囲の環境との象徴的な関係を学び，適応し，発展させるのである。ゆえに，深層文化に気づく能力があり，自分の世界観を再調整することができる。

どんな人間でも，誰しも，学び，変化する能力が備わっているのは心強い。異文化体験者のほとんど誰もが，自分自身についてはともかく，世界について新たなことを学ぶ。ただ残念ながら，深層文化と関係するような，自分自身についての最も深い部分を理解し，順応するのは容易ではない。次章では，異文化滞在者が，新しい文化的環境で受容し難い要素にどのように反応していくのかを考察する。本章で見てきたように，韓国人女性ウンスクの場合は，日本人の行動は「不可解」としながらも，日本人全般について批判的で自文化中心的な結論を出すのは避けた。残念なことに，深層文化の差異に直面している異文化滞在者の多くは，自らの個人的な反応が重要な点で深層文化プログラミングの影響を受けていると決して十分に気づいてはいない。この認識不足によって，少なくとも時には，偏見が増幅し，好ましくない学習結果となってしまう。

第4章　深層文化と残念な結末

> 筆者：アメリカ人やアメリカ文化についての意見は，滞在中に変わりましたか？
> ジョアンナ：はい，悪いほうに。

4.1　悪化

　ジョアンナはフランス人女性で，アメリカの高校で1年間フランス語を教えた。渡米する前は，アメリカという国一般，そして特にアメリカ人に対しても好感を抱いていた。けれどもアメリカ人と1年間接してみて，印象が悪くなったと明言する。出会った個々のアメリカ人が嫌だったと言っているのではない。実際にアメリカ人の友人もできたし，その友人たちとの付き合いも楽しんだようだ。そうではなく，「アメリカらしさ」というある種の共通項を持つアメリカ人と呼ばれる集団に否定的な気持ちを感じ始めた。ジョアンナはアメリカ人一般を非難することで，文化の違いに反応したのである。このような，異文化体験の結果として否定的な評価が強まるという残念な反応は，珍しいことではない。だが，専門書では，この点についてほとんど注目していないように見える。私たちは「偏見」や「自文化中心主義」のような用語を気楽に使って，ある文化集団に対する否定的態度を説明するが，これらの用語は悪い意味で使われることが多い。ところが，異文化に滞在している人や旅行者と話していると，文化の違いを何か見つけて抵抗することは，異文化の学びのごく当り前の一部であるように思われる。

　教育者は望ましい結果に注目しようとするものだ。そして寛容が理想とされるので，異文化の他者に対する否定的な反応を中立的な言い方で語るのは困難である。けれども，身についた偏見と異文化体験での否定的反応を区別することは必要だ。特定の集団を見下すのが常である環境で成長すると，その集団の成員に対する偏見がたやすく助長される。しかし，はじめは他の文化集団に否定的なステレオタイプを持っていなかった異文化滞在者でも，滞在先の文化を見下すことがある。その原因は以前からの偏見ではなく，自文

化中心的な考えから生ずる当然の結果なのかもしれない。異文化滞在者の体験を検討してみると，自文化中心主義はなかなか克服できないものであることがよくわかる。私たちの文化プログラミングは深層にまで達しており，自文化中心的な考え方は非常にとらえがたく，ありのままが認識されないことも多々あるのだ。

自文化中心主義を克服する方法を理解するためには，たとえ軽蔑や偏見が混じっていたとしても，文化差に対する否定的反応を非難しないことが肝要である。異文化滞在者にとって，偏見は気づかぬうちに忍び寄っており，本人が中立で絶対的だと思っている基準にもとづいて行動を判断した結果である場合も多いが，実際は隠れた文化の前提に依拠しているのだ。このような現象に注目し，そのための中立的な用語を使用することで，異文化滞在者がこのプロセスを意識できるようになり，判断を控える一助となるかもしれない。本書では「抵抗（resistance）」という語を用いて，軽蔑をはじめとする文化の違いへの否定的反応を説明する。本章では，異文化滞在者が往々にして異文化体験に対して示す否定的な反応を検討するが，これは，深層文化の差異が原因で生じることも多いのである。

4.1.1　隠れた文化と増幅する偏見

深層文化の差異は，異文化滞在者がその体系的な型（パターン）を認識しないで現象に否定的な反応をする場合に問題となる。たとえばジョアンナは，アメリカ文化が自分にとってあまり「カッコいい」ものではない，と説明したこともある。さらにアメリカ人の政治についての発言を不満に思い，アメリカ人は概して自国以外の世界の「真実」を知ることに無関心だと感じている。だがジョアンナは，自分が考える「真実」もまた，フランスで培われたものであり，しかもこの考えは，他の誰もが合理的な尺度とするような絶対的な基準とならないことに気づいていない。ジョアンナにとっての課題は，自らの文化による条件づけが世界観の大部分を占めているために，それを文化として意識できないことである。

デ・ヌーイとハンナ（de Nooy & Hanna, 2003）は，意識外（out-of-awareness）の文化的条件づけにもとづいて自文化中心的な判断がなされる傾向がある，という研究を行った。この研究では，情報収集のための方略の差異が，フランスの大学で学ぶオーストラリア人学生の否定的なステレオ

タイプをどのように増幅させたかを明らかにしている。研究概要は以下の通りである。

> オーストラリア人学生が，母国の大学で行っているような低コンテクスト文化の原則に従ってコミュニケーションをはかろうとしたとき，高コンテクスト文化の環境と対立することが示された。そこでは3つの相互に関連する異文化の問題が影響を及ぼしていた。すなわち1）情報伝達へのアプローチ，2）タスクの相対的な重要度と相互行為時の関係，3）情報と規則が状況により変化する程度，である。(p. 69)

この研究でのオーストラリア人学生は，情報伝達について，典型的な低コンテクストの前提に慣れており，有益な情報は万人が理解できる方法で公開して，簡単に入手できるようにすべき（たとえば，ネット上でアクセス）と期待していた。ところが，高コンテクスト・アプローチによる情報伝達では，「内部者」（この場合は学生）なら，どこへ行き，誰に尋ねれば必要な情報が得られるかを知っているはずだと想定する。この差異は，情報収集における個人的な関係（他の学生に質問，事務職員との関係構築）の相対的重要性にも関連しており，「個別的」と「普遍的」な問題解決方法に対応する。

> 低コンテクスト・コミュニケーションで入手可能な情報は，どんな状況でも有効なもの（普遍的）であるが，高コンテクスト・コミュニケーションにおいて提供される情報は，特定の状況や対話者間の関係の有無により千差万別（個別的）である。(p. 70)

このような差異に直面したオーストラリア人学生は，うまく情報収集できなかった理由について，フランス語能力の欠如や母国の大学の留学オリエンテーションが不十分だったなど多様な解釈を行った。だが全体として最も多かった解釈は，「フランス人の非効率性」であった。典型的なコメントは，「フランスの事務職員はこの上なく役に立たず，不親切で，ものを知らない」であり，「（フランスの事務職員は）気まぐれで非論理的，一貫性がないということを常に念頭に置くこと」という忠告であった。学生は仕組みの違いがあることを，ほとんどと言ってよいほど理解していなかった——つまり，欲

しいものを手に入れるためには別の方法で「ものごとを動かす」こともできるのを知らないのだ。仕組みの面で差異があるだけでなく，その差異が文化に根ざす点に気づいている学生の数に関しては，残念ながら，以下の通りだ。

> 言ってみれば，十分に正しい知識を持っている学生は皆無であった。インタビュー対象者たちは，目先のきくそつがない方略を提案しつつ自分を正当化し，なおかつ「フランス人」というのは絶望的に支離滅裂だと語るし，もっと重要なのは，後輩にまでそのように話すことだろう。(pp. 76-77)

このような状況に置かれた文化の学び手の問題は，フランスとオーストラリアの大学のどちらが情報配信に長けているかということではなく，ある環境で機能する方略が別の環境では必ずしもうまくいかないと気づくか否かである。この場合のオーストラリア人学生にとっては，異文化の根底にある仕組みに自分自身の情報収集方略を適応させる能力が，文化を学ぶ上での課題であった。フランス人学生が普段用いる情報収集の方略をオーストラリア人学生も採用していれば，不満は確実に軽減できたであろう。ただし重要なのは，この研究対象となった学生たちが外国での体験に大いに満足したと報告している点である。彼らがフランスについて多くを学び，ほとんどの学生が新たな環境にうまく対処する方略を伸ばしていったのは確かなのである。けれども，それは学生たちが直面した深層レベルでの文化的差異を特定できたということではなく，ステレオタイプを克服し，文化的に寛容になったということでもない。

4.2 「型(パターン)の認識」として異文化を学ぶ

目に見えない文化の枠組みは，広範な局面で明らかになる。したがって，オーストラリア人学生がフランスでの高コンテクストの情報収集方略を解明するには，さまざまな状況でのパターンや仕組みをとらえなければならない。別の事務職員に尋ねた友人が，違う情報を得ていたことに気づくだけでは，不十分なのだ。その文化ではいかにして情報が広まるのかという，より広いパターンに，このことがどのように当てはまるかにも気づかないといけない。個々の事例はパズルの一片に過ぎないが，何が期待できて，それをど

のような方法で行うべきなのかについて，内部者の視点を提供するものである。もう少し具体的な例としては，インドを訪れた旅行者が，胸の前で合掌して「ナマステ」とあいさつをする人と出会ったとしよう。だがこれだけでは，「ナマステ」が別れのあいさつでもあるのか，または「ありがとう」の意味でも使われるのかまではわからない。これを理解するには，「ナマステ」というあいさつをコンテクスト化するための多様な状況に接する必要がある。もっとも，異文化滞在者が「ナマステ」の時宜に応じた使い分けを会得した後でも，いかにこのジェスチャーが，「ナマステ」とあいさつするインド人の背景にある世界観に合致したものなのかは説明できないだろう。しかもインド人に聞いて，わかるわけではない。意識せずに「ナマステ」と言っているのだから。

　したがって，深層文化にある差異との邂逅とは，文化の型が明らかになるような一連の出会いを伴う。個々に現れた深層文化を的確に一般化する能力こそが，異文化の学びにおける成功の証となる。残念なことに，これは生易しいものではなさそうだ。一般化するためには，不便や不快であっても体験についての判断を保留しなければならない。さらに深層文化の型はすぐには明らかにならないので，関与し続ける必要もある。文化差に関与し続ければ，ほぼ不可避的に，居心地悪く不合理で不公平に思える価値観，前提，世界観の深層レベルでの型が現れる。しかし異文化滞在者は，文化差に対して寛容になり尊重すべきだと認めながらも，自分を悩ますものが文化的なものだと気づかないかもしれない。抽象概念としての文化に関する客観的な説明がまれなのは，深層文化の差異は考えて理解しなければならない現象だということを認識しない場合が多いからである。

　この点は，ドイツに留学したフランス人研究者フィリップの例で明らかだ。ドイツでの生活について質問すると，彼はごみの一件を語った。ドイツ人は規則や法規について過剰にこだわり過ぎるということを言いたくてこの一件を出したのである。フィリップは警察から電話があったことを詳しく話した。ごみを収集用にきちんと分別して出さなかったと，管理人が通報したのだという。

　　フィリップ：すごく偽善的だけど，とにかくこれがドイツ人のやり方なんだ。僕はごみ袋にプラスチック以外の生ごみをたくさん詰めて指定日以外に出して

しまった。完全に法律違反。で，そのごみ袋に，学術誌に投稿するつもりで書いた論文要旨の原稿をうっかり入れたんだ。要旨には，当然ながら著者として僕の名前が書いてあった。建物の管理人がそのごみ袋を見つけて，ごみ袋を開けて，原稿を取り出して，それで僕だってわかった。しかも，タバコの箱が山ほど入ってたから，僕だと確信したんだ。それで，警察に通報した。

筆者：警察に電話した？

フィリップ：すぐさま。警察からの電話だってわかったのは，お巡りが研究室に電話してきて，「えー，あなただってわかってるんです」と言ったから。実際にこんな会話から始まった。

「フィリップ・デュポンさん？」

「はあ」

「あなただってわかってるんです。」

「どういうことですか？」だって，僕が出したごみ袋が問題になるなんて考えもつかなかったから，お巡りが電話してきて，「あなただってわかってるんです」なんて言うと，なんていうか，「僕が何をしたわけですか？」っていう感じだよね。

で，お巡りは，「あなただってわかってるんです。ごみを出しましたね。あなただってわかってるし，否認できるような逃げ道は絶対にありません」とか何とか言って，それから「出頭して，罰金を払って下さい」だよ。

で，僕はね，「一体全体，何のことですか？　はい，今日ごみを出しましたよ。だって，ごみは出すもんでしょ？　それが何か？」っていう感じだった。

「いやいや，そうじゃなくて，出頭して下さい。」

それで僕は警察署に行く羽目になって，ごみの分別に関するドイツ法規の原則なんかについて1時間聞かされた。で，300マルクまたは150ユーロを罰金として支払え，って言うんだ。この程度の違反で150ユーロだよ！

で，聞いたんだ，「でもねえ…なんで僕だってわかったんですか？」そしたら，こう言ったよ。「決まってるじゃないですか。ごみを出して，管理人が知らないわけないでしょう」。だから，ドイツ人だったらみんな，こうするのが当たり前なんだね。

この話は深層文化の差異についてのものであるが――「ドイツ人は一般的に規則や法規を過剰に重んじる」というフィリップの気持ちをめぐる恐怖の

物語だが――彼はこの体験を抽象的な文化という点ではまとめていない。「ドイツ人だったら誰もがこうする」というフィリップの発言は，フィリップが直感だけで意識している文化の基準にもとづき，ドイツ人の思考一般を非難していることになる。

4.3 求められる変化への抵抗として異文化を学ぶ

　異文化に暮らす人が深層文化の違いから滞在先の共同体に対して否定的な判断をするようになりかねないのが，フィリップの話で理解できる。新たな文化の環境と折り合いをつけるなかでフィリップは，環境の変化に対応する必要（demand for change）に直面した。それは外面的なレベルでは，特定の方法でごみを分別するという，単に技術的な問題にすぎない。だが，ごみの分別に関する規則は，文化の期待と価値観の深層レベルでの枠組みと関連している。フィリップの語りは，深いレベルで適応しなければならない必要性を感じ取っていたことを示している――（フィリップによれば）文言通りの法律順守に過度にこだわる価値体系に適応する必要である。フィリップがこのような体験にどう反応し，滞在先の文化についての見方が時間とともにどのように進むのか，これがフィリップにとっての深層文化の学びの核心である。この事例でフィリップは，こういった深層レベルでの対応を理不尽に感じ，ドイツ人一般について価値判断を下している。

　このような状況については「管理人の行為は度を越していると思うドイツ人もいる」と主張する向きもあろう。その意味ではフィリップの反応と一部のドイツ人に起こり得る反応との間に違いはない。そう考えれば，フィリップの葛藤は文化というより個人の価値観や好みに過ぎない。だが，これでは見逃す点がある。つまりドイツ社会で育った者ならば，ごみ分別のきまりやその背景にある考え方と世界観について，「個人的な好き嫌いとは関係なく」，十全に理解できたであろう，という点だ。（フィリップや一部のドイツ人が）規則を嫌うことと，規則に関連する期待や考え方を充分に理解していない（フィリップ）こととは，別のことなのだ。

　そうだとしたら，フィリップがドイツで快適に過ごすためには自分の価値観を変えなければならないのだろうか？　必ずしもその必要はない。フィリップの根本的な問題は，彼の個人的な価値観ではなく，ドイツでのごみ収集の背景にある文化の価値観を妥当なものとして見ることができない点にあ

る。フィリップは（個人的価値観の反映として）規則重視を嫌いながらも，多くのドイツ人にとって規則を重視するのはふつうのことであり，人間の活動を秩序立てるには理にかなった方法である，と認めることも可能である。

　フィリップの話を聞くと，内面的なレベルにある文化の違いを把握する難しさがよくわかる。デ・ヌーイとハンナ（de Nooy & Hanna, 2003）が調査したオーストラリア人学生もそうであったが，フィリップの異文化体験における潜在レベルの反応は，「自然」である。この場合のフィリップの反応は，ドイツの文化的価値観の次元を，フランスに比べて，普遍的で（その場の状況に適応するのではなく，きまりを信頼する），低コンテクスト（コンテクストよりもメッセージそのものが重要，つまり，規則の文言に従うことが重要）だと説明する異文化研究に合致する（Hofstede, 1983）。フィリップの反応はフランス人の「典型的」な反応だと言う人もいるかもしれない。だがフィリップは，文化の違いを客観的ないしは抽象的な意味で見ていない。オーストラリア人学生が，フランスでの大学生活を理解しようとしたように，フィリップは新たな環境で営まれなければならない日常生活に個人的に反応しているだけなのだ。

　本書が依拠する研究（Shaules, 2004a）においてインタビューした異文化滞在者には，中立で相対的な点から深層文化の差異を語った者はほとんどいなかった。この点は，フランスでのオーストラリア人学生に関する研究結果と似ている。異文化に暮らす人たちの大半は，目に見える文化差の理解は深めるものの——フィリップがごみの分別方法を学んだように——，すべての人が文化に潜在する体系的な本質への理解を深めることにはならない。フィリップは，ドイツ人が規則に理不尽なまでにこだわる例として，自分の体験を解釈している。ごみ収集に関するドイツ人の価値観や規範を，等しく実行可能な選択肢として扱っていないのだ。概念あるいは情動を思いきって飛躍させること——文化的他者の視点にもとづいて，状況を合理的なものとして見る能力——こそが，新たな環境において深層文化の理解へと導くものである。

　異なる価値観や生活様式と遭遇した際に，異文化滞在者の情動は肯定的にも否定的にも反応するはずだが，ほとんどの場合，その反応は全く明示されない感がある。つまり意識的か否かにかかわらず，人間は環境と相互作用をし続けているということになる。普段の環境と異なる場合，自分がいる世界

が意味のあるものだという感覚を持ち続けようとして，無意識のうちに，不慣れな現象を説明し，正当化し，あるいは批判しようとする。その意味では，未知の環境のなかに物理的にいるだけで，変化に対応する必要性を突きつけられることになる。私たちの知覚世界は，体験を理解し世界観をその理解に合わせて修正するように求める。情動反応が否定的であると，偏見はたちまち増幅することになる。

4.3.1 深層文化の差異と絶対的判断

　異文化滞在者の否定的な判断に一貫して見られる特徴は，事実を語っているだけだと本人が信じている点である。その事実の解釈は当然のものとされる。フィリップは，ドイツ人が不合理だとは言っていないものの，自分の体験を振り返ったなかに，暗黙の批判が入っている。フィリップが語っているのは起こった「事実」――警官から呼び出しを受けたこと――だが，この事実についての解釈は直感的――ドイツ人が規則にこだわるのは理不尽など――である。これは，フランスの役所仕事は「非効率」と語ったフランス滞在のオーストラリア人学生の体験と通じるものがある。オーストラリア人学生は見たままの事実を報告しただけであり，このような発言にフランス人全般に対する自文化中心的な考えや偏見があるとはおそらく思っていないであろう。

　フィリップやオーストラリア人学生の判断は，文化の前提に依拠しない判断基準を用いているという意味において，「絶対的」である。したがって，オーストラリア人学生にとって，「効率性」は文化の多様性を超えた客観的なカテゴリーである。効率性は見方次第で変わるものとは考えないし，フランス人がオーストラリアの大学に留学したら，インターネットの情報や一般的な資料集では本人の事情に合うような特定の情報をうまく探し出せないので「非効率」だと思うかもしれない，とは想像が及ばない。「効率性」（あるいはフィリップの事例では「正当性」）を構成するものの背後に隠れた前提が，異文化理解に対する深層文化の障壁を作る。

　この種の反応を理解しようとするとき，トロンペナースとハムデン＝ターナー（Trompenaars & Hampden-Turner, 1998）が提唱したジレンマとしての文化の概念化が，非常に有用だ。この見解では，異なる文化集団は暗黙の価値観や隠れた前提にもとづく内なる論理を持つ。オーストラリア人学生の

事例では,「効率性」を構成する基準は,効率性の本質に関する隠れた前提に依拠している。トロンペナースとハムデン＝ターナーが説明する普遍主義的な論理では,誰にも等しく適用できる制度を作り出そうとする。効率性は制度自体の規則のなかに築くことが期待される。そして,あり得るすべての状況を網羅しながらも,煩雑でない制度が効率的とされる。効率的な制度は予期し得る個別の事例をすべて網羅するものであるから,それぞれの事例が例外となることは想定していない。普遍主義的な論理における隠れた前提では,現象を個別のカテゴリーに分類することにより,私たちを取り巻く世界を説明したり,規制したりできるようになる。

　ところが個別主義的な論理は,ある現象の独自性を重視する。どのような体系的な説明も,特定の現象の実像を示すには至らないと想定する。大学における情報システムの事例では,個々の学生には個別のニーズがあり,それぞれを特殊事例として扱うことによってのみ対処できるという前提があるかもしれない。制度や規則は各ニーズを満たすために作成された枠組みである。規則は解釈されるべきもので,制度は異なるニーズを有する人々に対応できるよう,柔軟でなければならない。これは実際には,個別のやり方で対応することが多い。学生はやり方を級友に尋ねたり,事務職員との関係を築いたりすることで,制度的には正式に許可されない場合でも個別のニーズを満たすことができる。制度に多様な事例が扱えるだけの柔軟性があり,なおかつ特定の事例に適合する情報にアクセスできるのであれば,その制度は効率的だとされる。

　このような2種類の論理では,出発点が正反対である――　一方は制度の予見可能性を,他方は柔軟性を重視する。だが,このような前提はあまりに抽象的であり意識外にあるために,異文化に滞在する人は,自分が知っているのとは別種の「効率性」があるかもしれないとは気付かない。オーストラリア人学生はフランス人事務職員がはっきりしないことに苛立ったが,フランス人学生がオーストラリアの大学で事務職員に質問して「大学のホームページを見ればわかります」という答えが返ってきたら,やはり苛立つだろう。これは非効率ということになる。なぜなら,わざわざ事務室を訪れて相談しているのに,学生は帰宅してインターネットで調べなければならないからである。オーストラリアの制度における効率性は,明示的な仕組みを通して予見できる方法で大量の情報を探す能力にある。この仕組みの短所は,個

人に合わせた配慮を要する場合に，個別事例が隙間から抜け落ちたり，規則の例外を要することになり，制度があまりに柔軟性に欠け人間味に欠ける点である。他方，フランスの制度における効率性では，いったん仕組みを理解し，責任担当者がわかれば，広範なニーズが満たされる。短所は，仕組みを学ぶのに時間がかかるし，規則の適用方法が恣意的になりかねないことだ。

　文化的価値観の次元で論理に違いがあると，否定的な判断につながることがあるものの，異文化滞在者が特定の文化集団の全員に対して偏見を持つということでは必ずしもない。デ・ヌーイとハンナ（de Nooy & Hanna, 2003）の研究対象であるオーストラリア人学生は，フランス人に対して概して好意的な意見を持っていた。フィリップもまた，ドイツでは全体として良い体験をしたと語り，ドイツでの生活が偏見を払拭する手助けをしてくれたとさえ述べている。フィリップはフランス系ユダヤ人として，かつてはドイツに対してかなり否定的なイメージを持っていた。

> だから最初は，…友人や家族の大半が「わかった，こんなことをするのは，研究のためだけでなく，（ユダヤ人を皆殺しにした）ドイツという国に行ってみたいからだね」と考えた。で，ドイツに着いて最初の2, 3カ月は…道行く人たちを見ては，「この老婦人は戦時中，何をしていたのだろうか？」と疑い，非常に，とても否定的だった。でも研究はすごく面白かったし，出会った人はとても心が広かった。だから，そう，3カ月後にはドイツ語を習いたいと思っていたんだ。…実は一番驚いたのは，ドイツを去る日に自分が大泣きしたことだ。フランスに帰国して最初の2, 3カ月は，ドイツにもっといれば良かったと後悔していた。2年は絶対に短すぎると思うから。だから最初は研究のためだったけれど，すぐに人生にかかわるものになっていた。

　少なくともこの事例において，ドイツの規則に対するフィリップの判断は，全体として良好な体験を阻害することにはならなかった。だがドイツ文化の深層にある要素に関して，その妥当性を見抜く能力に限界があったことがわかる。

4.4 傾注[1] レベルと異文化への抵抗の深さ

　フィリップは，ドイツ人研究仲間（率直な人たちという印象だった）との関係が管理人との関係よりも深かったことで救われたのかもしれない。けれども，文化を異にする人との相互行為の結果が重大であるほど，いったん判断を保留しておいて，受け入れがたい行動の根底にある深層パターンを見ることができなくなるのかもしれない。この傾向は，民間のパイロット学校で世界中から集まる訓練生を指導しているデイビッドに見られる。フィリップの管理人とのやりとりと，デイビッドのパイロット訓練生との関係の違いは，飛行機の操縦ミスが致命的な結果を招くことである。アジア人パイロットとの関係で見出した文化差により，デイビッドはアジア人一般に対して偏見に満ちた結論を下すようになった。

　デイビッド：他の文化圏のパイロットを訓練するときには違いを感じる。アジアからのパイロットをたくさん訓練してきたが，…（中国人パイロットとは）絶対に一緒に飛びたくない。危険も何もわかっていないんだ。だってさ，地面に突っ込めば怪我をするだろ。それがわからないし，理解していない。何が起こるのか見当もついていない，って感じなんだ。
　筆者：それは，どうして？
　デイビッド：洗脳…サバイバル本能がない。訓練して，そう感じた。

　デイビッドは，往復飛行訓練をする予定になっていた中国人パイロット訓練生の話を続けた。離陸時の天候は良好であったが，着陸時には霧が濃くなり，この中国人パイロットが受けた程度の訓練では着陸できなかった。ところが中国人は，離陸した空港にもどって来るように指示されていたことを理由に，着陸すると言い張った。管制官が着陸を思い止まらせるのに15分もかかった。デイビッドは，中国人訓練生と管制官のやりとりをこう説明した。「でも，こいつは『教官から，ここに戻るよう指示を受けています』って言うんだ。もし着陸を強行しようとすれば死ぬ，ということがわかっていないんだ」

---

[1] investmentは，精神分析用語では「備給」であるが，一般的ではないので，本書では「傾注」とした。

デイビッドは，文化的な観点でこの話を解釈している。アジア人訓練生との間で生じた問題についてデイビッドが行った説明の概略は，フランスやヨーロッパの文化に比べて中国文化を「権力格差（power distance）」の大きい文化だと説明する比較文化研究と合致する（Hofstede, 1983）。「権力格差」とは，明示的な上下関係を当たり前に感じるかどうか，ということだ。文化間の比較において権力格差の大きい文化では，タテの関係を重視する傾向にある——年長者への尊敬，会社や組織などでの明確な上下関係，敬意表現（ポライトネス）の明示的指標など。このことから，例のパイロット訓練生は同じ空港に着陸せよと指示した教官に従うことを重大な責務に感じていた，と解釈することもできる。このようなことを知っていれば，アジア人パイロット訓練生の問題で，デイビッドの解釈は違ったものになっていたかもしれない。

デイビッドは時として，アジア人パイロット訓練生との体験を相対化する能力の著しい欠如を見せた。中国人が英語で飛行技術を習得するのは，言語的な面でヨーロッパ人よりもずっと不利なはずだが，言語力へのコメントとしては単に，「あいつらの英語は最低だよ！　ひでえもんだ！」というものであった。訓練生が管制官の指示を理解できずに，タッチ・アンド・ゴーの離着陸を何度も何度も繰り返す様子を続けてこう語った。

デイビッド：まるで通じないんだ。（そういう時に，何を考えているのか）絶対にわからないね。何かが起こりそうでも，反応しない。飛行機を飛ばしてるだけで，対応しない。

筆者：ということは，言葉の問題だけではない？

デイビッド：変わった連中だよ。1年に7機失った。ランディング・ギア（着陸装置）を降ろし忘れて胴体着陸。ばかだよね。ランディング・ギアを上げたまま着陸するなんて，（冗談ぽく）あまり現実的ではありません…地上走行には推力がおおいに必要でして…指導員が同乗してれば，大きなことにならなかったけど，ひとりで操縦させる段階になると，時には単独飛行をさせる必要もあるからなんだけど，呆れる。中国人と一緒に飛ぶと，あっという間に白髪が増える感じだよ。

デイビッドは自分の体験から「中国人は変わってる」と言うが，このよう

な軽蔑的な結論を下す理由はよくわからない。こうした反応はアジア人に対する既存の偏見のうえに形成され，訓練生との問題がその偏見を悪化させた可能性がある。同時にデイビッドは，生死に直結する非常に重圧のかかる状況にいた。そのような状況において他人の「不合理な」行動は，極めて否定的な結論をすぐに下すことにつながる。アジア人訓練生に対するデイビッドの反応は，既存の否定的なステレオタイプが，そのような否定的判断を正当化するかに見える文化の違いによって，強化され混じり合った可能性がある。この事例では，問題の原因と思われる文化的差異が，自己の深層レベルで作用しているのだ。深層文化の差異はその原因をつきとめることが難しい。不可解なものに思われて，何となく間違っていると「感じる」だけなのだ。極端な場合には，病的に思える（「生存本能がない」など）。

　差異との出会いによって否定的な判断が緩和されるのと同様に，簡単に強められもする。デイビッドの事例のように，実体験から否定的な判断が増幅されると，その後に寛容さを育むのは難しい。さらに，デイビッドのような反応をただ「人種差別」や「偏見」と断定してしまうと，異文化間の関係で問題を起こした価値観や行動に，体系的な差異があったことを見逃すだろう。デイビッドの態度は道義的な失敗ではなく，文化的差異の隠れた要素への抵抗として見ることができる。

4.5　中立的に異文化を語る言葉

　異文化での体験を語ることが難しいのは，文化的差異への反応を説明するのにふさわしい用語が不足していることも理由のひとつだ。外国での体験を語るとき，たいていは文化というより性格を描写する方に適している言葉を用いる。たとえば，エジプト人は「感情的」，日本人は「内気」，アメリカ人は「人なつこい」，英国人は「遠慮がち」などという単語で説明するが，こういう形容は性格については適しているが，文化集団については不向きである。なぜなら，どの集団にも他の人より感情的だったり，内気だったり，人なつこかったり，控えめな人がいるからだ。1億3千万の日本人が「内気」であることなどあり得ない。他の日本人に比べて内気な日本人はいるだろうし，他文化の人と交流した場合に，日本人は内気な印象を与えるかもしれないが，それは日本人独特のコミュニケーション様式によるものである。絶対的な意味で日本人全体が「内気」ということはない。

また「性格を表現する用語」は，称賛か軽蔑のいずれかになりがちだ。たとえば，ふつうは「内気」より「人なつこい」と言われたい。したがって，このような言葉で文化差を表現すると，「日本人は内気」「アメリカ人は人なつこい」というように，ある一つの文化集団の方を是とすることになってしまう。このことは，好ましい体験をしているときは，滞在先の人々を「温かい」とか「率直」などと表現して，問題とはならないかもしれない。では，中国や韓国のウエイトレスが，接客中に笑顔をめったに見せないと気づいたら，どうだろうか。笑顔を見せないことが「冷淡」あるいは「無愛想」となるのだろうか。こうした言葉を選択することは，言葉が単なる記述ではなく批判になり，隠れた文化的偏見を描写のなかに組み込むことになる。

　第3章で考察した文化を比較するカテゴリーの利点は，その多くが異文化体験を語るときの中立的な用語となり得るからである。トロンペナースとハムデン＝ターナーの用語では，相互作用を「感情的」や「冷淡」ではなく，「情動的（affective）」か「中立的（neutral）」かで説明できる。「普遍性」（規則に基づく）や「個別性」（状況に固有）というような，文化比較という概念を学んでいれば，フランスにいるオーストラリア人学生が事務職員に対して感じた「非効率性」への不満は，少なくとも部分的には，文化的な違いがもたらすものだと気づく一助となったかもしれない。また，フィリップがドイツでのごみ収集方法を嫌ったのは，普遍性を極めて重んじる社会に違和感を覚えたからだと本人に理解させる手助けとなったであろう。

　文化比較に関するトロンペナースとハムデン＝ターナーのカテゴリーは，中立的な説明をする際に特に適している。というのも，対照的な特質が等しく中立になるような用語で表現されているからだ。しかし，ホフステードのカテゴリーにはそうとは言えない部分もある。たとえば，ホフステードの「権力格差」とは，権威的な地位にある者を恐れることなど，文化集団における専制あるいはパターナリズム（父親的温情主義）のレベルに言及するものだが，トロンペナースとハムデン＝ターナーの「達成型地位」（行為に対して付与される地位）対「属性型地位」（属人的に付与される地位）ほど中立的ではない。たとえば権力格差の大きな国が，政治的暴力の激しさと関連している。同様にホフステードの「不確実性回避（uncertainty avoidance）」とは，未知への不安や他者に感じる恐怖感についてのカテゴリーだが，ある文化集団が他より基本的に寛容でないことを示唆する。

結局のところ，「偏見」や「自文化中心的」などの言葉に頼ることなく，異文化での体験について感じるかもしれない否定的な反応を語る方法が必要なのである。長期間，異文化環境で相互作用しながら暮らすと，受け入れにくかったり否定的反応を誘発したりするような体験をするのは必至であろう。本書ではそのような否定的反応に言及するために，「抵抗」という用語を使用している。これは，より中立的な用語であり，異文化体験の中で抵抗した文化差への滞在者自身の反応を語ることができるようになる。フィリップがこの用語を使えば，ドイツ人一般に対する批判を含まずに，ドイツのごみ収集システムへの反応を説明できるであろう。そうすることで，文化差のゆえに否定的な価値判断をしたけれども，それは文化の学びにおいては普通なのだと気づくことが可能になるであろう。

本書の後半で，異文化の学びの深層文化モデルについて詳細に論じるが，「抵抗（resistance）」は「反感（dislike）」と対比することができる。「抵抗」とは否定的な価値判断を伴う否定的な反応であるが，「反感」とは否定的価値判断を伴わない否定的な反応である。この区別が重要であるのは，新たな環境で発見した価値観を必ずしも採用したいと思わずに，受容するかもしれないからだ。これを端的に示す例として，韓国への訪問者を考えてみよう。キムチ（香辛料の利いた発酵菜）は好みに合わないかもしれないが，その味に慣れている者には美味しいものであろうと認識しているものとする。この現象が「反感」である。他方，韓国の食物は辛すぎて繊細な味わいがないと断言して批判する場合は，キムチが好きでないという個人的反応の域を超えている。否定的な価値判断を下し，実際は，韓国の食べ物は何か変だと言っていることになる。これが「抵抗」である。

4.6 否定的反応と異文化における成功

文化差への否定的な反応のすべてが，異文化感受性に欠けることを意味するわけではない。だが，否定的な判断は「正常」であったとしても，「望ましい」ものではない。文化の違いに対する否定的反応が，文化的背景か個人的好みによるのだと認めることができる人もいる。そういう人は，たいてい否定的な価値判断を下さない。たとえば，アメリカに1年間留学した日本人女性リエコは，アメリカ人の個人主義に馴染めずにいたが，自分の反応が少なくとも部分的には文化的なものだと気づいていたので，自身の否定的な

判断を警戒していた。

　アメリカ人て自分勝手だなあ，って感じたとき，それがアメリカ人全体のことなのか，その人に特有のことなのか，わからなかった。どこまでが文化で，どこからが個人的な問題なのか，見極めるのは難しかった。

　基本的にリエコは，アメリカ人の価値観はアメリカ人にとっては妥当なものであるとすることで，アメリカ人に対する自分の反応をありのままに見ることができた。
　このリエコの体験はアデルと対比させることができる。アデルは東京に住み日本文学をテーマとする博士論文を執筆していた。アデルの否定的反応は絶対的だった。アデルは日本を「非常に不健全な国」と説明して，こう続けた。

　日本では疑ってるように私を見る。女の人は私を見て目をそらすし，男の人は恐ろしい化けものみたいに私を見る。…私はこの国に人生を捧げている。でも街を歩いているときに，ふと思うのね。「なぜ私はここにいるの？」って。日本人の価値体系が共有できない。アメリカには反対派もいるけど，日本ではどこに行っても悪しき近代の「主義」に圧倒される。

　リエコとは異なり，アデルは日本人の価値観やコミュニケーション様式などを根本的に妥当なものとして受け入れていないようだ。アデルの否定的な反応は，リエコにはできていた差異の受容によって緩和されていない。リエコもアデルも各々の異文化体験について否定的な気持ちを抱いているかもしれないが，気に入らなくても価値判断をしない，という能力が異文化を学ぶ上での重要な指標となることがわかる。
　成功した異文化滞在者には，否定的な判断を保留して，体験のなかのある要素を嫌うという能力が備わっている事例が，繰り返し登場する。韓国人男性と結婚した日本人女性マユミの場合を考えてみよう。彼女は主婦としての役割——特に親戚関係——に相当のストレスを感じていた。このストレスにもかかわらず，マユミは夫の親族に対して否定的な判断を下さないでいる。

姑は連絡もなしにアパートに来ることがあった。私はストレスがたまって何度か韓国を離れたが、その留守の間に、姑は部屋に入り掃除をしてくれた。だから、戻ったときには、自分が駄目な人間のように感じた。急須まで真っ白に漂白されていた。もちろん親切心からなので、腹も立たないけれど、姑にそういうことをさせた夫には少しムッとした。誤解しないで。夫の両親を心から敬愛している。ただ、慣習が違うから、夫の両親とは同居できないと思う。夫には不満が山ほどあるが、夫の両親に対してはない。

マユミの場合、ストレスが高じて韓国を離れなければならなかった点を考えると、不快感の根元にある文化的期待を基本的には妥当なものとして受け入れていることは、注目に値する。

ネパール生まれで、世界各地で成長期を過ごしたポールにもよく似た側面がある。異文化での学びへの反応について発言する中でポールは、否定的になり得る反応と、そのような反応を誘発する文化環境についての判断を、明らかに区別した。

どこか他の場所に行けば、そこでのやり方がある、それだけのこと。好き嫌いの問題ではなく、ただそれを受け入れる。これまで慣れ親しんだ環境とも関係すると思うし、やり方が違うと不安な気持ちになることもあるけれど、順応するよ。

ポールが「不安な気持ち」という場合、未知の環境に対する個人的な反応に言及していると思われるが、それを自覚しているものの、異なる文化環境について否定するような絶対的な判断を正当化するものとして使ってはいない。

本章では、未知の環境への否定的な反応は、自然ではあるが、新たな異文化環境に対する望ましい反応というわけではない、と論じてきた。そして、そのような反応がふつうは深層文化の差異に起因すると指摘した。異文化に滞在する人々が新たな環境を理解しようとするのは避けられないので、文化差と接触するだけで、それ自体が変化への必要を生むのだという事実を強調した。このような変化を求める必要への反応が、文化を学ぶプロセスにとって鍵となる要素であることも述べた。さらに否定的な反応はどれも同じでは

なく，ある環境を嫌うことと否定的な価値判断で抵抗することは同じではないという点も考察してきた。

　新たな環境への，ある特定の反応が他のものより望ましいということが本当なら，まさにそれが，異文化の学びの成功をどのように定義するのかという問題提起につながる。この分野は，これまで詳細に研究されているので，次章で検討する。

第5章　異文化を学ぶ目標

「ぼくは何かを学んだはずだ…」と，ジャック。

「ひとつ学んだのは，自分は本当にアメリカが好きで，アメリカ人に生まれてよかった，ということ」と，アデル。

「100パーセント日本人になれるし，日本社会に十分溶けこめるってことを世の中に見せたかったけど，（スイスに戻って）素のままの自分でいる方がいいってことを学んだ」と，アンドレ。

「アホだったと気づいた」と，デイビッド。

5.1　異文化における成功の定義

　異文化体験の成功とは何だろう？　異文化に暮らしたことのある人たちと話していると，その体験の成否をはかる唯一の基準があるわけではないことが明らかになる。たとえば前章に登場したフランス人研究者のフィリップは，ドイツでのごみの分別規則について不満をぶちまけていた。ところが，ドイツ文化を部分的には不満としながらも，全体としてはドイツでの生活で良い体験を多く積んだと語ってくれた。ドイツ語を学び，ドイツ人の友人もたくさんできた。では，異文化を学ぶ者としてのフィリップの成功をどのように概念化できるだろうか。異文化を学ぶ体験の他の側面と同様に，異文化を学ぶ目標に関しては多種多様な方法や目的で，専門家が研究してきている。本章では，従来のいろいろなアプローチを把握したうえで，長期にわたって異文化に滞在する人たちの実体験に当てはまる定義を試みたい。

　どのような異文化体験が成功といえるのか定義するのは難しいかもしれない。たとえば，本人が「良い体験をした」と報告しても，新たな環境について多くを学んだり，深いレベルで体験したとは限らない。冒頭のジャックの発言が好例であろう。ジャックは来日して14年になり，日本での生活がお

おいに気に入っているが，日本語を話さず，日本人の友人も少なく，外国人の殻に閉じこもって満足しているようだ。しかし，現地語に堪能で，その国に関して学んだり，友人を作ったりするなどの能力も同様に当てにならない。アデル（冒頭で引用）は日本語を話し，日本文学研究で博士号を取得しているが，日本に対して非常に否定的で，自文化中心主義の判断を下している。

5.1.1　異文化教育と異文化適応

　この分野での学術文献は，2つに大別できる。まず「異文化教育（intercultural education）」の分野では，異文化コミュニケーション・トレーニング，言語教育，グローバル教育などがある。おおざっぱに言うと，異文化教育の目標には，異文化感受性（intercultural sensitivity）や異文化能力（intercultural competence）の向上など，成功を測るかなり抽象的な尺度が含まれている。異文化の学びの成功についてのもうひとつの見方は，「異文化適応（intercultural adaptation）」の研究に依拠している——未知の文化環境にうまく適応できる人々に共通する特徴を分析するものである。異文化適応プロセスに寄与する外的要因と内的要因は調査可能である。本章で見ていくように，このアプローチは実証主義的であり，成功を客観的に評価しやすい。異文化教育と異文化適応のどちらの分野も，異文化滞在者の体験についての洞察を提供してくれる。

5.1.2　異文化の気づきと異文化教育

　最近まで，異文化に暮らす人たちの中で異文化教育の恩恵にあずかる人はほとんどいなかった。文化への適応は，たいてい「イチかバチかやってみる」という問題で，成功したかどうかは単に，言語を学んだ，海外赴任を全うした，留学して学位を取った，あるいは家族へ仕送りをした，などの点で測られていたにすぎない。幸いにも最近では，異文化の課題に取り組む滞在者本人や教育者のために役立つ文献が増えてきた（Barnlund, 1989；Bennett, M. J., 1986；Brussow & Kohls, 1995；Cushner & Brislin, 1996；Gaston, 1984；Hall & Hall, 1987；Hess, 1994；Landis & Bhagat, 1996；Paige, 1993；Seelye, 1984, 1996；Stoorti, 1994；Tomlinson, 2000；Valdes, 1986, 1994）。このなかの大半は，外国に滞在する本人向け——特にビジネス関係者——だ

が，大学教育（Bennett, M. J., 1998；Jandt, 1995；Tomalin & Stempleski, 1993）や言語教育（Byram, 1997；Byram et al., 2001；Cates, 1999；Damen, 1987；Gaston, 1984）を対象にしたものもある。研究者によって文化学習の成功についての定義はまちまちだが，これらの文献には共通点も多々ある。

異文化教育の分野では多くの場合，適応の成否を測定可能な外的基準ではなく，学習者の内なる変化によって定義する。異文化教育の目標には，教育によって望ましい異文化体験をさせるだけでなく，異文化への気づきというような資質を獲得させるという想定が背後にある。教育目標の中心はたいてい，異文化に滞在する人たちが以下を深く理解できるようになることにある。1）文化の特質，2）文化の差異がコミュニケーションや対人関係にどのように影響するのか，3）仕事や言語習得のような具体的な領域における文化と文化差の影響。一般的に，異文化教育の分野では文化相対主義――自らの文化観の限界を知り，他者の文化観を尊重すること――を強調するという特徴がある。このアプローチの根底にあるのは，文化の差異は葛藤を生む可能性があり，これを緩和するためには異文化理解が必要である，という考えである。

例外は，「グローバル問題を扱う教育（global issues education）」（Cates, 1997；Harrison, 1999；Higgings & Tanaka, 1999）である。これは国際主義への教育的アプローチであり，第二次世界大戦後にアメリカで始まった。たとえば，国際理解（1947年），世界市民教育（1952年），世界学（1980年代），グローバル教育（1980年代）などさまざまな名称で呼ばれている。異文化教育において文化を「超える」ことを求め，「世界市民のための教育」に焦点をあて，「人類全体への忠誠心を育む」ものである（Cates, 1999）。このアプローチは，一般的に文化研究よりも，教育学の分野から出ており，異文化間の差異を重視せず，文化を横断する共通性を強調し，普遍的な価値観に訴える（Shaules & Inoue, 2000）。先に挙げたような教材と異なり，グローバル教育は通常，自文化内で学習する学生を対象としており，特に異文化滞在の準備を目指してはいない。

異文化教育の分野では，授業での教育目標と異文化を学ぶ上での望ましい成果が，明確に分けられていない場合が多い。外国で成功体験をすると，ある種の抽象的な資質を伸ばす結果となるように考えられている。よく言われる資質は「文化の気づき（cultural awareness）」である（Gaston, 1984；

Hofstede, 1997；Ingulsrud *et al*., 2002；Paige, 1993；Tomalin & Stempleski, 1993；Tomlinson, 2000；Valdes, 1986）。このような資質は，目標がどのように達成されるのかに関する説明と同様に，抽象的なことが多い。たとえば，ガストン（Gaston, 1984：2-4）は「文化の気づき」を，「文化が知覚に影響を及ぼし，文化が価値観，態度，行動を左右することへの認識」と定義している。ガストンはさらに，文化の気づきを獲得するプロセスには4つの段階があると説明する。第1段階は「認識（recognition）」——「自身の文化集団への意識を高めること」である。第2段階は「受容（acceptance）あるいは拒否（rejection）」で，文化差に対する肯定，否定いずれかの反応として，ガストンは定義する。第3段階は「統合（integration）あるいは自文化中心主義（ethnocentrism）」段階である。これは2文化間で考え始めること，または頑なに自文化中心的になることを指す。このモデルでの最終の第4段階は「超越（transcendence）」で，「自分自身の文化的ルーツを尊重する」ことができて，さらに「他のどのような文化も尊重する」ことができる段階である。この最終段階に達した文化学習者は「文化を超えて，文化の所産としての自己を見るようになり，もはや文化に囚われなくなる。このような目標は「文化の超越」といった理想的な結果の説明に終りがちである。しかし，そのような目標は，教育者がそうなってほしいと望むことを説明しており，実際に起きていることは見ていない。現実には，異文化滞在者は文化の気づきが高まるような超越的な体験をするだけでなく，洞察が深まると共に，体験のある部分については抵抗するという，異なった反応が混在する。非効率的なフランスの官僚主義を批判したオーストラリア人学生は，フランス社会について肯定的に思っている点も多かった。また，外国での体験がどのように偏見を助長するかについてもこれまで見てきた。デイビッドはいろいろな国のパイロットとともに仕事をするうちに，ヨーロッパ人の間にある文化差には気づいたが，アジア人に対しては偏見を強めた。以上のようなさまざまな反応は，肯定的であれ否定的であれ，深層文化を学ぶプロセスの自然な一部分だといえよう。

　理想的な成果を求めることで起こるもうひとつの問題は，文化の差異に遭遇したときに起こり得る否定的な反応を認めないことである。異文化に暮らす人々はふつう，差異を尊重するべきだと自覚しているが，いつも簡単にいくとは限らない。異文化での成功を表現する用語には，学びのプロセスの自

然な部分として，文化差への否定的な反応も起こり得ることを入れるべきである。あるいは少し違う言い方をすれば，異文化滞在者はほぼ誰もが体験にもとづいて何らかの異文化的な洞察を得ているようである。その意味では，たぶん誰もが必ず気づきを得ているのだろう。しかし，異文化に滞在する人たちは，自身の否定的な反応にも目を向ける必要がある。否定的な反応は文化を学ぶプロセスの重要な部分なのだ。また，他の人よりも否定的な反応を示す異文化滞在者がいることから，この区別を中立的に行うことは可能であろう。

最後に，異文化教育の目標は極めて抽象的で直観的である。自分が文化を超えたか否か，どうしたらわかるのだろうか？ 本人がそう思えば，それで十分なのだろうか？ ガストンが説明しているような教訓を意識して学ぶことなく，異文化にうまく適応できるのだろうか？ ここでまた，理想化された目標のもうひとつの限界に直面する。こういう目標は主として態度を扱っているので，外国生活で必要とされるスキルをもっと具体的に知りたいと思っている学習者には，あまり役に立たないのだ。気づきが増えると，コミュニケーションや社会理解とどのように具体的に関係するのだろうか？ 態度に注目しすぎると，外国生活で重要となる具体的なスキルを除外することになる。

5.1.3 言語教育における異文化能力

ヨーロッパでは，異文化滞在で成功するためのスキルや能力のより具体的な定義づけが言語教育分野で積極的に進められた。バイラム (Byram, 1987, 1997 ; Byram *et al.*, 2001) は，異文化教育の目標を「異文化で発信できる人，異文化間で話ができる人 (intercultural speaker)」であるとし，それは「異文化コミュニケーション能力 (intercultural communicative competence)」を獲得することであるという。バイラムは「異文化能力」と「異文化コミュニケーション能力」を区別し，前者を「母語で他文化の人とやりとりする能力」，後者を「外国語で他文化の人とやりとりする能力」だと定義する。このような能力の構成要素は，「知ること (*savoirs*)」を中心とする。その中に含まれるのは，「態度 (*savoir etre*)」「気性または行動志向 (*savoir s'engager*)」「知識 (*savoirs*)」「解釈し関連づけることのできる能力 (*savoir comprendre, apprendre, faire*)」である。各要素は教育上の目的を明確な

形にするために，さらに細分化されている。たとえば，「態度（*savoir etre*）」の目標は，「好奇心と開かれた心，他文化への不信感と自文化についての信条を一時保留する姿勢」(p. 50) と定義されている。これがさらに，他者を対等な関係で見ようとする意欲，異なる考え方を発見することへの興味，自分自身の価値観を問い直す意欲，などの能力に下位分類される。

　バイラムのこうした寄与はいくつかの理由で重要だ。まず，異文化能力を精緻に分類して，文化を学ぶという現象がいかに複雑であるかを明示した。またバイラムは，異文化間の相互作用がコンテクストの影響を受ける性質を有する点を特に強調し，過剰に一般化した理想を避けている。ゆえにバイラムは，「批判的な文化の気づき」という能力を説明する際に，下位の能力として「自文化と他文化の文書や出来事について，明示的もしくは暗黙の価値観を識別して解釈する」能力を挙げている (p. 53)。バイラムのいう知識能力には，「国によって異なる地理的空間の定義」や「社会化に関わる制度やプロセス」(p. 51) を知っていることなどが含まれる。バイラムは異文化教育の特定のコンテクスト――言語教育――に体系的に焦点を合わせているので，その学習目標は他の教育者よりはるかに具体的である。

　ところが，このような具体性には難しい面もある。ひとつには，異文化コミュニケーション能力のように複雑なプロセスを列挙しようとすると，膨大で扱えないようなリストになってしまうのだ。バイラムの5つの「知識（*saviors*）」は30近くの下位能力に分類されるが，その下位カテゴリーでさえも極めて広く，「対話している相手の国における社会的相互作用のプロセス」(p. 51) の知識までも含まれる。バイラムの目標でもうひとつ困難な点は，日常的にほぼ無意識に行っているものまで入っていることである。しかし，意識外の異文化の学びがどのようなものであるかに関するバイラムの考えは明確でない。バイラムの「文化の気づき」の定義は，「自文化，自国，他文化，他国の見方，習慣や所産を明確な判断基準に依拠して批判的に評価できる能力」(p. 53) である。ところが，異文化間相互作用の深層レベルのパターンには明確な判断基準がないからこそ，異文化を学ぶことが難しいのだ。バイラムはこれまでにない詳細な最終到達目標を示し，授業活動を計画する方法まで提案しているが，個々の学習者が異文化理解の深層レベルに到達するにあたって体験する過程が明らかであるとはいえない。加えて，異文化接触で起こり得る好ましくない――たとえば偏見が増すというような――

結果はあまり扱われていない。

5.1.4 異文化適応研究

これまでの2節では，主として教育のために開発された文化学習の目標を概観した。異文化トレーニングや言語教育では，「気づき」や多様な「能力」という目標が望ましい最終成果物であった。このアプローチは主として演繹的である——まず最終目標を明示し，その目標にいたる段階を考える。他方，異文化を学ぶ者の成功を同定する別のアプローチはもっと帰納的である。異文化滞在者の成功に顕著な特徴，つまり適応を助けるスキル，態度，気づきとは何かを探ろうとする研究は多数あり，広く「異文化適応」研究とされている。

異文化適応に関する研究者の間でも，異文化体験の望ましい結果についてほとんど合意がないようなのは遺憾である。文献を読むと，相互に関連する用語，意味が重複する用語，コンテクスト特有で定義のあいまいな用語が混在している。たとえば，「異文化能力（intercultural competence）」，「異文化適応（intercultural adaptation）」，「異文化有効性（intercultural effectiveness）」，「文化感受性（cultural sensitivity）」，「文化の気づき（cultural awareness）」，「異文化行動（intercultural performance）」，「文化順応（cultural adjustment）」などである。いずれも異文化接触の好ましい結果を表現しようとしているが，スキル，知識，意識などをかなり広義に用いているので，コンテクストや研究者によっては意味が異なる可能性がある（Hannigan, 1990）。

異文化適応に関する研究の多くは，異文化環境での成功に関連する要素を解明しようとしている（Dinges & Baldwin, 1996）。だが適応の定義は難しく，この分野の研究はさまざまな成功の評価に細分化されている。たとえば，自己認識と自尊心（Kamal & Maruyama, 1990），健康（Babiker et al., 1980），気分（Stone & Ward, 1990）などである。良好な対人関係（Cushner & Brislin, 1996）やストレス管理能力（Hammer et al., 1978）に着目した研究者もいる。マツモト他（Matsumoto et al., 2001）は適応の社会心理に注目し，情動制御，批判的思考（critical thinking），開放性，柔軟性など適応にとって望ましい性格の特徴を定義した。対極にあるものとしては，ブラックとステファンズ（Black & Stephans, 1989）が，日常活動や職場で仕事を行

う能力という実際的な観点から異文化適応の成功を定義している。

異文化教育の分野と同様，異文化適応研究の弱点のひとつは，もっぱら理想的な結果——理想的なスキルや心理状態——を説明しており，異文化を学ぶ目標に到達するまでのプロセスにはあまり注目していないことである。このような研究の結果は，成否に関連するさまざまな資質を提示するので，「べき・べからず集」の典型とすることができる（表3）。

表3

他の文化環境にうまく適応するために	
すべきこと	望ましくないこと
1) 文化特有の情報を知っている	1) 過度にタスク志向
2) 対象の言語を話す	2) 権威主義
3) 自文化について知り，帰属感をもつ	3) 完璧主義
4) 柔軟性を持つ	4) 融通がきかない
5) 対象の文化に対して現実的である	5) 自文化中心
6) 組織的なスキルを持つ	6) 偏狭
7) 相互作用を上手く管理する	7) 自己中心
8) 良いコミュニケーターとなる	
9) 対人関係を構築し維持できる	

概要はマツモト他（Matsumoto et al., 2001）とハニガン（Hannigan, 1990）を参照

最近の研究の多くが設定する目標の欠点は，文化の学びを異文化滞在者の視点から概念化するのに役立たないことだ。たとえば，異文化滞在者がその土地の文化について現実的な見方をしているかどうか，コミュニケーションが上手かどうか，どうやって自分でわかるのだろうか。また，学習者は肯定的な反応と否定的な反応を同時に示すかもしれないし，新たな環境のある要素には適応しても別の要素には適応しないかもしれない。成功するのはあるコンテクストにおいてだけかもしれない。これらの研究では，最終目標は示されてはいるものの，その目標に達するプロセスや異文化滞在者によって異なる学びの程度については説明されていない。

5.2 異文化における成功の現象学的見解

本書は，異文化に滞在する人たち自身が深層文化の差異に対処する難しさ

をどのように体験しているのかという点に,特に関心を寄せている。このプロセスは,異文化滞在者が環境から変化を迫られることである,と論じてきた。このような変化の必要は,フィリップがごみを分別しなければならなかったように,行動に関するものもあるが,そればかりではなく,知覚に関するものもある。異文化滞在者は,新たな環境の未知の現象に対して,体験の意味を理解し,それに応じて世界観を調整しなければならない。このことは,異なる文化背景をもった他者との出会いは,その個人との邂逅だけでなく,他者の世界観における隠れた前提と遭遇することでもある,と主張する初期の異文化専門家や言語相対主義の考えと一致する。他者の世界観は顧みずに自分の世界観の卓越を守るのか,自分の世界観がすべてではないと認めるのか,どちらかを選ばなければならない。

　もし深い異文化の学びを決定づける特質が自分自身の世界観の変化であるならば,この点から学習の成功を定義する必要がある。ベネット（Bennett, M. J., 1993）はこのための現象学的モデルを開発した。ベネットの「異文化感受性発達モデル（DMIS = Developmental Model of Intercultural Sensitivity）」では,文化学習の望ましい結果は「文化的差異に適応する能力を高めつつ現実を構築すること」（p. 24）であり,ベネットはそれを「異文化感受性（intercultural sensitivity）」と呼ぶ。ベネット・モデルは発達プロセスを示す。たとえば,競合する世界観の存在を十分に受け入れられるようになるにつれて学習者が経験すると予想される段階を前提としている。ベネットの説では,人はまず,自文化中心主義という自然なところから出発し――自然というのは,通常の社会化と生物学的な人類進化の特徴を示すということであり――そこから「文化的差異に対処できる高度な段階」へと移行する（p. 22）。ベネットの考えでは,文化の学びの望ましい結果とは,他文化の現実を把握する能力を伸ばすことである。

　ベネットのモデルを体系化する鍵概念である「差異化（differentiation）」は,2通りに用いられる。

　まず,人間は,さまざまな方法で現象を差異化する。次に,諸文化は差異化のパターンすなわち世界観を維持する方法において,根本的に相互に異なる。学習者が文化相対主義のこのような基本前提を受け入れ,それに依拠して出来事を解釈すれば,異文化感受性と異文化コミュニケーション全般の有効性が高ま

ると思われる。(p. 22)

このように，ベネットのモデルは認知的かつ現象学的である。文化差の存在に対処することを異文化能力の主な課題としており，特に文化差を把握する認知能力に注目している。文化差を把握できない場合，自文化以外の世界観は存在していないか，見下すかである。文化相対主義の程度が増すにつれ，学習者の共感が高まり，他者の文化レンズを通して世界を見られるようになる。そうすることで，文化の本質や文化的差異の解釈が一層精緻なものになる。

ベネット・モデルでの文化の学びは，最も自文化中心主義的な段階——「否定（denial）」「防衛（defense）」を経て，「最小化（minimization）」）から，文化相対主義の段階である「受容（acceptance）」「適応（adaptation）」「統合（integration）」）へ進む，と説明する。実際には，文化差に関する体験を本人がどのように述べているのかを評価することで，学習者の発達段階を決定することができる。換言すれば，「あの国の人たちは実に遅れている」と発言する人は，文化差を特定の方法で解釈していることを示しており（「遅れている」とは，差異に気づいてけなしていること），明確に分類できる。このようなベネットの6段階は，異文化感受性の段階を決定する試みである。

5.2.1 建設的境界性

ベネットのモデルは異文化の学びの望ましい目標を明確に説明する。ベネットの考えでは，異文化感受性の最高段階は，アドラー（Adler, 1977）が「多文化人（multicultural man）」と説明した人，つまり「アイデンティティの本質的な部分に自分のものとは異なる生活パターンを包含しており，現実の多重性を心理的にも社会的にも理解できるようになった」人を指す（p. 25）。この段階にある人は，ベネットのモデルでは「統合」の段階にあり，異なる文化的視点の間を移動するプロセスの中で自己を創造する。このような状態にある個人は，通常の文化的境界の外にいる。ベネットはこれを「建設的境界性（constructive marginality）」と呼び，次のように説明する（Bennett, M. J., 1993）。

…境界性とは，まさしく文化相対性との完全な統合に苦闘している人の主観的体験を説明する。境界にある人間は，どのような前提も意識的にメタ・レベル（自己参照のレベル）に押し上げることができるために，参照するすべての文化的枠組みの外側にいる。換言すれば，境界人は，生まれながらの文化的アイデンティティがない。疑問の余地がない前提も，本質的に絶対正しい行動も，どんな必然的な準拠集団もない。(p. 63)

文化の境界人が倫理的な選択をしないとか，「何でもあり」ということではない，とベネットは主張する。そうではなく，多文化人は，同じ状況でも複数の観点から見ることができるので，コンテクストを踏まえて選択を評価する。倫理的な選択は，コンテクスト化された理解によってなされる。

概念としてのDMISは，文化の学びの成功を定義するという点で，多くの問題を解決してくれる。目標は明確に定義され，学習者のそれぞれの発達段階を示している。その目標は，実際の異文化体験と明瞭に結びついている。定義しにくい行動尺度を用いて異文化環境における成功を定義する主観性を避けるものである。また，感情的な状態や満足度についての報告に頼る主観性も避けるものだ。DMISのもうひとつの長所は，文化感受性を評価する概念的枠組みを提供することである。発達段階は文化差の認識や，さらにそれについての語りで測定される。ベネットはこのアプローチを発展させ，心理測定法である「異文化感受性発達尺度（IDI = Intercultural Development Inventory）」を開発した。これは，個人の異文化感受性の段階を測定することを目的とする。本書では，滞在者本人の異文化体験に関する語りを，ベネットのモデルに近い現象学的アプローチを用いて解釈している。異文化滞在者が体験した文化差について語っていることは，文化差をどのように認識したかを表していると想定している。しかし，ベネットの文化学習における成功の定義や，差異を体験することが文化学習における成功の決定的な特徴だという前提は，誰もが受け入れているわけではない。

5.2.2　ベネットへの批判

ベネットのモデルはある程度は受け入れられ，異文化能力を中立的に評価するために用いている研究もある（Olson & Kroeger, 2001）ものの，このモデルが提示している望まれる成果には批判もある。スパロウ（Sparrow,

2000）は，ベネット・モデルの最終目標に異議を唱えている。ベネットによれば，異文化感受性の最終段階は「統合した境界性（integrated marginality）」，すなわち，アイデンティティや世界観があらゆる文化的現実の外側にある状態であり，アイデンティティや世界観が複数の視点から選択されて創出される。だがスパロウは，ベネットが説明するように自らの文化的現実を超えられるという考えに反論している。スパロウによると，アドラー（Adler, 1977）が提唱しベネットが修正した異文化教育の目標として，文化のメタ意識（meta-awareness）を用いるという考え方は，「デカルトの精神という概念，つまり経験から離れて客観的現実を決定できる」ことを表わし，これは最近では疑問視されている。スパロウの指摘では，社会的アイデンティティの理論が示すように，社会的発達の最終段階はベネットのいう境界性ではなく，現実の共同体との再結合が通例である。

　このような見解を裏付けるために，スパロウは異文化を深く体験して滞在先の共同体に統合されている女性グループを研究対象とした。この女性たちの体験は，共同体への結びつきと対人関係への傾注という感覚を特徴とし，そのような体験に関して述べていることはベネットのモデルにうまく適合しなかった。さらにスパロウは，想像的かつ直感的スキルとして共感を学ぶことができるというベネットの考えに反論する。真の共感や対人スキルは自分自身の家族や出身地の人々との関係や，他者との交流から自然に身につくものだと結論づける（Sparrow, 2000）。スパロウは，この主張はベネットが示す文化学習目標を否定するものではないとして，以下のように語る。

> 個人は，ほとんど無限の変数によって多様な方法で発達し，自身がその発達を理解し記述する方法も相当に異なる。ジェンダー，宗教，人種や民族の背景，社会経済的地位，言語能力，これらすべてが，特定のコンテクストにおける現実の中で相互作用しながら自己アイデンティティと社会的アイデンティティを構成する。（p. 96）

　スパロウの主張は十分に考慮すべき点に触れている。実体験はひとつの理論で予測できることよりもはるかに有機的で変化に富むのだから，ある特定の種類の異文化能力を「唯一の」異文化能力と定義するのは危険である。

　スパロウがもうひとつ指摘したのは，ベネット・モデルの高レベル――

「統合」段階——まで到達し自文化の枠組を「超える」ことは，困難もしくは不可能だという点である。ベネットによれば，文化学習が進んだ段階では，もはやひとつの文化のみに属するのではなく，建設的境界性に入っていく。だがスパロウは，この考えはあまりに理性に偏っており，男性的かつデカルト的見方を反映している，と見る。つまり，現実をどう見るかという究極の客観的観点を見出す過程として，発達をとらえたものなのだ。スパロウにとって異文化を学ぶことは，特定の文化共同体とつながっているという感覚と密接に結びついており，ベネットやアドラーが説明するような分離ではない。

　以上のようなどちらの考えに賛同するにしても，本書でインタビューした異文化滞在者の体験で裏付けをえることができる。韓国とアメリカでの生活に適応する苦労についてのマユミの説明と同様，多くの異文化滞在者が対人関係を強調しており，文化適応プロセスを共同体の一員になろうとする試みとして説明している。アメリカでのリンダのように，仲間に入れてもらえないと感じると，異文化滞在者は非常に否定的な反応をする。一方，日本に暮らしたアメリカ人研究者アデルは，日本人とつながりを持ち親しくなれないことで，おおいに不満を述べた。親しみを感じる日本人について尋ねると，友人である日本人女性について語り始めたが，その関係についてすぐに不満をもらした。

> 困っているのは，話題があまりないということ。彼女の友人たちも一緒の席に私を誘ってくれたけれど，一対一だと間がもたなくてきついからでしょ。で，彼女の友達ときたら，もうどうしようもないおバカな尻軽女で，頭はからっぽ。みんな，例の本物のウサギのバッグを持っていて，あのウサギの毛皮のやつ。みんな間抜けな靴を履いているし…。あと，ある女性から書道を習おうとしたけれど，欧米の男性と出会うために私を利用していたのがわかったのよ。

　最終的にアデルは最も共通点があると思える仲間を探すのだが，その友人たちは「ほとんどが日本に滞在する外国人研究者」だという。日本文化の表面をかすめながらなんとかうまくやっているジャックは，日本人との深い絆を作れなかったようだ。スパロウとベネット両方の基準に従えば，ジャックとアデルは適応に関して深刻な問題を示している。

結局のところ，スパロウとベネットの考え方は矛盾しない。文化相対主義を受け入れて他者と共感できれば，対人関係の構築は容易になる。たとえばマユミは，姑が急須を漂白してくれるのは不愉快だが，韓国人の世界観を妥当であると受け入れることで，韓国人の家族と何とかうまく付き合い，姑の良い面を見ようとしている。

5.2.3　異文化の学びと深層文化

　本研究での主要な関心は，異文化を学ぶ深さを考察することである。文化とは，気づかずに作用している要素から成るという前提に立てば，異文化体験には，他と比べて「深い」ものがあるということになる。これは直観的に正しいように思える。平和部隊での2年間は，海辺のリゾートに滞在する2週間よりも明らかに「深い」体験である。ところが，このような体験をどのようにしたら比較できるかはほとんど論じられていないようである。大半の場合，異文化の学びは「気づき」という抽象的な特質や本人の精神状態，ある種のコミュニケーション能力や対人能力との関連で議論される。

　本書で説明しているように，「深層」体験には適応への必要性に直面することが関わり，それは滞在先の文化と長期間接触することで得られる。先に紹介した，フランスに留学したオーストラリア人学生もこの事例である。フランスの大学で1年間何とかやろうと試みたことではじめて，情報収集方法を模索する立場に置かれ微妙な違いを発見した。このように考えれば，ある体験が他の体験よりも深いことが説明できるようになる。また，どの異文化体験者が深い体験をしたのかを特定することもできる。これまでのところ，ただ長期間外国に滞在するだけでは抽象レベルの文化差に触れるとは限らないということを，ジャックの事例を通して確認した。体験の深さは，その文化共同体に対して好ましい感情を抱いているかどうかとは必ずしも関係がないということもわかった。深層体験は表層体験と同じく，肯定的もしくは否定的，両方の情動反応を引き起こすのである。

　「有意義な」体験と「深い」体験を区別することも重要である。本書では，深い異文化体験は最も強い感情を呼び起こす体験のことではなく，文化差の隠れた要因に触れる体験を指す。異文化の学びは本人にとって有意義であるという観点から論じられることが多いが，個人的な認識は，本書で言うところの深い異文化体験と必ずしも一致するものではない。初めて貧困を目の当

たりにしたり，自分とはまったく異なる生活をする人がいるという現実を体験したりすることは，個人的には非常に有意義なことであろう。だがこれは，深層レベルでの文化的差異と相互関係を持つにあたり，微妙で体系的な適応の必要性に直面したことを意味するわけではない。自身の文化プログラミングの深層部分に触れる適応変化の必要性に直面することが，深い異文化体験を構成するのである。これは，新たな環境で長期間の体験を経て初めて可能となるもののようである。しかし，専門書ではこの点に関する言及がほとんどなく，たとえば以下のような場合の異文化の学びを比較する指針もない。1）あちこち旅行はするが，外国で生活した体験はない，2）ひとつの外国文化でのみ生活しているが，その地の言語を学習し，その社会に深く入り込んでいる。

5.3 文化の深さをはかる対人関係

円滑な対人関係は文化的学びの成功の証である，とよく言われる（Brislin, 1981；Hannigan, 1990；Imahori & Lanigan, 1989）。イマホリとラニガン（Imahori & Lanigan, 1989）によれば，異文化能力とは「異文化における対人関係のダイナミックな相互作用プロセス」に由来するもので，異文化能力は「効果的な関係につながるはずである」。対人関係が成功したということは，皆と仲良くして物事をうまく処理するだけでなく，かなり抽象的なレベルの文化的差異にも対処したことを示す。

異なる文化環境の人々と関係すれば，変化への必要が生じる。現地のコミュニケーション様式を配慮すると成功する場合が多いので，自分のコミュニケーション様式に何らかの修正が迫られる。良い対人関係を築きたいという願望は，前向きな原動力である。このようにして，円滑な対人関係は異文化を学ぶ最終成果物であるだけでなく，推進力にもなると考えられる。そして，深層レベルでの対人関係の形成プロセスで自己のより深い要素が発揮される。共感（滞在先の文化の視点から物事を見る能力）が高まり，文化の違いをよりよく把握できるようになるからである。

5.4 言語学習と深層文化

滞在先で使用されている言語の能力もまた，異文化能力の決定的な要素と見なされている（Matsumoto *et al.*, 2001；Olson & Kroeger, 2001）。通常は，

その文化の言語を話さずに他文化を十分に知ることはできないと考えられている (Byram et al., 2001；Damen, 1987；Kramsch, 1998)。言語と異文化理解の関連性は言語学者エドワード・サピアとベンジャミン・ウォーフの研究に遡る (Carrol, J. B., 1956；Sapir, 1921)。2人は，言語が異なれば知覚世界も異なるという程度にまで，言語が世界観を形づくると主張した。

サピアとウォーフの仮説については，強い解釈と弱い解釈をめぐって異論もあるが，外国語を学ぶということは，すでによく知っている物事や考えを表現する新しいコードを学習する以上のものだ，という点については広く受け入れられている。言語は話者の価値観と世界観を概念化した記号体系であり，言語を話すことはその言語が話されている共同体の——少なくともある程度は——成員であることを示す。言語教育の分野で文化学習を取り込むことに関しては，多数の文献がある (Alptekin, 2002；Browning et al., 1999；Byram, 1987；Cates, 1997, 1999；Clarke, 1976；Damen, 1987；David, 1996；Higgings & Tanaka, 1999；James & Garrett, 1992；Parry, 2002；Valdes, 1986；Yoneoka, 2000)。このような文献の大半は，外国語の授業で文化やグローバルな問題に関する内容を増やすことを奨励するという視点から書かれている。それはまた，文化学習と言語学習は連動するのが理想的であるという，外国語教師の考えの反映でもある。

言語能力は滞在先の文化共同体における対人関係のパターンにも密接な関係があり，そこで使用される言語は，誰が誰に適応しているのかを評価する重要な尺度である。外国語が公式な言語となっている国際企業では，現地採用社員は外国人の言語的世界観にコミュニケーションを合わせなければならない。同僚との会話のために外国語を学習しなければならない海外駐在者は，その必要のない人よりも文化適応プロセスではるかに深層レベルの課題に直面する。このように，言語学習とは，コミュニケーションに使用できるコードを所有しているというだけでなく，適応のために自分のコミュニケーション様式を変える経験をしたことを意味しているのである。

5.5　目標からプロセスへ

本章では，異文化の学びの望ましい結果について，さまざまな観点を概観し，異文化体験の深さをどのように評価するのかを検討した。次章では，文化的学びのプロセスについて多様な考えを考察し，文化の深い学びについて

説明することを試みる。

第6章　異文化学習プロセス

「(アメリカ滞在中に)両親が来て,私がアメリカ人みたいになった,だって」と,リエコ。

「(麺類を)音を立ててすするまでに3年かかったのよ」と,ユウコ。

「『ジャックは日本人ぽくなってきた』って,友達が言うんだ。…でも親しい日本人の友だちって,これまで付き合ってきた女の子たちだけなんだよ」と,ジャック。

「外国生活はもう12年。でも,海外に出ないで12年間,自分の国だけにいたら,自分自身のことがどこまで学べるだろう。外国にいる時と同じくらい,いやそれ以上のことがわかるかもね」と,ドナルド。

「日本文化に溶けこむために,ふつうのアメリカ人以上のことはするつもり」と,ニール。

6.1　深層文化を学んだ成果の違い

　文化の学びから得られる理想的な結果,たとえば異文化の気づき,を定義したとしても,学習者がそのような気づきを獲得するプロセスは,必ずしも明らかにならない。冒頭で引用した発言からわかるように,異文化滞在者は文化を学ぶプロセスをさまざまな形で語るが,その内容を文化学習の理論に結びつけるのは必ずしも容易ではない。本章では,文化を学ぶ体験の段階がどのように概念化できるのかを見ていこう。

　何を学んだのかについて本人の説明を聞くと,文化を学ぶ深さについて疑問が生まれる。たとえば,ジャックのように14年間も日本で暮らしながら,日本語を話さず,日本人の友人もいない人間が,異文化への深い気づきを得ることができるだろうか。日本人並みに麺をすするのに3年もかかっ

たというユウコの場合はどうだろう。また，滞在先の共同体に溶けこむために自分が変わると決意を表明するニールはどうだろうか。自国にいても同程度の学びはあったかもしれない，と主張するドナルドよりも，彼らは文化について多くを学んでいると言えるのだろうか。

深層文化を学ぶプロセスに注目する分野は数多くある。本章では，カルチャー・ショックに関する研究を概観し，ベネットが提唱した異文化感受性（intercultural sensitivity）を得るための各段階を考察していくことにする。これらの観点は深層文化の学びを理解する上で参考になる部分はあるものの，異文化体験のさまざまな深さを考慮に入れるには無理がある。本章の結びでは，異文化の学びを理解するために，深さという第2の軸を加えることを提案する。

6.2 カルチャー・ショックと文化の学び

カルチャー・ショックに関する研究は現在，やや不人気ではあるが，異文化体験の段階がどのように進行するのかを理解しようとするものである（Bennett, J., 1993 ; Ward & Kennedy, 1993 ; Ward et al., 1998 ; Ward et al., 2001）。このような研究では，教育者が異文化滞在者にどのような反応を望むのかではなく，異文化環境に対して本人が実際にどのように反応しているのかを見る。カルチャー・ショックという概念はもともと，渡航者の「職業病」だとされていた。「社会関係に関する旧知の記号や象徴（signs and symbols）をすべて喪失することに起因する不安」が引き起こすものである（Oberg, 1960）。現在，カルチャー・ショックという用語そのものが一般的になり，外国へ行く人が体験するあらゆる不快を意味する言葉として広く用いられ，その心理的な原因も詳細に説明されてきた（Bennett, J., 1998 ; Oberg, 1960 ; Stone & Ward, 1990 ; Ward et al., 1998 ; Ward et al., 2001）。この分野における研究の多くが，どのように文化差が概念化されるかということではなく，新らしい環境に対する情動反応に注目している。

ウィーバー（Weaver, 1993）は関連文献を概観するなかで，カルチャー・ショックのプロセスにおける3つの要素を説明している。すなわち，(1) 旧知の手がかりの喪失，(2) 対人コミュニケーションの崩壊，(3) アイデンティティの危機，である。ウィーバーによると，どれもが未知の状況では起こるものだが，異文化の状況では影響が誇張される。ウィーバーは，異文

化体験における意識外の要素を特に考察しているわけではないが，カルチャー・ショックの原因についての説明は，より深い異文化の学びに必要とされるプロセスとうまく相関する。ウィーバーのカルチャー・ショックについての説明は，トロンペナースとハムデン＝ターナーの「文化たまねぎ」の外皮から始まり，内側の層へと進んでいくものとして特徴づけることもできる。それは異文化体験が通常の自己意識を一層ずつ剥がし，体験が深まるにつれ自己のより本質的な部分が問われるかのようである。

6.2.1　カルチャー・ショックの構造

　グローバル時代では，新たな文化的環境に住むことが，どれだけ心の負担になりかねないかということを忘れがちである。これは周囲の環境にとんでもなくひどいことがあるせいとは限らず，単に，通常は自己の感覚を強化するような環境内での手がかりがうまく流れないことによる自然な結果に過ぎない。人間は知覚する習性をもつ生き物であり，この習性が断ち切られると，まるで方向感覚を失ったような状態に投げ出されることがある。一例としては，交通事故にあった被害者が外傷を負わなくても「ショック状態」に陥る場合だ。これは，知覚を継続することが一時的にできなくなったのであり，知覚の連続性が事故によって激しく断ち切られたと考えられる。このような知覚された現実の中断は，カルチャー・ショックにおいても明らかである。ただ，その過程は，はるかに長くかかる。交通事故も深層レベルでの異文化体験も，世界がどう機能しているかの感覚に「ショック」を与えるようなものだ。

　交通事故のショックからは速やかに回復できる場合もあるが，異文化体験は本人の世界観を抜本的に変えてしまう可能性がある。ウィーバー（Weaver, 1993）は，異文化体験のプロセスに関わるストレスを分析し，未知の環境ではいかに深層レベルでの変化が求められるのかを明確に説明している。それは行動面で求められるものかもしれないが，ウィーバーは行動の根底にある認識や世界観の観点から説明する。目に見える顕在化した差異に対する異文化滞在者の反応を分析することから始めて，目には見えない潜在化した差異へと進む。深い異文化の学びにおける心理的および知覚的な課題を精緻に概念化していると考えられる。ベネット・モデルに関連づけて言えば，未知の文化的現実を解釈する学びの困難さを，現象学的な観点から説明

している。

6.2.2　環境の手がかりと「ナビゲーションの課題」

　ウィーバーによると、文化の学びに伴う変化が最初に突きつけるのは、慣れ親しんだ手がかりが失われることである。「手がかり」とは、生活環境において最も具体的で観察可能なものであり、トロンペナースとハムデン＝ターナーの言う顕在的な文化に対応する。ウィーバー（Weaver, 1993）は、手がかりを2つに分けている。ひとつは「物理的な手がかり」であり、「自文化のなかでは見慣れたもので、新たな文化では違うものになったり消失したりする」。もうひとつは「行動もしくは社会的な手がかり」であり、「対人関係に秩序を与える」ものである（p. 140）。

　最も顕在化したレベルでは、「物理的な環境を変える行為こそがストレスの原因となる」とウィーバーは指摘する（p. 141）。いつもの慣れた手がかりがなくなると、まわりの環境に一層の注意を払い、行動に関係する状況を積極的に見極めなければならない。たとえばそれは、はじめて利用する空港で出口を見つけるために表示を探し、よくわからないメニューをじっくり読むというような単純なことかもしれない。どちらの場合も、知覚的な習慣や既存の能力に頼って行動することはもはやできない。

6.2.3　コミュニケーションと「相互行為の課題」

　先にあげた例のような手がかりは、目に見える物理的な現象や行動となって現れ、周囲の環境にどう反応するのかに関するものである限り、外面的である。ウィーバーの指摘したカルチャー・ショックの2つめの原因は内面的なもので、他者との相互関係がどのように断ち切られるのかに関係する。

　コミュニケーションが断絶して起こる苛々は、フラストレーションの原因となる。それは電車の切符を買うような日常的なことに苦労するからだけではなく、アイデンティティを深層レベルで表現し強化できないからだ。気持ちを表現したいと思っても、そのためのコミュニケーション能力や相互行為能力がなければ、社会的な関わりから疎外される。このような孤立（新たな環境で孤独感や喪失感を味わうこと）はそれ自体不安になるものだが、コミュニケーションしたいと思っている相手の行動が不愉快で奇妙であると、ストレスはさらに増大する。私たちには、周囲の人たちと関わり自分の体験

が妥当であると認めてもらいたいという願望と，妥当であると認めてもらいたい相手に対する抵抗感の両方がある。このことが引き起こす不協和によって，共感や異文化感受性を得る（差異を受容し，おそらく自分を適応させる）こともあれば，他者を軽蔑して（差異に抵抗し，自分の世界観が中心であるという気持ちを一層強めて）しまうかもしれない。異文化を学ぶ上で求められる課題は，好ましい変化と同時に自文化中心に固まるという両方の可能性を必然的にもたらす。

6.2.4　異文化の学びから生起する「アイデンティティの課題」

　ウィーバーは，異文化の学びに伴う最後の課題を，アイデンティティの危機という形で説明している。この説明は，性格や文化アイデンティティの最も深層レベルの隠れた部分に対応し，カルチャー・ショックと文化の学びを橋渡しすることにもなる。ウィーバーは，通常の手がかりを失うことを方向感覚の喪失と説明しているが，まさにこの喪失によって私たちは行為や知覚の日常的な方法から自由になり，文化が行動や性格を支配していることを意識する，とも指摘している。さらに，海外体験を新たな出会いになぞらえる。「行動，知覚，価値観，思考のパターンを検証する新たな社会環境を提供する」ようなものだと述べている（p. 146）。このたとえは，直観的にはわかりにくいかもしれないが，異文化体験をすることで行動や価値観に新たな観点が加わる程度を強調するものである。新たな環境に身を置くと，いつものように自己認識を促す通常の刺激の流れが妨げられる。異なる環境と「邂逅する」ことで，これまでの自己像を維持するのか修正するのかを選択しなければならなくなるのだ。

　トロンペナースとハムデン＝ターナーの「文化たまねぎ」では，現実についての潜在的な前提が文化の中心部分に存在する。ウィーバーが説明するような深層レベルでの個人の変化は，当然視される前提など深層にある文化差への対応に相当する。端的な例を示せば，指を使って食べることを学んでも（外面的な文化，物理的な手がかり），アイデンティティに疑問を抱くようにはならないだろうが，根本的に異なる世界観をもつ人々とコミュニケーションをしたり関係を深めたりすると，アイデンティティの危機となるかもしれない，ということだ。

6.3 深層と表層レベルでの適応課題

　ウィーバーがカルチャー・ショックを説明する観点の限界は，新たな環境に伴う変化を多少とも受け入れやすい人もいるという事実を説明していないことだ。たとえばジャックは，ウィーバーの指摘する深層プロセスの大半を体験することなく，14年間も日本で暮らしてきたと思われる。同様に，韓国語を習得せずに6年間韓国で生活したスティーブンは，慣れるのに苦労した点について，以下のように語っている。

　（やっかいだったのは）物事がいい加減だったこと。たとえば，マウンテンバイクを買って，その2週間後には部品を交換して修理した。韓国製はその程度の品質だ。でも，それほど大きな問題はなかった。いったん生活が落ち着けば，毎週買い物をする必要もないから。

　スティーブンは新生活への順応を概念化するときに，日常生活に必要な物理的なものに焦点を合わせているようだ。このような発言はジャックにも見られた。彼は日本での生活に慣れるのは簡単であり，その理由は状況が予測できるし，電車は時刻表通りに到着するからだと語った。もちろん，ジャックもスティーブンもカルチャー・ショックを体験しなかったわけではない。だが，彼らのように外国人同士の共同体のなかに自らを隔離する傾向にある異文化滞在者は，ウィーバーの説明する深層レベルでの変化を（少なくともある程度は）避けながら，異文化の環境でなんとか生活していると思われる。

　ウィーバーの論じるカルチャー・ショック／文化の学びの第3段階は，アイデンティティの危機として体験することになる。ところが，異文化滞在者の大半はこの危機を体験することなく，長い間外国で生活する。ウィーバーの提示したプロセスに当てはまる人もいるが，時には長期間外国に滞在しても，深層プロセスを体験しないこともあるようだ。

　ウィーバーのモデルに2つの要素を付け加えると，異文化体験へのさまざまな反応をより明解に説明できる。まず「適応が求める課題（adaptive demands）」という概念である。新たな文化的環境にいるだけで自動的に変化を必要とすることにはならない。このために，殻に閉じこもった異文化滞在者は，時として共同体から孤立しているように見える。異文化の学びは，

文化の違いに物理的に接近した結果として生まれるのではなく，文化の差異が求める適応に応えなければならないことから生まれる。何かをしたり，日常的に必要なあれこれを伝えたり，対人関係を構築するために変化する必要がなければ，異文化滞在者の文化的な学びは進まない。こうしてジャックは，マユミが韓国で過ごしたよりも長い間日本で過ごしても，ごく表層的な異文化しか体験しなかった。マユミが滞在先の環境に応じて大きく変わらなければならなかったようには，ジャックは変化する必要がなかったのである。

6.3.1 抵抗，受容，そして適応

ウィーバーによる文化的な学びのプロセスを概念化するために寄与するもうひとつは，異文化滞在者が遭遇した差異を妥当で合理的なものとして積極的に受容して，差異に応じて自分を変えようとするか否かに関係する。異文化滞在者は，新たな環境で見出した文化的差異を，選択肢とはいえ意味体系の一部を形成する可能性として受け入れ，前向きに適応するかもしれないし，その差異が妥当でないと思えば，抵抗するかもしれない。結果として適応しないばかりか，悪く言う可能性もある。

異文化体験によって滞在者の内面が変わるか否かを説明する用語として，筆者は「抵抗（resistance）」「受容（acceptance）」「適応（adaptation）」というキーワードを用いた（Shaules, 2004a）。「抵抗」とは，（意識的にせよ無意識的にせよ）新たな環境での文化の型や期待に応じて内面を変えようとしない，あるいはできないことである。「抵抗」することで，本人に内在する文化の型の優位性を擁護するために，差異への軽蔑や否定を喚起すると考えられる。「受容」とは，出会った文化差を妥当なものと前向きに認めることであるが，本人に内在する文化の型を新たな環境のパターンに整合させるための変化ではない。「適応」とは，環境に適応する必要性に応じて内面までも積極的に変化させようとすることを意味する。

「受容」が極めて重要なのは，他の世界観の正当性を認めることになるからである。「受容」は，文化差を妥当なものだと解釈したことを示唆する。そして，他の世界観が妥当であると解釈する能力が高まる，と考えられる。「適応」は，受容を前提条件とはしない。適応しようとする差異が妥当な世界観のひとつだと受け入れることなく，行動やコミュニケーション様式を変

えて環境に適応する場合もあるだろう。はじめは抵抗するが，次第に受容し，後には適応するかもしれない。あるいは，体験の内のある要素には抵抗するが，別の要素に対しては受容するか適応することもあるだろう。

適応の必要性への「抵抗」「受容」「適応」という概念は，ウィーバーが説明したような文化学習の段階を誰もが体験するわけではない理由を説明してくれる。外国人同士の共同体に守られて過ごすという選択肢があると，適応への必要はそれほど問題にならないかもしれない。そしてこの3つの用語は，ウィーバーの示した深層レベルという概念と組み合わせることができる。短期滞在者は顕在化したレベルで適応への必要性に直面し，「抵抗」「受容」「適応」のいずれかを体験するだろう。他方，長期滞在者はさらに深い適応の必要に対峙するかもしれない。どちらも異文化の学びのプロセスを体験しているのだが，体験の深さが異なる。これは，長期滞在者がなぜ新しい共同体から距離をおいて生活することができるのかを説明する。適応への必要から自らを隔離できれば，共同体の住人ではなく，長期旅行者のような体験に留まるのである。

6.4 ベネットの提唱した6段階の異文化感受性

前章で見たようにベネットのモデル「異文化感受性発達モデル」(Bennett, M. J., 1993) によると，異文化滞在者は次第に文化差の存在を自分の文化的現実に統合することができるようになるので，異文化の学びは明確に区切られた段階を経ることになる。ベネットが提唱する段階とは，「否定 (denial)」「抵抗 (resistance)」「最小化 (minimization)」「受容 (acceptance)」「適応 (adaptation)」「統合 (integration)」である。ベネットは前半の3段階を自文化中心主義，そして後半の3段階を文化相対主義として，程度の違いを概念化している。

6.4.1 自文化中心主義の段階
否定

ベネットが仮定する最初の段階は，「否定」である。否定の段階では，学習者は文化差があることを単に認識していない。この段階は自文化中心主義にもとづいており，「自文化の世界観があらゆる現実の中心であると想定する」。否定の段階では，物理的にも心理的にも孤立して暮らしており，他の

文化的観点から眺めた現実は全く存在していない。ただ差異を認識していないのだ。ベネットによれば，「否定」の段階にいると，文化差に広範なカテゴリーを当てはめる。これは「愚問」症候群とでもいうべき事態を招くことがある。たとえば，日本人に「サムライ」のことを質問したり，アフリカから来た人に野生生物について尋ねたりするのである。

防衛

ベネットは「防衛」の段階を，「脅威として認めた文化差からの影響に対抗しようとする姿勢」と説明している (p. 34)。文化差は個人のアイデンティティに脅威となるし，ひいては，その人の文化的現実にとっても脅威である。「否定」の段階では文化差は無視されて，その存在に形がない。「防衛」の段階では脅威が認識されて，その脅威に対抗するために具体的な方略が講じられる。この発達段階では文化差に反応して，こう発言するかもしれない。「あの国の人たちは怠け者だ」とか「はじめは礼儀正しく見えるけれど，そのうちに見せかけだってわかる」など。このような違いのとらえ方においては，実際の文化的差異は知覚されているものの，否定的な評価が入る。観察した行動を「怠惰」や「見せかけ」として評価することで，本人の文化的価値観の中心的な立場を守る。ベネットは「軽蔑 (denigration)」「優位 (superiority)」「反転 (reversal)」という3種類の「防衛」をあげる。「軽蔑」は，上述の例のように，文化差のある部分を否定的に評価する。「優位」は自文化の肯定的な評価であり，「反転」の状態では自らの文化的背景を軽蔑して，他者の優位性を信頼する。

最少化

ベネットにとって自文化中心主義の最終段階は「最小化」であり，それは「文化的類似性の重みで差異を埋めようとする努力」を伴う。文化差は認めるが，一定の文化的普遍性に比べれば取るに足らないとされる。「最小化」は「自分が人からしてもらいたいと思うことを人にしてあげなさい」という「黄金律」に見ることができる。これは，人間は同一の基本的特徴を共有するので，自分の体験を他者との相互行為の指針として使うことができる，と想定しているのである。

6.4.2 文化相対主義の段階
受容

　ベネットによると,「受容」とは,文化差への対処方法が根本的に転換したことを示す段階である。もはや文化差は,否定されたり軽蔑されたりするものではない。文化相対的な観点では,文化差とは善悪ではなく,単なる違いとされる。そして,特定の行動が文化のコンテクスト内に存在することを理解する。「受容」という発達段階で文化差に対処する人は,「その人にとってうまくいく独自のやり方がある」と発言するかもしれない。ベネットは,受容を自文化中心主義から文化相対主義への「壁を超えた」段階であると説明して,行動および価値観の差異に対する尊重という2つの形態をあげている。行動面での差異に対する尊重は,どのように人々の行為が文化に深く根差した差異を反映しているかという点を認識することである。ベネットは言語を例としてあげている。外国語学習は,同じ考えを表現する新しい言葉を学ぶことにとどまらず全く別の異なる世界観を反映するが,「受容」という観点に立てば,自分のいつもの見方と同様に妥当だ,ということを認めるようになる。

適応

　「受容」の段階では,文化差を正しく理解する枠組みができるが,「適応」の段階では,他者の文化観のなかで機能するスキルが発達する。このスキルは何かが追加されるプロセスと考えられており,コミュニケーションやものの見方に関するこれまでにない方法が学習者個人のレパートリーに加わる。「適応」すると,異文化を学ぶ人たちは多元的な観点の間を移動する能力を発達させる。ベネットは,コミュニケーションを図るための2種類の文化的フレーム転換を説明する。ひとつは「共感」であり,参照枠の一時的で意図的な転換である。もうひとつが「多元主義」であるが,これは意図的ではなく,より永続的な参照枠である。このようなフレーム転換によって,対人関係が発展し,他者の世界観を十分に共有できるようになる。「適応」の段階にいる人なら,「ドイツ人の観点から説明してみよう」などと言うかもしれない。

　ベネット (Bennett. M.J., 1993：55) の説明では,多元主義とは「これ以上単純化できない対等な究極の統一体,考え方,価値観,価値尺度が複数存在

していることへの達観した取り組みであり，それが検証される体験」を反映する。つまり文化差は「関連する文化のコンテクスト内で全体として」理解され，ひいては，その文化の参照枠内での実際の体験から文化理解が生まれなければならない。多元主義の観点で行動すると，複数の観点が普段の自分の一部として体験される。「イタリア人としての自己」や「ギリシア人としての自己」があり，両者が相対的な世界観のなかで機能する。

統合

ベネットは「適応」の状態を，ほとんどの異文化状況にとって「十分なもの」としている。だが，これまで見てきたように，ベネットは異なる文化的観点に転換する能力を超えた最終段階をひとつ提示している。前章で述べたように，「統合」とは異文化滞在者が文化差を「超えた」状態であり，それは，文化アイデンティティと行動の基準が単一の文化的枠組みの自文化中心的な前提を超えるということである。各個人には，異なる環境で意味の直感的理解にもとづいて，行動，価値観，規範，信条などに関するあらゆる問題をメタ・レベルまで引き上げる能力がある。文化アイデンティティは，境界にありながら同時に自分が置かれた環境についての個人の見方に統合されるコンテクストのなかで「構築される」。その環境に関する認識の枠組みを完全には共有していないという意味では境界にあると言えるが，他方，そのような枠組みを理解して，アイデンティティや安心感を脅かされることはないという意味では統合されている。

6.5 異文化感受性発達モデル（DMIS）の妥当性

ベネットらは，異文化感受性発達モデル（DMIS = Development Model of Intercultural Sensitivity）の妥当性を示すための研究を行った（Bennett. M. J., 2003；Hammer, Bennett & Wiseman, 2003；Paige *et al.*, 1999）。異文化感受性を調べるためにベネットが用いたアプローチでは，被験者に文化差の体験を説明させて，文化差を概念化する能力を分析する。つまり文化差についてどのように語るかで，自文化中心主義ないしは文化相対主義の程度がわかると考えるのである。ひとつの方法としては，誰かと話して文化差についての意見を聞いてみる。そして，出た意見をDMISで分析し，異文化感受性のレベルを評価する，というやり方がある。ベネットは異文化トレー

ナーとしての仕事を通して，異文化感受性を評価するために考案された異文化感受性発達尺度（IDI = Intercultural Development Inventory）という多肢選択式の文書も作成した。IDI は，文化差について回答者の考えを聞く一連の文章から構成されている。その文章について，どの程度に同意するかを回答者に選択させ，その回答に基づき，回答者が異文化感受性のどの段階にいるのかプロフィールを作成する。ベネットによれば，IDI は異文化感受性を調べるための妥当で客観的な尺度である。IDI はベネットに専有権があり，異文化コミュニケーションのコンサルティングやトレーニングに用いられている。使用方法の研修を受けないと，IDI の使用は許可されない。

　ベネットの研究成果はさまざまな研究の対象になり，DMIS の論拠が検証されてきた（Hammer et al., 2003；Paige, 1999；Yamamoto, 1998）。だが，最も規模の大きな研究は，直接的には DMIS ではなく，IDI に焦点を合わせたものである。IDI の項目は，DMIS の 6 つのカテゴリーを用いて作成されている。まず，海外体験のある 40 名にインタビューをして，文化差に関する考えを語るように求め，次に，DMIS の 6 段階に関連した回答を引き出すように意図した自由回答の質問をした。そして質問への回答にもとづいて，ベネットは 6 つのカテゴリーから典型的な回答となる発言を一覧にした。たとえば，次のような発言である。(1) 自分の文化の人々は他文化の人々よりも寛容だ（防衛）。(2) 共通の人間性は文化の違いよりも注目されるべきである（最小化）。(3) ジェスチャーやアイ・コンタクトにおける文化差のために誤解が生じた事例を多く観察してきた（受容／適応），など。この研究から作成した項目は改良され拡充されて，より洗練されたものになり，最終的には，DMIS に理論的に依拠した多肢選択式のアンケートができあがった。これについては引き続き研究が行われた。

　IDI の実証的な構成を検討する研究が 2 つ実施されている。そのなかでハマーらは各種の統計的実験を行い，IDI に関する回答の分布が DMIS で予想されたようなクラスターを形成するか否かを調べた（Hammer et al., 2003）。IDI の初版を対象とした最初の研究では，カテゴリーの妥当性を検証するために因子分析が行われたが，特定された因子があまり安定していないという結果が出た。DMIS が想定する 6 つのカテゴリーではなく，他のカテゴリーを用いたほうが，回答を確実に説明できることが判明したのである。それらは，否定／防衛カテゴリー，最小化カテゴリー，受容／適応カテ

ゴリーの3つであった (Paige, 1999)。この結果にもとづき，IDIの改訂版も大規模な研究の対象となり，カテゴリーの妥当性が検証された (Hammer et al., 2003)。そして，「検証的因子分析（CFA)」「信頼性解析」「構成概念妥当性」などの検証が実施された。この研究で妥当であると明らかになったのは，DMISの主要な5点である否定／防衛，反転，最小化，受容／適応，閉じこもりによる境界性 (encapsulated marginality) であった。

このような研究から，DMISが予測する6つのカテゴリーではなく，上述した5つのカテゴリーに回答が分類されることが示された。否定と防衛は本質的に類似しているようである。反転は防衛とは異なる種類の経験のようである。最小化はそれ自体が独自で，受容と適応は相互に類似したものであり，境界性はDMISモデルにおける統合の典型として別のカテゴリーであると考えられる。DMISとIDIの研究結果は，表4の通り比較できる。

表4

異文化感受性発達モデル（DMIS）					
否定	防衛	最小化	受容	適応	統合

ハマーらのIDI研究が検証したカテゴリー				
否定／防衛	反転	最小化	受容／適応	閉じこもり型境界性

ベネットらによると，DMISを検証するためにこのような研究が実施されたのではない。そうではなく，DMISにもとづいて作成されたIDIを検証しているのである。やや矛盾する発言にも思われるが，DMISモデルは，この研究における検証により大部分が支持されたとも述べている (Hammer et al., 2003)。

6.5.1 文化を超えての妥当性

日本で実施された研究では，「最小化」のカテゴリーを日本人に適用することに対して疑問が呈された。ヤマモト (Yamamoto, 1998) は，アメリカに留学した日本人大学生に詳細な質的インタビューを行ない，データをベネットのカテゴリーに従って分析した。そして，日本人留学生の体験に典型的なカテゴリーを見つけたのである。最初の分析でヤマモトは，DMISに

該当しない学生の説明例を多数見出した。とりわけベネットの「最小化」段階として予測される「身体的普遍主義（physical universalism）」や「精神的普遍主義（transcendent universalism）」に対応しなかった。日本人留学生が語った体験は，むしろ「日本人の文化的価値観と現実認識に密接に関係して」いた（p. 77）。一例として，学生はただ単純に差異を説明して，差異に関する快／不快という相対的なレベルを示した。自分の体験を「受容」または「尊重」という点では語らなかったのである。ベネットのDMISモデルを日本で使用するということについて，ヤマモト（Yamamoto, 1998）は次のように結論づけている。

> この研究結果によれば，日本のコンテクストで異文化感受性を理解するためには，各段階の定義を修正する必要があるかもしれない。日本人が何を差異や類似と認めるのか，あるいはどのように差異や類似に対処するのかは，モデルで示されている段階とは異なるし，含まれていない。以上の点を考慮しモデルに項目を追加して，日本のコンテクストに適用するために修正する必要がある。(pp. 77-78)

もうひとつ注意すべき点は，ベネットが当初行った質的研究ではDMIS理論のカテゴリーにもとづく質問を用いたが，ヤマモトの研究では質的インタビューの形で自由回答を求める質問をしたことである。これは，インタビュー対象者を不用意に研究者の概念カテゴリーに誘導してしまうのを避けようとしたからである。

ベネット（Bennett, M. J., 2003）はヤマモトの研究結果にコメントして，日本文化における最小化の段階では，身体的普遍主義や精神的普遍主義以外の文化的絶対性を参照するかもしれないが，依然としてモデルが予測する発達段階は踏んでいる，と述べている。

6.5.2　DMISと「混在状態」

ベネットのカテゴリーは，異文化感受性の一般的なレベルを分類すること――全体的な一般化――を意図しており，異文化滞在者が個別の体験に対して抱く個人的な反応を説明するのにはあまり有用ではないかもしれない。今まで見てきたように，多くの異文化滞在者は自分の体験に対して矛盾する反

応を示している。ある種の文化差は受容し適応しているが，同時に別の文化差は軽蔑しているようなのだ。これは「混在状態」として説明できるが，異文化感受性が単線的に発達するという段階区分には限界があるのではないかと思わせる。本研究の事例では，デイビッドがこれに相当する。彼はフランス人で，パイロット学校に行くためにアメリカに留学して数年間住んだ後に，パイロット訓練の教官としてフランスに帰国した。そして仕事上，世界中から参加する訓練生と接触している。デイビッドは，ある人々のある差異は受容して冷静に分析しながらも，別の人々に対しては極度に批判的で偏見を抱いている。

その一方で，文化によって物事の見方や作業の方法は異なるのだと，デイビッドは少なくとも頭ではわかっているようだ。たとえば，アメリカ文化とフランス文化の好きな部分や嫌いな部分を語った後で，デイビッドは「両方の一番良いところを取り入れたい。どちらにも長所と短所がある。完璧なシステムなどない」と結論づけた。これは，ベネットの用語では「受容」を示していると言えよう。このような彼の発言は，他でも繰り返されている。デイビッドは対人関係について述べる際に，こう言った。「同じことを同じように感じる人間はいない。全員一致ってわけじゃないんだ。世界中を旅行していれば，驚くような反応をする人間がいるってことを理解しやすい。」デイビッドは，異文化体験によって文化の違いが予測できると言っているようだ。対人関係における文化差の重要性を認めて，こうコメントしている。「そうだねえ…奇妙なものだ。文化は，対人関係にとって大きな壁だ。だからうまくいかない，と言っているわけじゃない。だって，うまくやりたいと思えば，うまくいくんだから。」つまり明らかにデイビッドは文化差の重要性を認めていて，これに対処する必要性を受け入れていると思われる。

加えてデイビッドは，パイロット訓練の教官としての体験にもとづき，自分が気づいた文化差のパターンを非常に中立的な用語で明確に述べている。それは，まるで異文化を研究する専門家のようだ。過度な一般化はあるにせよ，中立的な用語で文化的な問題の両側面を考えている。

> ラテン文化と英国文化の違いについてひとこと言えば，英国文化には手順があって，誰もがそれに従い，それでうまくいっている。仮に手順やシステムにないものがあれば，それはやめておくことで，問題を迂回する。わざわざシス

テムをじゃますするだけだから。ラテン文化にも手順はあるかもしれないけれど，誰もそれには従わない。だから当然，何もかもが想定外で，予定外のことが起こるけど，何とかなる。それは，そうなるようにしているからだ。

デイビッドは，システムや手順の扱いで感じた文化差について，ほぼこのような調子で，引き続き詳細に述べている。つまり，規則や手順を受け入れるという文化的素因があると（トロンペナースとハムデン＝ターナーが「普遍主義」と説明するもの。その反対の「個別主義」では，特定の状況やコンテクストのニーズに目を向ける），危機的状況でも手順に頼りすぎてしまい，創造的に考えることができない，と語る。明らかにこれは，デイビッドが教えていた民間航空パイロット訓練生にとって問題となる部分だ。他方，個別主義的なアプローチの傾向があると，危機的状況に創造的に対処するが，時にはあまりにも行き当たりばったりで，従うべき規則を無視することによって問題が起こる。

デイビッドの体験に関する本人の解釈をベネットの用語で説明すれば，「受容」あるいは「適応」という用語によって，彼が意思決定という点で文化の多様性は妥当であると認めていたと示せるかもしれない。けれども，ベネットの用語は個別の反応ではなく，総合的な状態を説明するものである。実際に，デイビッドとさらに話をしていると，彼が別の文化共同体から来た人について語るときに，文化差に関して非常に自文化中心的な発言をすることもわかった。たとえば，アジア人パイロットについては，かなり異なるイメージが現れる。

デイビッド：他の文化圏のパイロットを訓練するときには違いを感じる。アジアからのパイロットをたくさん訓練してきたが，…（中国人パイロットとは）絶対に一緒に飛びたくない。危険も何もわかっていないんだ。だってさ，地面に突っ込めば怪我をするだろ。それがわからないし，理解していない。何が起こるのか見当もついていない，って感じなんだ。
筆者：それは，どうして？
デイビッド：洗脳…サバイバル本能がない。訓練して，そう感じた。

デイビッドが示す異文化体験の複雑な反応は特殊ではないので，DMIS

の問題が明らかになる。DMISでは，もうひとつの可能な世界観として，文化差を概念化する程度によって異文化感受性が決まる，と想定する。この点ではデイビッドの混合状態は，特定の文化的特徴の好き嫌いという問題に留まらない。文化差そのものに対するデイビッドの概念化こそが，問題なのである。彼は別の文化的現実を受容しているのか，それともしていないのか。DMISでは，異文化感受性が発達する単線上のある地点付近に文化差を概念化する認知能力が集まると仮定する。これは一般的には正しいかもしれないが，ベネットのモデルでは，文化差に対して混合的な反応をするデイビッドのような事例が整然と説明できない。

このことは必ずしも，DMISの基本的前提——文化的共感を異文化感受性の評価に使用できる——が誤りだということを意味しているわけではない。ただ，異文化を学ぶ必要に対して個人が示す特定の反応が，ベネットの直線的な分類では適切に説明できないかもしれないことが示唆されているだけである。文化差の解釈が異文化感受性の重要な指標であるという前提を放棄するのではなく，異文化体験への矛盾した複雑な反応を考慮した概念を用いることで，筆者の実施したインタビューで語られた体験は，より良くモデル化できるように思われる。

6.5.3 異文化感受性と深層文化

ベネットによる異文化感受性の概念化が提起した一つの問題は，文化体験の深さが異文化感受性を獲得する能力にいかに影響するのかに関係する。旅行者は比較的に表層レベルでの異文化体験にもかかわらず，DMISで予測される段階を経て文化を相対化することを学ぶことができるのだろうか。ベネット（Bennett, M. J., 1993）は，このような問題を詳しく取り上げてはいないが，外国生活で限られた体験をした場合でも，異文化感受性の「受容」の段階に達する可能性があると示唆している。ベネットによれば，文化的共感の本質というのは体験の深さによって左右されるものではない。しかし深層文化の視点で考えれば，より潜在的な文化差に対峙しなければ，文化差の深層レベルの要素を見つけることさえ難しいと思われる。まだ見つけていないものをどのように受容できるのだろうか。

筆者がインタビューをした異文化滞在者の体験は，ベネット・モデルが示すように文化の学びが段階ごとに直線的に発達するという観点に対して，別

の見方もできる可能性を示している。文化を学ぶ人々は，差異が徐々に概念化できるようになる現実観（文化的感受性）を発達させるだけではなく，このプロセスのなかで感受性がだんだんと「深く」なるようにも思われる。深い感受性は，異文化体験における「隠れた」要素に対応する。この見方では，受容や適応ができるのは本人が体験した文化差の深さまでであると想定する。旅行者は目に映る文化差を受容するかもしれないが，さらに長く滞在した場合に文化差のより深い要素を引き続き受容するとは限らない。このように見てくると，異文化感受性は単線上に高まるのではなく，差異を受容し適応する程度と体験の深さの両方で発達する。これは，以下のように図式化できる（図3）。

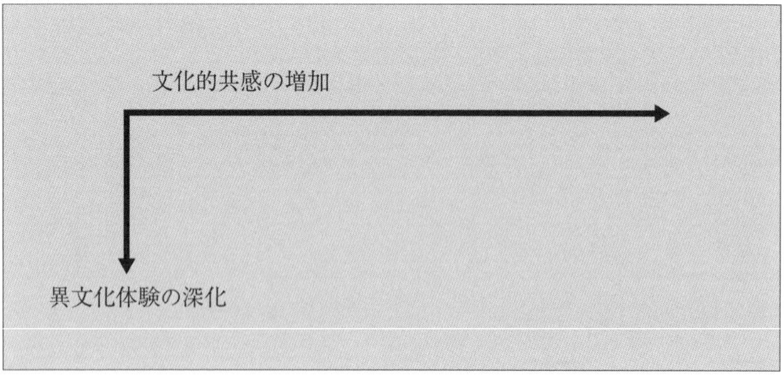

```
        文化的共感の増加
      ──────────────────▶
      │
      │
      ▼
    異文化体験の深化
```

図3

　ベネットの定義による異文化感受性は，現実を構築する実行可能な代替案として差異を認識することだとしている。これは図3のヨコ軸で文化的共感として表わされている。ただし，異文化滞在者の体験によると，目に見える明らかな文化差は深層レベルのものよりも比較的受容しやすい。結局のところ，普通は衣食住によって偏見や否定的な判断が生まれるわけではない。ところが，異なる価値観，規範，根底にある信条体系など深層文化の差異は，簡単には自分の世界観に統合されない。

　先に述べたように，ショールズ（Shaules, 2004a）は，異文化の環境が求めることに対する個人の反応が「抵抗」「受容」「適応」という用語で説明できると主張する。この3つの反応は，新たな環境への適応に迫られること

が異文化滞在者の内面に影響を与える程度に関係するとされる。「抵抗」は差異を拒否または軽蔑し、「受容」は必ずしも自己変革せずして差異を妥当であると認め、「適応」は異文化環境の求めに対して起こっている滞在者の内面的な変化を意味している。異文化の学びを図式化した図3にこの3つの反応を加えると、異文化環境への反応に関する多様性をモデル化できる。

このモデルを用いれば、「フランスが大好き。我慢できないのはフランス人だけ」と皮肉を言うような人の反応を理解しやすくなる。おそらく、この人物にとっての「フランス」とは料理やワインや建造物など——全てかなり外面的なもので、「フランス人」と言うときは態度や価値観やコミュニケーション様式など——もっと内面的なものを指している。ゆえに、この人の場合は「浅い」文化差の受容しか達成しておらず、このような発言は文化的共感の混在状態を表している。これは、図4のように示すことができる。

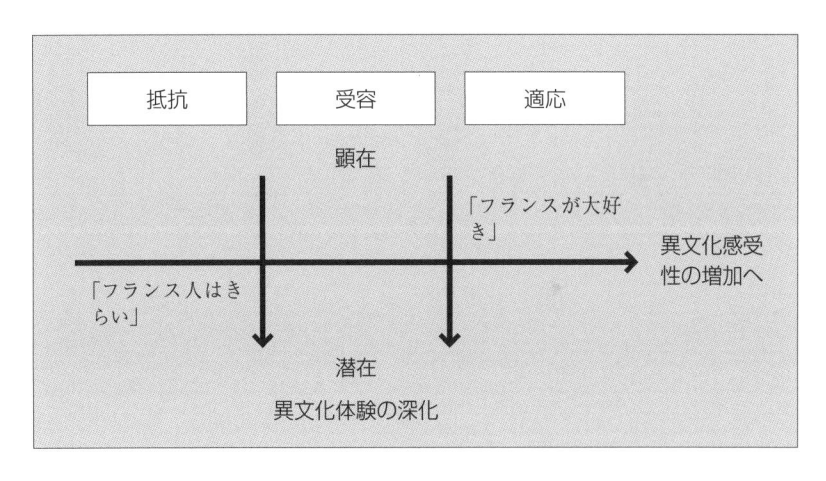

図4

図4で、「フランスが大好き」という発言は、異文化体験の外面的な要素（フランス料理やファッションなどの具体的な要素）に適応した（実際に好き）という事実を表している。これは図4の右上にある顕在的な差異への適応である。他方、「フランス人はきらい」という発言は、フランスで体験した内面的な文化の型への抵抗を表している。このような深層レベルでの抵抗は、フランスの文化共同体の表層レベルでの要素に適応する妨げとはならな

いかもしれないが，おそらく異文化感受性は深層レベルで発達できないだろう。異文化の学びを説明するためにこの方法を用いれば，たとえば，旅行者と海外長期滞在者の異文化を学ぶ体験が区別できる。旅行者でも文化差を受容し適応するかもしれないが，それは食事を楽しんだり建造物を鑑賞したりするなどの外面的なレベルのみである。このことはまた，さまざまな異文化滞在者の体験の相対的な深さを考えるための助けにもなる。

　図4で示されている文化の学びに関する考えは，DMISの重要な要素を組み入れている。とりわけ，ベネットの基本前提を踏襲して，異文化を学ぶプロセスの中心に文化差を解釈する能力の発達を置いている。加えて，異文化の学びを発達的なプロセスとして考え，異文化滞在者は時とともに異文化感受性のより高いレベルに達する潜在能力を持つとする。本人は異文化感受性のレベルを意識していないかもしれないが，異文化の学びは本人の意見とは関係なく営まれるプロセスであるという前提も，ベネットのモデルと同じである。専門用語もいくつか共通する。たとえば，本研究ではベネット・モデルと同様に，「受容」や「適応」という語を用いている。本研究で概念化されている異文化を学ぶプロセスは，根幹の部分ではベネットの現象学的アプローチによる知見にもとづくものである。

　以上の点にもかかわらず，本書で提唱する異文化の学びモデルとDMISの間には重要な違いがある。最も重要な違いは，この2つのモデルが根本的に異なる異文化体験の側面を説明しようとしている点だ。DMISでは異文化感受性の全段階を定義しようとしているが，本研究では適応への反応がどのように異文化感受性の発達を促す（あるいは促さない）のかを説明しようと試みる。ベネットのモデルでは，異文化滞在者が全体的な異文化感受性の発達プロセスのどこに位置するのかを説明するが，本研究ではそのような学びを推進する経験的な原動力を説明しようとしている。このように，DMISは個別の学びの段階の定義（異文化滞在者が「最小化」または「受容」の段階にいるのかという考察）に最も注目している。特定の体験への反応に言及するのではなく，発達度を総体として見ようとする。本研究では，異文化を学ぶ人々が特定の適応を迫られた際の反応をモデル化しようとしているので，矛盾する反応も考慮に入れている。このモデルでは，異文化滞在者は体験のある要素には適応する一方で，別の要素には抵抗する可能性がある。

　これまで見たように，ベネットは個人の異文化感受性の総体的な段階を評

価するために，心理測定用のIDIを開発した。筆者のモデルは，ベネット・モデルのような異文化の「通知表」にはあまり適していない。このモデルの意図は，異文化滞在者や教育者が中立的なことばで異文化体験を説明できることにある。たとえば，（「防衛」に対して）「抵抗」など，できるだけ中立的な用語を使っている。このような用語を選んだのは，異文化教育には評価を伴わない専門用語が必要だという前提に立ち，ベネットの単線的なモデルでは評価が含まれると考えたからである。ベネットの「否定」「防衛」「最小化」という未発達レベルは，異文化感受性の望ましくない段階だと考えられているが，筆者のモデルでは，適応必要性への反応（「抵抗」「受容」「適応」）のどれもが，異文化を学ぶプロセスの正常な部分であると見なしている。ベネット・モデルでは人がどこに向かおうとしているかを明確にしようと試みているが，本モデルでは何が人をそこに導くかを説明しようとしている。

　両モデルが使用する用語は似ている場合もあるが，大きな相違点もある。両方とも「受容」と「適応」に言及するが，DMISでは異文化の学びには明確に区切られた段階があると想定している。「適応」段階にいる人は，発達段階に関係した認知的特徴を示すことが期待される。筆者のモデルで「適応」の意味するところは，はるかに単純だ。適応の必要から何らかの変化をした，ということを示唆しているだけである。第2部でさらに詳述することになるが，これは異文化感受性の高いレベルを意味するかもしれないし，しないかもしれない。食事の違いなど外面的な文化差に「適応」しても，異文化感受性が高まることはないかもしれない。加えて，適応（たとえば，目に見える行動は変化）しながらも，深層文化の差異に抵抗するかもしれない。このような混在状態は，心理的には不健全であるとさえ考えられることもある。このように，本モデルが説明する「抵抗」「受容」「適応」は，簡単に記述するための用語であり，異文化感受性のレベル全体を示しているのではない。

6.6　異文化の学びの図式化

　DMISは異文化感受性の全体像を説明しようとするが，本書で示すモデルは適応への必要に応じる反応の進行プロセスを説明しようとしている。このアプローチの強みは，異文化体験のさまざまな深さを図示できる点にあ

る。日本で幸せに生活しているアメリカ人の長期滞在者として登場したジャックは，日本人との深い接触は避けてきたようであり，文化差の中でも最も外面的な要素を注視している。日本の生活に適応するのが難しかったかどうかについて，ジャックはこう語っている。

　いや，…いったん日本に来て住み始めたら，そんなにひどくなかった。日本ではものごとを予測できる。それはいいことの方が多い。これから乗る電車は時刻表通りに到着するってわかってるし，店ではきちんとしたサービスを当てにできる。数週間前にアメリカに帰ったら，店員はひどかったよ。

　もちろんジャックは明らかな文化差は認めていて，比較的受け入れているようだ。日本人の礼儀正しさにについて良い面と悪い面のどちらにも気づいていて，たとえば上の発言のように，きちんとしたサービスにも言及するが，次のようにも言っている。

　日本人の辛抱強さから影響を受けた…日本人は他人の気持ちに合わせるけれど，他人がどう思うかを気にして抑えることも多い。だから自分を表現できないし，本当にやりたいことをしない。他人が自分をどのように見ているかを心配し過ぎるから。

　ジャックは日本人との文化的体験を受け入れ，日本での生活に満足していると述べている。だが，14年間も日本にいるにもかかわらず，最も外面的なレベルでしか文化差を受容していないという印象も受ける。日本人の価値観に対する愛憎半ばした気持ちは，日本人の文化的価値観について肯定的な発言と否定的な発言を組み合わせている点に明らかである。たとえば，「日本人の辛抱強さから影響を受けた」とか「日本人は他人の気持ちを慮る」と言ってはいるが，それに続いて肯定的な発言を裏返したような否定的なコメントを述べている。「他人がどう思うかを気にして抑えることも多い」とか「自分を表現しないし，本当にやりたいことをしない」など。

良い面	悪い面
日本人の辛抱強さから影響を受けた。	日本人は自分を表現しないし，本当にやりたいことをしない。
日本人は他人の気持ちに合わせる。	日本人は他人がどう思うかを気にして抑えることも多い。

ジャックは同じことを話しているのだが，基本的にどっちつかずの気持ちを表現していることがわかる。これは，文化差を善悪ではなく，単にもうひとつの妥当な選択肢として考えられないことによって生じたものである。ジャックは自文化中心的な判断をせざるをえないでいるようだ。

ジャックは日本人とより深く関わることを避けていると思われるし，これ以上深い関係に興味はないとはっきりと述べている。

（日本文化に適応するのは）実際には無理だという気がするし，だから本気でがんばってこなかった…日本社会全体が完全には僕を受け入れてくれないだろう。そこに何か壁があるような気がする。その壁を壊すほどのことだとも思わなかった。アメリカ人側にいて幸せだよ。もし日本文化の懐が深くて開かれていて，今みたいに「日本人対よそ者」でなければ，もっと日本人に近づこうとしただろう。必要とされていると思えただろうから。

ジャックは頭では差異を受容しているが，より深く関わらないと決めている。ジャックとアデルの事例を比較してみよう。前に見たように，アデルは日本での体験には徹底して否定的だった。

日本では疑ってるみたいに私を見る。女の人は私を見て目をそらすし，男の人は恐ろしい化けものみたいに私を見る。…私はこの国に人生を捧げている。でも街を歩いているきに，ふと思うのね。「なぜ私はここにいるの？」って。日本人の価値体系が共有できない。アメリカには反対派もいるけど，日本ではどこに行っても悪しき近代の「主義」に圧倒される。若者の自己中心的なところが嫌い。…日本が健康な社会でその一員になりたいって思ったことはない。私は，だいたい集団的な人間じゃない。…だんだんわかってきたけど，この現代の，近代的日本はねえ…新らしもの好きや若者のわがままは気に入らない。昨日も

大学構内を歩いていたら，4人が同時に携帯電話で話をしていた。ああいうのが日本で我慢できないことなの。今では少し我慢しやすくなったものもあるけど，日本での暮らしを便利にしているものが，日本文化が失われつつあることを表している。そのうち地の果てまで行かないと，和風建築は見られなくなるのかしら。

アデルが日本の「文化喪失」について語るとき，厳密には何のことを指しているのか明らかではないが，目に見える日本の芸術的な文化現象に関係すると思われる。内面的な要素に関しては，悪いことしか言っていない。にもかかわらず，アデルは日本語を学び，学会では日本語で発表をし，日本語でしか話をしない複数の日本人の友人もいる（もっとも，この関係には不満を示しているが）。フラストレーションの結果であれ原因であれ，アデルは体験の外面的な要素（日本文化の「喪失」）にも，自分と日本人の価値観の不一致にも抵抗しているようだ（図5）。

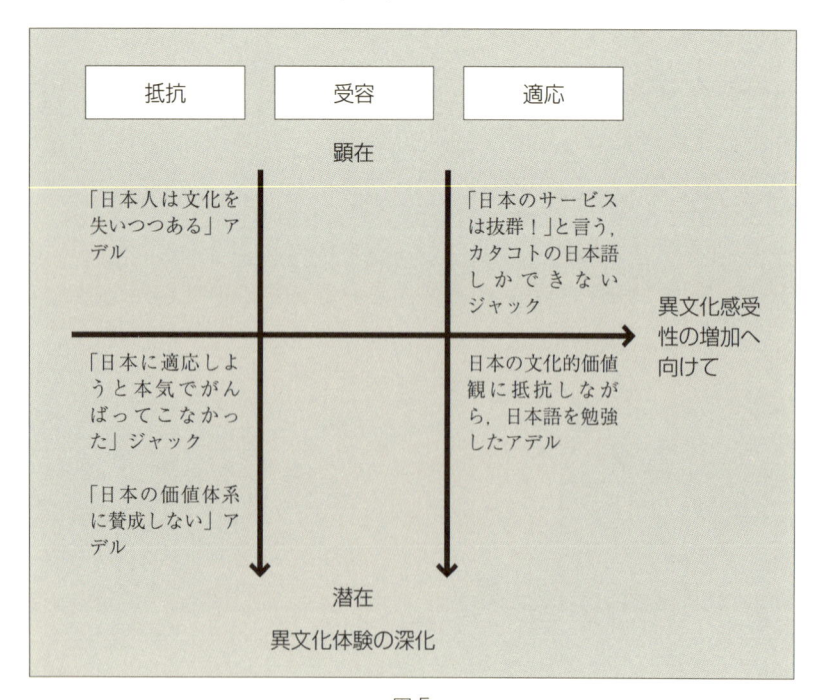

抵抗	受容	適応
顕在		
「日本人は文化を失いつつある」アデル		「日本のサービスは抜群！」と言う，カタコトの日本語しかできないジャック
「日本に適応しようと本気でがんばってこなかった」ジャック		日本の文化的価値観に抵抗しながら，日本語を勉強したアデル
「日本の価値体系に賛成しない」アデル		

異文化感受性の増加へ向けて

潜在
異文化体験の深化

図5

図5では，ジャックとアデルの異文化を学ぶプロセスを示している。アデルは日本語を学んで話すという課題に適応している。しかし根本的には日本人の価値観や世界観を妥当なものとして受け入れていない。したがって，適応と抵抗ともに，アデルはジャックよりも深い異文化体験をしている。不幸にも，自分が受容できない価値観を持つ人々が話す言語を無理に学習するのは，相当な苦痛であった。「適応」と「抵抗」を同時にするという認知的不協和によって，アデルは自分の体験をひどく苦々しく思っている。他方，ジャックは日本での生活におけるどんな状況にも深層レベルで適応したことがない。こうしてジャックは，もっと日本語を学んだり，日本人と関係を築いたり，日本社会にもっと十全に溶けこむために必要な，深層レベルでの自己変革をする苦労を味わわずに，電車が時間通りに到着するとか，きちんとしたサービスを受けることができるという恩恵にあずかっている。こうしてみると，ジャックはある種の幸福な孤立のなかで生きているようだ。ジャックはアデルよりも浅い体験しかしていないが，おそらく精神的には負担が少ない。

　さて，ここまでは異文化の学びを考察し，異文化体験の深さが異なるとはどういうことなのかを理解するために，さまざまな知見を紹介してきた。本章の最後では，「深層」の概念を異文化体験に組み込んだ異文化の学びについての図を示して，異文化滞在者の学びのプロセスがどのようにモデル化できるのかを試みた。しかしながら，概念化にあたっての考えは5章にわたり断片的に紹介されてきただけで，明確な異文化を学ぶモデルとしてまだ完全に収斂されていない。次章から始まる第2部では，本章までの第1部で論じてきた鍵概念を総合して，どのように異文化の学びの全体像を形にすることができるのかを明らかにする。

第 2 部：文化学習の深層文化モデル

第7章 深層文化モデル

「困ったことがあったとしても,『まあ,これがアメリカ文化なんだから』って,思ってた。…(でも)アメリカ人て自分勝手だなあ,って感じたとき,それがアメリカ人全体のことなのか,その人に特有のことなのか,わからなかった。どこまでが文化で,どこからが個人的な問題なのか,見極めるのは難しかった」と,リエコ。

7.1 異文化の学びについての深層文化モデル

第1部では「深層文化（deep culture）」における学びの体験に特に焦点を合わせて,異文化の学習に関する現行の各モデルを説明する理論的背景を概観してきた。本章ではこれを異文化の学びのモデルの形でまとめる。まず本章ではモデルの全体像を見て,そして第2部の後続の章では,異文化を学ぶ体験についての個別要素を詳細に検討する。

7.1.1 異文化を学ぶプロセス

冒頭のリエコの発言は,異文化を学ぶプロセスを垣間見せてくれる。リエコは米国の大学へ留学して不慣れな文化環境のなかにおり,新しい環境で適応の必要性に直面している。リエコは差異を受け入れようとしているが,どこまでが文化でどこからが個人の問題なのか区別できないで困っている。というのも,アメリカ人同士が互いに相手に抱く期待をまだ咀嚼していないからだ。だが現時点でリエコは,少なくとも違いには気づいて,それを受容している。それができているのは,アメリカ文化と日本文化の枠組みが等しく正当であるという基本的前提を受け入れているからである。たとえ常にその枠組みに納得できるとは限らないとしても。

リエコの体験は,異文化を学ぶプロセスがいかに「新たな文化的環境で要求される適応に応じるという進行中のプロセス」を伴うのかを見せてくれる。自分が置かれた社会的環境と相互作用を継続することが,自己（セルフ）という意識や自身が知覚する世界観を堅持するためには必要だ。そのた

めに私たちは自分が自分自身をどう見ているのかを確認して、周囲の世界から得た意味や結果を納得しようとする。体験に関するこのような相互作用的でプロセス志向の見方が、異文化の学びに関する「深層文化モデル（Deep Culture Model）」の考え方の出発点となる。

7.1.2　用語の定義

本モデルでは、文化を広義に「共有された所産（product）および意味（meaning）であり、ある特定の共同体内で相互作用の枠組みとして作用するもの」と定義する。「所産」とは、共同体における客観的な産出物であり、目に見える要素である。そのなかには、食べ物、音楽、教会、建造物などのものだけでなく、宇宙観や言語なども入る。これは静的なものではなく、共同体で進行中の変化や発展にともなって進化する。そして、このような所産は「客観的」であると言われる。なぜなら、誰もが観察できる方法で実物を提示できる存在だからだ。ただし何通りもの解釈ができないわけではなく、個人的な解釈に依存しないという意味である。所産とは物理的（食べ物）、概念的（宇宙観）、行動的（言語や式典）かもしれないが、すべて具体的な形をとり、明示的な分析の対象となり得る。食事は味わうことができ、宇宙観は書物に書かれ明瞭に説明され、言語は辞書や文法で具体的に扱われ、式典は定義され規定されている。

「意味」とは、文化の所産がどのように解釈されるのかについて共有されたものである。この中には、当然ながら、言葉の使い方、物事の重要性、式典の意味、理想などが含まれる。行動を解釈するために用いる概念的枠組みも入る。行動はコンテクストによって解釈されるが、それは行動が恣意的に解釈されるということではない。コンテクストの枠組みには幾重もの層があり、それを用いて、ある行動、事象や概念が解釈されるのだ。カトリックのミサの中で使用される十字架は、前衛芸術の一部として使用されるのとは異なった解釈がなされるだろう。個人はひとつの解釈を選び取るが、意味ある相互作用を生み出すために用いる枠組みは、共有された意味のレパートリーにもとづいており、それが相互作用という布地を織る。

「意味」は、異なるレベルの抽象性つまり「深さ」に存在するとされる。「深さ」とは、意味がたったひとつの明示的な解釈に限定される程度を指す。たとえば、物理的な事象に言及する個々の単語の意味は非常にはっきりして

おり，個人的な解釈の余地はあまりない。他方，さらに抽象的で深層レベルの意味になると，より広範な状況から引き出されるコンテクスト上の解釈を要する。こうして「価値観」や「理想」の意味は，相互作用のパターンや事象のタイプなどにおいて観察できる。深層レベルの意味は上位カテゴリーに属し，当り前のように扱われることが多く，より明示的な意味の土台となる。ある特定の所産は，具体的な意味と深層レベルの意味の両方を有することがある。たとえば「旗」は，一枚の布であると同時に，国家の誇りを象徴するものともなる。

異文化の学びという文脈において「文化の違い」は，未知の環境に関する滞在者の体系的知識が十分ではないことを指す。すなわち異文化滞在者は，新たな事実だけでなく，新たな意味の体系にも対応しなくてはならない。「物事」だけでなく，それが「どのように機能し」て「何を意味するのか」も学ぶ必要があるのだ。文化の違いを体験すると自分は無能なのではないかと感じる。というのも，異文化滞在者の内在的な能力と環境から求められることの間にはギャップがあるからだ。異文化滞在者は（願わくは），新たな意味の体系を学ぶにつれて物事を予測できるようになり，置かれた環境のなかで機能する適性が高まる。

7.2 異文化における成功と失敗

異文化接触は時として失敗する。この失敗は戦争や差別などさまざまな形をとるが，それだけでなく，海外駐在者の早期帰国，合弁事業の破綻，移住者の疎外，国際結婚の破局，はたまた台無しになった休暇というような形でも表れる。しかし，異文化滞在者に顕著だがあまり目立たない失敗の形がある。それは，異文化接触が偏見や自文化中心的な判断を強化するということである。この種の失敗は，何が起こっているのかを当事者が認識せずに起こっている場合が多い。苦々しい思いをした異文化滞在者は，「その場にいたのだから，どんなにひどいかわかっている」と言うであろうが。

本モデルでは，「認知的な共感（cognitive empathy）」を異文化の学びの望ましい成果と考える。これは「文化的な現象をさまざまな深さで差異化できる能力の高まり」と定義できる。「差異化（differentiation）」とは，自分が置かれた環境で認識した現象から意味を作り出す方法である（Bennett, M. J., 1993）。自らの体験を理解するために用いる認識範疇が増えると，抱いて

いる世界観が差異化される。そうすれば，ある文化的な現象についての多様だが妥当な解釈を構築することが可能になる。これは，多くの方法で体験されている。何よりもまず，異文化滞在者は共感を手に入れる。共感とは，新たな認識の枠組みを用いて世界を見る能力である。つまり，文化的な現象には複数の妥当な解釈があると気づきはじめる。また，遭遇した文化差をメタ・レベルで考察するための認知能力もある。このような全体的な能力が備わっていると，他者の世界観へ入ることが容易になる。

異文化における失敗とは，適応への必要に対応する際に，世界観が多様に差異化するのではなく，その逆になるような反応である。世界観があまり差異化しないのは，特定の現象に対して競合する解釈に直面しても，競合する解釈が無視されるか軽蔑されて，既存の解釈が優先される場合である。そのようにして，滞在者の文化的体験の全体と比較して，現象を差異化するために用いる認識範疇が減少しているのだ。文化差を妥当なものとして受け入れる能力は誰にでもある程度は備わっているものの，差異を受け入れる能力には限界がある。そういった意味では，異文化の学びは絶対的な意味での成功か失敗かということでは決してない。誰もが異文化の体験から何かを学ぶし，完璧に悟った人はいないともいえる。

異文化における失敗は，必ずしも悪いものとは考えられていない。世界に関するこれまでの理解を再確認するものとして体験することもめずらしくない。「日本で学んだのはアメリカ人でよかったということ」とアデルが語るとき，彼女は自分を導くアメリカ的価値観を少なくとも部分的には再確認することで，日本に対する否定的な結論を出している。もちろん，アデルにこのような判断をさせたのはアメリカ的価値観そのものではない。日本の文化事象を価値あるものとして，本人が解釈できなかったのである。そうは言っても，文化差の拒絶は自己の価値観の再確認かもしれないが，一種の認知的不協和を生む。同じ世界観に同調しない他者と接触すると，自分の文化的解釈に無理にも固執することになる。このためにアデルの事例では，非常に否定的で苛立たしい異文化体験になったのだ。

7.3　深層における異文化体験が求めるもの

異文化体験の深さとは，「価値観，規範や隠れた信条，前提など，目に見えない文化的差異に，体験がどこまで触れるかという程度」を示す。目には

見えない文化の違いに対処することが，異文化を学ぶ上での主たる課題である。異文化体験が深くなればなるほど，「深い認知的共感（deep cognitive empathy）」を増す可能性が高くなる。

短期の旅行者と長期滞在者の体験は異なる。短い滞在では概して，文化のなかでもはっきりとよく見える要素を体験して，一種の「表層学習」ができるにすぎない。たとえば，寺社を訪ねたり，未知の食べ物を試したり，市場に出かけたりという体験だ。1年間に52カ国を訪問すれば，文化的知識を多く得るだろうが，その大半は社会の価値観や生活様式のなかで最も目に見える要素を反映するものであろう。他方，ある人が外国の農村で1年間過ごし，その言語を学び，村の生活に入り込むとしよう。この体験は変化には乏しいが，はるかに深いものとなるだろう。ただし，これは同じ場所に滞在した方が多くを学ぶという意味ではない。むしろ同じ場所にいると，学んだことはそれほど目立たない。

このような2種類の学習の違いは，「負担が大きく」「有意義で」「深い」異文化体験の差を浮かび上がらせる。負担が大きい異文化体験とは，体験者側が高度な変化や順応を要請されるものであり，有意義な体験とは「異文化に滞在する人にとって個人的な意義を持つもの」である。深い異文化体験とは，「目に見えない文化の深層レベルにおいて適応の必要性を伴う」ものである。スペイン出身の大学生がアフリカの田舎で半年間ヒッチハイクをすると，非常に厳しい体験をするだろう——相当の柔軟性，好奇心や開放性を必要とするからである。それでも，そのような体験ではおそらく，新しい言語を学習したり，地元住民と親密な関係を築いたり，あるいは訪問先の共同体における深層レベルの価値観に適応したりすることはないであろう。負担が大きい体験および深い体験は有意義なものとなる場合が多い。どのような課題であっても困難に直面するだけでも意義があるわけだから。

最もやりがいのある異文化体験は，負担が大きく，有意義であり，深いものである。カルチャー・ショックに関する研究の多くは，平和部隊のボランティアに注目しているが，それはボランティアが，食事や日常生活などの顕在化したレベルばかりではなく，言語学習，対人関係，価値観というさらに深いレベルで大きく変わることが要求される文化の学びの場に置かれることが多いからである。こうした課題に向き合うと，抜本的な自己変革を求められることが多い。現代では通信や交通の技術によって相互の繋がりと技術に

よる一体化が深まり，新たな文化的環境に短期滞在してもそれほど苦労することはなくなってきている。けれども，深い異文化体験が求めるものは今も昔も変わらない。

7.4　異文化の学びにおいて不可避なもの

　未知の文化環境が求める適応に応えることは，異文化を体験すれば避けて通れない。もちろん，異文化体験をしても，ほとんど変わらないように見える人もいる。本研究でインタビューしたなかでは，ジャックが，長い外国生活から最も影響を受けていないひとりのように見えた。しかし，ジャックに変化がないように見えるのは，まさに異文化から求められることから自分を隔離して対応したからなのである。これは，適応への必要に対する典型的な反応のひとつ，「抵抗（resistance）」である。抵抗とは，適応への必要を生み出す文化的な違いを軽蔑あるいは無視することを示唆する。孤立すると，文化的差異と必要以上に接触することが妨げられ，既存の自文化中心的な世界観を維持することになる。

　環境は少なくとも2つのレベルで変化を要請する。より具体的な文化現象のレベルでは，生きるために単純なニーズを満たす上で，内部的な変化をする必要がある。たとえば，地下鉄を利用するためには，どのように切符を買うのか，何番線のホームに行くのかなどを理解しないといけない。自国では難なくやっていたこと，たとえばレストランでの注文や，どの洗剤を買うべきなのかという知識を得ることも外国では一苦労となる。このような必要を生み出しているのは，文化的環境における異文化要素ではなく，単に日常生活の行為である。

　第2番目の，未知の文化がわれわれに課す抽象度の高い要求は，認識に関するものである。われわれは物質的な世界のみならず，対人関係や意味という社会的な世界にも生きている。わたしたちにとっては，世界が「意味をなす」必要があり，説明がつかない現象に遭遇した場合には，未知の現象に合致する認識カテゴリーを見つけ出すか作り出さないといけない。このような観点では，「自文化中心主義では現象を判断するために既存のカテゴリーを用いるのに対して，文化相対主義では新たなカテゴリーを創造して統合する」のである。認識世界で意味の創造が進行していることはあまりにも自動的で強力であるので，ほとんど気づくこともなく，制御しようとしても困難

である。

7.5 文化の学びにおけるジレンマと志向性

　異文化を学ぶ者は，自分の体験の中心に自分自身（さらにその延長線上に，自分自身にとって習慣となっている意味体系）を位置付ける必要を感じている。けれどもショールズ（Shaules, 2006）によれば，異文化滞在者が新たな環境で相互作用することで，異文化の学びにおける「ジレンマ」が生じるのであり，これは，適応への必要に対してどのように最良の対応をするのかという点に関係する。ショールズは文化の学びに向けたさまざまな「志向性」を同定し，心理測定の学習ツールを開発した。ここでの適応への課題とは次の通りである。

　（適応への課題は）ウチとソトの両要素を有する。外在的には，異文化滞在者は普段よりも予測できずに理解も及ばない環境内で生活しなければならない。未知のことに直面して行動する必要は，文化の学びの基本的な外的相克と考えられる。加えて…異文化滞在者は内的相克にも直面する。これは，意思決定をして自己アイデンティティをつなぎとめる明確な内部基準が喪失することである。要するに，環境と相互作用するために用いる概念世界がいつも通りに機能せず，調整が必要となるのだ。

　このようなウチとソトの適応課題は，ジレンマという点から説明される。というのは，実際問題として異文化滞在者は2つの対立する選択の間で板挟みとなるからだ。つまり，(1) 外在的には，未知のことに直面したときに，なるべく迅速に行動する（そして実験する）べきか，それとも後にする（そしてリスクを回避する）べきか，(2) 内在的には，自己の概念世界を修正する場合に，まず自分の外側を見る（外部基準を求める）べきか，それとも自分の内側を見る（内部基準を明確にする）べきか，という問題である。

　「変化か安定か」（という志向性）は，外部環境における変化から生じる不確実性に，異文化を学ぶ者がどのように反応するのかということに関係する。変化志向性は，「未知への対処方法として行動するほうを好むもの」であり，変化方略には，異文化を学ぶ上での「試行錯誤」アプローチが関与する。すなわち，新たな体験を探求して不確実性への対応を助けるのだ。安定方略は，「未知への対処方法として不確実性を減ずるほうを好むもの」であり，この方略には，「跳

ぶ前に見よ」(石橋を叩いて渡る)という異文化を学ぶ上での慎重なアプローチを伴う。つまり,立ち位置を知って,新たな環境について学ぶことで,予測を容易にするのを助けるのだ。

「ウチ側を参照した」思考は,明確な内的価値観と基準を意味する。自己を知ることは異文化を学ぶ出発点である。他方,「ソト側を参照した」思考は,他の価値観や基準を考慮に入れる必要性を認識することを意味する。他者を知ることは異文化を学ぶ出発点である。(p. 69)

ショールズが説明した異文化を学ぶ上でのジレンマは,本書のモデルが提示している異文化を学ぶプロセスにおける中心的な原動力となるべきものに,光を当ててくれる。すなわち,未知の文化的環境で直面する適応への課題に対して,「抵抗」「受容」「適応」のどれを,意識的にせよ無意識的にせよ,選択するのかということだ。「抵抗」は,外的基準を軽蔑ないしは無視する一方で,内的基準を妥当なものとして維持しようとすることを含意する。「受容」は,内的基準と外的基準のどちらか一方が主で他方が副ではなく,両方ともそれ自体で妥当であり実行可能なものだと認めているということである。自分が置かれた環境からの求めに「適応」することは,「受容」という観点から行えば建設的になるが,文化の違いに抵抗しながら試みているとすれば破壊的になる。異文化滞在者は差異を受容することで,ここで説明した「内在的」対「外在的」な参照におけるジレンマを解決できるのである。

7.6 文化を学ぶプロセス

それぞれの個人が異文化に滞在する目的は異なる。冒険や外国語学習,収入を得るなど多様であり,具体的な事柄と,より一般的な「人生の目的」の両方がある。この意味では,各人が海外での体験が満足できるものであったかどうかは自身で決めなければならない。

しかし,異文化体験における適応課題に対応するプロセスは,これらもろもろの目的とは無関係に起こる。異文化滞在者が自分の体験にかなり満足していても,「深い認知的な共感」をほとんど得ていないこともある。これはまた,異文化体験が求めるものへの反応の違い,たとえば「抵抗」「受容」「適応」はすべて「正常」であるものの,どれもが等しいわけではなく,同

じ結果を導くものではないことを意味する。

　本書のモデルでは，異文化教育に携わる多くの研究者が提示しているように，文化学習は発達プロセスであるという考えを支持する（Adler, 1977；Bennett, M. J., 1986, 1993；Candlin, 1991；Goldstein & Smith, 1999；Hammer *et al.*, 2003；Hanvey, 1979；Kim, 2001；Tomalin & Stempleski, 1993；Ward *et al.*, 1998；Weaver, 1993）。さまざまな研究者や教育者がいろいろな用語を用いて異文化学習プロセスを説明しているが，本書のモデルでは，ベネットが示した，異文化の学びは自文化中心主義から文化相対主義へと発達し（あるいは，そうなる可能性を持ち），かなり予測可能なプロセスを経て「深い認知的共感」が高まるという前提に従っている。また本書のモデルでは，このような学びのプロセスが滞在先の共同体に暮らす人々との満足のいく関係構築を伴う場合が多い，というスパロウ（Sparrow, 2000）の主張を認める（図6）。

文化の学びは発達的プロセスである

自文化中心主義
妥当とする単一の認識
枠組み
→
文化相対主義
深い認知的共感の
高まり

図6

　しかしながら，文化相対主義に向けて誰もが順調に，ないしは同じ方法で進むわけではない。異文化体験が求めるものは十人十色の反応を喚起する。本研究ではこうした反応を，「抵抗」「受容」「適応」として特徴づけてきた。実際問題として，大半の人々は，ある要素には抵抗するが，別の要素は受容して適応するというように，この3つのいずれの反応も示す場合がほとんどである。たとえば旅行者は，見慣れない食べ物，衣服，建造物など目に見える顕在化した文化的差異の要素を体験するが，この場合の反応は「生の魚なんて，気持ち悪い」という抵抗から，「お寿司は大丈夫。でも生の魚を食べるのは，あまり慣れていない」という受容，また「何でも挑戦。見て，箸がこんなに上手に使えるから」という適応まで幅があるだろう。また，文化的差異の深層要素も抵抗，受容，適応される。たとえば現地職員と一緒に働

く企業の海外駐在者が，コミュニケーション様式，価値観，世界観における文化の違いに出会う場合である。深層の要素に抵抗しながらも，表層的な要素を受け入れることは珍しくない（例：「韓国文化は好きだけど，韓国人はずうずうしい」）。同様に，必ずしも適応していない場合でも，深層の差異を受容することも可能だ（例：「だって，この国ではそういう風になっているから」）。

本章で考察してきたように，異文化を学ぶプロセスは，次のように図示できる（図7）。

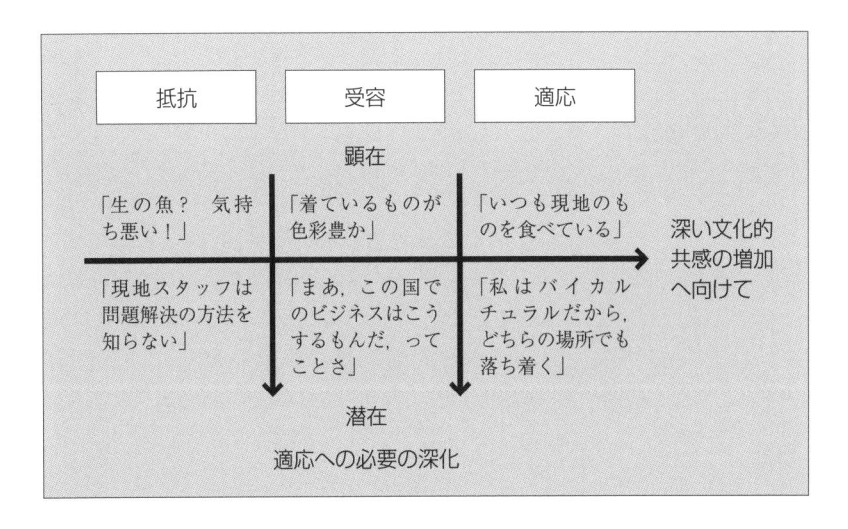

	抵抗	受容	適応	
顕在	「生の魚？ 気持ち悪い！」	「着ているものが色彩豊か」	「いつも現地のものを食べている」	深い文化的共感の増加へ向けて
	「現地スタッフは問題解決の方法を知らない」	「まあ，この国でのビジネスはこうするもんだ，ってことさ」	「私はバイカルチュラルだから，どちらの場所でも落ち着く」	
潜在 適応への必要の深化				

図7

上部3つの発言はすべて，顕在化した文化的適応への反応を表している。それはたとえば，旅行者や短期の訪問者が語るような発言だ。最初の発言（「生の魚？ 気持ち悪い！」）は表層面での抵抗を表し，目に見える文化の違いを軽蔑しており，生魚はふつう食べるものではないと暗に言っている。2番目の発言（「着ているものが色彩豊か」）は単に記述的な反応で，何ら否定的な判断を入れずに顕在化した差異を認めている。だが，本人が自分の服装を変えるという意味ではない。3番目の発言（「いつも現地のものを食べている」）は，環境に合わせて食生活を変えたことを示唆している。けれどもこの変化は顕在的なレベルに留まっている。

下部3つの発言は，より深いレベルでの適応への必要に対する反応を表す。最初の発言は，現地スタッフが問題解決できないことに関するもので，異文化滞在者は現地スタッフと相互作用しているが，滞在先の共同体における問題解決のやり方では取り組めないでいる。現地でものごとを「動かす」ことができないため，その共同体における物事の処理に関する基準を軽蔑するに至っている。2番目の発言（「まあ，この国でのビジネスはこうするしかない，ってことさ」）は，仕事をしていくうちに深層文化の型を発見し，そのまま無批判に受容していることを示唆している。自分のビジネスのやり方を変えたいとは思っていないとしても，である。最後に，「私はバイカルチュラル（2文化併用）だから，どちらの場所でも落ち着ける」という発言は，文化的な差異に対して深層レベルの変容を伴う反応をしていることを意味する。本人の内面が深層レベルで変化しているのである。

　次章では，本章で確認した文化の学びに共通のパターンをさらに詳細に考察していく。

第8章　変化への抵抗

「私はこの国に人生を捧げている。でも街を歩いているときに，ふと思うのね。なぜ私はここにいるの？って」と，アデル。

8.1　抵抗

「抵抗（resistance）」は，異文化滞在者が適応の必要に対応する主たる方途のひとつである。「抵抗」とは，「新たな文化的環境が求める適応への課題に応じて変わるのを渋ること」と定義できる。これは，変化しないのではなく，たとえ変化したとしても不本意ながら変わる，という意味である。箸あるいは手で食べる，住居に入る前に靴を脱ぐ，地下鉄の路線を覚える必要などは，どれも明示的な適応への課題である。このような目に見える適応課題のレベルでは，異文化体験に「抵抗」する人は，自分の行動を変える必要など全くないと思うか，少なくともさほど変えなくてもよいと感じる。箸の使い方を習得するのは面倒だし，手で食べるのは「汚い」と思えるかもしれない。滞在先の地下鉄は自国のものと比べて「効率が悪く」不便だという理由で，利用しないで済ませるかもしれない。また，異文化滞在者は自分の体験に納得しなければならない。街路が汚れているか清潔か，人々がうるさいかもの静かか，などの事柄を異文化で暮らしながら解釈しようと試みるのだ。抵抗により，異文化滞在者は自らが見たり聞いたりすることを判断するのに必要な基準をすでに持っていると感じる。そして，これまでに持ち合わせている既存の基準が強化される。たとえば，街路が「汚れている」のは「市民の誇り」がないからだとか，話し声が大きいのは「攻撃的」であるからだ，などというように。

異文化滞在者の立場からすれば，体験した内容を回避，判断，軽蔑，釈明，憤慨する必要から抵抗しているのである。これには，その土地の食べ物を批判するというような単純なことから，醜い建物や汚い街路は何かそこに住む人々の欠点の表れであると結論づけることまで含まれるかもしれない。もう少し微妙なレベルでは，現地の人々がどこか時代遅れで，非能率的で，

ダサく，攻撃的，不道徳で卑屈で，無教養だと思えることもある。集団内で感じられる差異が脅威として捉えられる場合には，偏見や人種差別的な態度の根に抵抗があるかもしれない。

8.1.1 抵抗と反感

「抵抗」は，否定的な反応が現象そのものではなく自身が持つ期待に部分的に起因していると気づかないことに関係する。ある集団を「騒がしい」とする結論は，人がどう「あるべき」かについての期待から導かれる。抵抗とは，不快だと思うものへの単純な否定的反応ではない。新たな環境での食べ物に対して異文化滞在者が批判的にならなくとも，珍奇だったり食べられなかったりする。これは，単に「反感（dislike）」と呼ぶほうが適切かもしれない。反感とは，差異への否定的な反応というだけで，否定的な価値判断は入らない。他方，抵抗には，「この国のパンは故国のものほど美味しくない」とか，「あの国民は信用できない」というような自文化中心的な判断が入る。「抵抗」と「反感」の相違は，常に明確であるわけではなく，特に本人にとってはそうである。けれども，「反感」では，現状がどのようであるかという記述的な反応が誘発される傾向にあるが，「抵抗」となると，物事がどうあるべきかを表明するような批判的な反応を引き起こす。この差異は微妙なもので，たとえば（a）「料理の大半は私には辛すぎて食べられなかった」（記述的），（b）「あの国の味付けはあまりに辛すぎる」（批判的）であり，食べ物が度を越して辛いことをほのめかすという程度の差かもしれない。

文化的差異を尊重しようと頭で考えても，依然として「抵抗」は払拭されない。これまで見てきたように，新たな環境に関して自文化中心的な結論を出す人は，自分では単に「事実を報告している」と感じていることが多く，その反応が差異に対しての軽蔑を含んでいるとは思っていないのがふつうだ。英国人女性のリンダはアメリカで生活していたが，「お高くとまって気取っている」アメリカ人についての逸話を語る典型的なタイプだ。「アメリカ人は開放的だから楽しいよ，とみんなが言っていたけれど，実際はひどく気取ってる態度だった。信じられなかった。そういうのは大嫌い」。このような結論になった理由を尋ねられて，リンダは以下のように説明している。

とても閉鎖的な環境だったし，…アメリカ人はよそ者が嫌い，とくに英国人が

ね。誰も私に話しかけようとしなかったから（そう言える）。私が引っ越して来た日に，ご近所の人がひとりワインを持ってやって来たけれど，その後9カ月間，誰にも会わなかった。しばらくして，その人と一緒にパーティーをやろうと決めて，隣近所のみんなを招待することにした。そうしたら，みんな集まって来て，「今まで来なくて，ごめんなさい」って言った。

「抵抗」の典型としての軽蔑の表れのひとつは，リンダが隣人全員をひとまとめにして述べている点だ。個人について語るのではなく，近所全体を「気取っている」と語っている。リンダの結論では英国人がとくに嫌われているというのだが，これは近所の人たちがリンダの期待通りの方法で親しくなろうとしなかった，という事実以外に根拠はないようだ。

リンダの説明のどこにも，隣人の行動を相対化する意見はない。たとえば，狭い共同体の多くでは（リンダのところがそうであったように），隣人同士がとても親密な関係にあり，おそらく，よそ者が入りこむのは簡単ではない場合が多いだろう。その意味で問題は，「アメリカ人が気取っている」のではなく，狭い共同体に引っ越した時に直面する当然のものだった。リンダは自分にも非があったと認めているものの，隣人の行動を妥当だとみなすには至っていないようだ。リンダは近隣と良好な関係を持ちたいのだが，そうするために自分を変えたくはなかったのである。

リンダの否定的な反応は主として軽蔑に形を変えており，問題は隣人にあると考えている。反対に好ましい例としては，強く否定的な反応が軽蔑を生まなかったものとして，マユミの事例を再考することができる。彼女は韓国人と結婚した日本人妻として韓国で暮らすストレスへの対処は非常に難しいと思っていた。マユミが直面した適応への課題は，リンダのものをはるかに超えているように見える。新たに外国語（韓国語）を学習していたし，夫の家族との暮らしに溶けこまなければならない重圧に対処しなければならなかったのだ。そのフラストレーションは手に取るようにわかる。

受け入れ難い微妙な違いがあって，合わせようとしたけれど，フラストレーションがたまって，とうとう最後は爆発した。親族の絆が強くて，姑に毎日電話をかけないといけない。何を言ったらよいのかわからないから，姑と韓国語で話すのはとても緊張した。夫は遅くまで働いているのに，夫の家族と一緒に

しなければならないことがたくさんあった。アメリカでは自分が日本人であることを隠す必要はなかったのに，韓国では日本のことはあまり話してはいけないと感じていた。それに，渡米したときは日常会話ができたので，子どもみたいに感じることはなかったけれど，韓国ではハングル文字がわかるだけで，あいさつ程度しか話せなかった。それに，辛い食べ物が苦手なので，姑は私と甥に特別な食事を用意してくれた。私にできたことと言えば，その甥の世話くらい。

それでも，このような適応への圧力を感じて「ついには爆発した」ものの，マユミは韓国文化や韓国の家族からの期待を決して非難しない。実際に，マユミは次のように述べている。

姑は連絡もなしにアパートに来ることがあった。私はストレスがたまって何度か韓国を離れたが，その留守の間に，姑は部屋に入り掃除をしてくれた。だから，戻ったときには，自分が駄目な人間のように感じた。急須まで真っ白に漂白されていた。もちろん親切心からなので，腹も立たないけれど，姑にそういうことをさせた夫には少しムッとした。誤解しないで。夫の両親を心から敬愛している。ただ，慣習が違うから，夫の両親とは同居できないと思う。夫には不満が山ほどあるが，夫の両親に対してはない。

リンダが「お高くとまっているアメリカ人」と非難したことと，マユミが夫の両親との生活に適応しようとするストレスにもかかわらず両親に愛情を抱いていることとは，何たる違いであろうか。マユミは自分が直面している課題を相対化し，問題が「習慣の違い」から生じており，夫の両親への不満はないと言っている。マユミは適応すべき習慣を「嫌っている」かもしれないが，それを軽蔑してはいないし，「抵抗」してもいない。

本研究のためにインタビューした異文化滞在者にとっては，抵抗に対処する最も典型的な方略は「回避（avoidance）」のようである。自分自身を適応への必要から隔離するのだ。「回避」とは，滞在先の人々と一緒に時を過ごさないということではなく，滞在先の社会に自分を適応させねばならない状況に身を置くのを避けるということだ。体験をより表面的で負荷の低い課題に限定するのである。多くの場合，これができるのは，滞在先社会での期

待から距離を置くような地位やリソースがある立場にいるからである。

8.1.2　抵抗とラポール

　新しい境遇に対してほとんど抵抗がない人は，新たな環境との特別な「ラポール（rapport）」（心が通じ合った状態）を感じているように見える。新しい環境からの期待が，何か自分の性格や価値観と合致しているように思えるのかもしれない。このようなラポールは好ましい異文化体験につながる場合が多く，適応への課題に対してはめったに抵抗を示さない。しかし，これは良くも悪くもなり得る。場合によっては，文化的差異の深層レベルになると，当初感じたラポールが失望に変わることもあるからだ。たとえば，スイス人のアンドレは日本文化に夢中だったが，幻滅するようになり，とうとうスイスに帰国してしまった。また，アデルは日本文学を研究し伝統的な日本文化をこよなく愛したが，日本で実際に出会った日本人を理解することはほとんどなかった。このような場合，他文化の共同体に関する非現実的なイメージにもとづいたラポールは，後になって「抵抗」をもたらすことがある。

　新たな環境に全くあるいはほとんど抵抗を感じない場合には，そこでの体験に心から満足している人もおり，時として自分の文化的ルーツに戻りたくないということもある。ニールは日本に住む英語教師としてよく順応しており，「ここにいると落ち着く」と述べていた。これは，性格と新しい環境の相性が良かったというだけかもしれない。だが，自分が置かれた環境に関してこのような気持ちを報告する異文化滞在者は，外国人として隔離された立場に置かれているので，深層レベルでの異文化的課題からは保護されている可能性を考慮に入れなければならない。たとえばニールの場合も，日本についての深い理解が期待されない英語教師としてではなく，もっぱら日本語のみで生活して仕事をするように強制されたとすれば，違った反応となるかもしれない。

8.1.3　反転

　新しい環境での「抵抗」をすべて回避することには，別のマイナス面があるかもしれない。そういった危険性のひとつが「反転（reversal）」で，これは異文化滞在者が新たな環境にあまりのラポールを感じて，自分の出身文化の環境を見下すことである。「現地の人のようになって」，新たな文化的環

境の偏見に染まったり，あるいは新しい文化的環境のほうが今までのものよりも優れていると感じたりする。文化的差異を軽蔑するという点で，「反転」とは結局，「抵抗」の一形態である。軽蔑する対象が滞在先の環境ではなく自国の文化環境であるというだけなのだ。反転が起こる根本原因は，特定の世界観の妥当性を受け入れないことである。反転は，図8のように示すことができる。

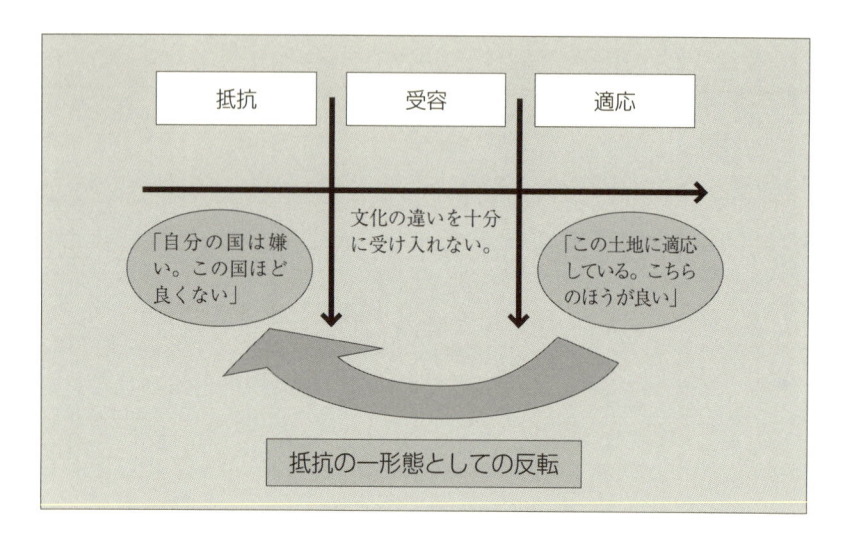

```
┌─────────────────────────────────────────────┐
│     抵抗          受容          適応          │
│                                              │
│      │            │            │            │
│      │       文化の違いを十分    │            │
│      │       に受け入れない。    │            │
│ 「自分の国は嫌               「この土地に適応  │
│  い。この国ほど              している。こちら │
│  良くない」                   のほうが良い」  │
│                                              │
│          抵抗の一形態としての反転              │
└─────────────────────────────────────────────┘
```

図8

8.2 表層抵抗

　新参の異文化滞在者にとって，初期の適応への課題は未知の物理的環境からの単純なものが多い。湿っぽくひっそりとした英国の農村に慣れた人が，灼熱のカルカッタのせわしげな街並みに出会うこともあるかもしれない。外国に行ってこのような違いに遭遇するだけでも，まず衝撃を受けるだろう。注文した料理が出てきたときに，自国で期待していた「本場物」とは違うことで落胆した旅行者は大勢いる。

　期待通りではなかったという失望が，そのまま抵抗となるのではない。「表層抵抗（surface resistance）」には，異文化体験の顕在している部分に否定的判断を下すことが含まれる。タイの海辺のリゾートで注文したフィッシュ・アンド・チップスが自国のパブで出されるものと違っていた場合に，

自国を「本場物」の標準とすれば，抵抗が生まれる。当然ながら，どこにも「本場物」などはなく，場所が違えば食べ物も異なるのである。本人が正常だとするものを無意識に期待するだけで，このような反応が生まれる。

8.2.1 目に見える課題と象徴的な意義

　表面的な異文化接触で最も深刻なのは恐らく，目に見える文化の所産が象徴的な意味をもつ場合である。好事例は，フィリップがドイツで体験したごみ収集のシステムだろう。フィリップは，ごみ収集そのものではなく，それが表象するものに苛立っていた。ごみの出し方を変えなければならないので，フィリップは深層レベルで腹を立てていたのだ。ごみ分別の必要性を個人の価値観と関わる問題ととらえたかのようである。フィリップは何が期待されているのかを正確に理解していなかったかもしれないので，自国にいたときよりもごみ問題の処理に手間取った。「郷に入れば郷に従え」をそのまま実行するのは意外に難しく，多くの場合，異文化滞在者は表層的な現象にのみ反応するのではなく，その現象の認識レベルでの重要性にも反応するのである。

　この点がはっきりと表れるのは，目に見える現象が文化的価値観の深層レベルでの差異を明確に示している場合だ。スウェーデン人女性が，ジェンダーによる社会的な区別が比較的少ない社会に慣れているのに，サウジアラビアのようにジェンダーの社会的区別が数多くある国を訪れると，ジェンダーによる役割が不公平で不快なものと感じるだろう。多くの女性がまとうベールは，平等主義や男女平等に関する深く根付いた価値観に対する侮辱として表象され得る。この場合，スウェーデン人女性が直面している適応への課題は，彼女自身がベールを身につける必要があるということではなく，女性の多くがベールをまといジェンダー差が明確にある社会を理解しなければならないという必要である。特定の現象に対して否定的連想を抱けば，強力な抵抗への一歩手前まで来ている。これを避けるためには，個人的判断を挟まないという強い意志姿勢が必要である。

　チュニジア出身の保守的なイスラム教徒がアメリカを訪れた場合，サウジアラビアを訪れたスウェーデン人とは正反対の方向ではあるが，同様の体験をする。イスラム教徒の目に映るアメリカ社会は明らかに機能不全に陥っている。女性たちの（イスラム教徒の基準では）挑発的な装いが，アメリカで

の離婚率と（チュニジアの基準では）限られた家族生活などに関する知識と相俟って，アメリカ人は女性や家族を大切にしないと確信し，多くの女性が自分を大切にしていない，と感じるかもしれない。そしてサウジアラビアに行ったスウェーデン人女性がそうであるように，アメリカ人がジェンダーや家族をどのように考えているのかを学ぼうとすることなくチュニジアに帰国すれば，この男性の抵抗は，たちまち自己充足的な否定的判断となってしまうだろう。

　上記のような事例からわかるのは，異文化体験が短く表面的なものであっても，その影響は軽視できないということである。短い滞在の欠点は，その環境のなかで人々がどのような見方をしているのかを深く探求する機会がないことだ。だが，さらに悪いのは，表面的な体験にもとづいた深層レベルの判断が，往々にしてその通りに，異文化体験として認識されないことである。サウジアラビアを訪問したスウェーデン人女性やアメリカを訪問したチュニジア人男性は，少なくともある部分で，以前よりも許容度が低くなって帰国するという危険を負う。というのも，ごく短い滞在での体験をもとに，かの地は遅れているとか，不当であり不道徳だと追認してしまうからである。

8.3 深層での抵抗

　本書でインタビューをした人々の誰ひとりとして，食事や物理的環境などが原因で深刻な適応上の問題を抱えているとは語らなかった。しかし新しい環境での滞在が長くなると，より深い適応への課題と向かい合うことになり，目に見えない適応への必要は，はるかに深いレベルでの課題となることを示した。新たな環境に長く滞在するということは，異文化を深く体験する可能性を意味するものの，そのような体験を約束するものではない。外国生活は以前よりも便利になっており，新たな文化の真っ只中にいても，慣れ親しんだ生活を造り出して，その中にこもることが可能である。自国で使用している日常生活用品を外国で見つけることは珍しくないし，外国語を学ぶ必要もほとんどないかもしれない。このような状況にもかかわらず，異文化接触が長期化し関係が深くなると，深層文化の課題に直面するのが常である。

　深層での抵抗では「絶対的な判断（absolute judgment）」が顕著である。絶対的な判断では，ある集団には何かが欠けている，と特定の原理にもとづ

いて見てしまう。その原理は普遍であると本人は想定しているのだが，実際は自文化中心的な前提にもとづいている。フランス人のデイビッドはパイロット訓練の教官として多数の中国人を教えたが，彼らに飛行機の操縦を教えるのは不可能だと思った。コミュニケーション上の問題や反応でデイビッドが不可解に思ったこと（たとえば，中国人は身の危険を感じても，手順を乱すことはなく，指導された通りに操縦することを主張する）により，「中国人はサバイバル本能がない」と結論づけるに至り，それを中国人の文化的「洗脳」によって説明した。

デイビッドは「洗脳」という語を用いたが，このことは彼が中国人の行動を人間らしくないと思っているということを意味する。これは深層における抵抗の最大の危険である。他文化の人をまともな人として扱わない場合，対象は単なる物体となり，親近感をもつ人に対するような正常な配慮を失う。このような反応を乗り越えるためには，「括弧に入れる」，つまり自分の反応をいったん脇に置くことが必要である。そうしてから，理解し難いものや不快なものを生み出している，隠れた前提を見つけ出そうとしなければならない。別の観点の妥当性を受け入れることは，より建設的なアプローチの核となる要件である。

とはいえ，受容するのは意外に難しい。異文化滞在者は多くの場合，特定の状況や葛藤の細部にとらわれて，受容という課題に取り組むだけの精神的余裕がないかもしれない。抵抗するのは，おそらく異文化体験へのごく自然な反応である。生物進化の結果，人類は文化共同体を形成するようになり，そのなかで集団の確実な生き残りのために協力する。そのような慣習のなかで個人的に傾注し深く内在化された感情によって，集団の成員は活動を調整したり，外的危険から集団を守ったりできるのである。自文化中心主義には人類が生き残るための価値があるように思われる。その意味では，異文化間の共感を得ようとするのは進化の遺産に反する。だが，これは人種差別の口実や外国人恐怖症を肯定するものではない。実際はその反対だ。深層レベルには，認識を変えるという要求に抵抗する根が存在するのだと認めることで，教育や社会政策に情報を提供できるし，またそうしなくてはならない。そうすることで，私たちは多文化共生社会が抱える困難を過小評価しないことになる。何かが自然であることは，それが望ましいということを意味するものではない。

第9章　差異の受容

「どこか他の場所に行けば,そこでのやり方がある,それだけのこと。好き嫌いの問題ではなく,ただそれを受け入れる。これまで慣れ親しんだ環境とも関係すると思うし,やり方が違うと不安な気持ちになることもあるけれど,順応するよ」と,ポール。

9.1 受容

　文化的差異の「受容（acceptance）」は,文化の学びが成功するための不可欠な要素である。冒頭でポールが言うように,「どこか他の場所に行けば,そこでのやり方がある,それだけのこと」なのだ。文化の違いに対するこのような基本的に中立の立場,つまり他者の目で見た現実を妥当であると認めることは,受容の核心である。筆者の深層文化モデルでは,受容とは「自分が体験する文化現象に関する別の解釈を妥当だと考えること」と定義される。定義や理想として述べる場合,文化的差異の受容は抽象的でもなく難しいものでもない。しかし,理想としての受容と,異文化が与える課題への対応としての受容は,全く別物である。理念的に受容と取り組むのは望ましいにしても,それは実体験における受容という反応を保証するものではない。

　「受容」とは,体験を「相対化する」能力を意味する。自らの体験に影響を与えた理由を状況の中で見る能力である。これは,おそらく認識の「脱中心化（de-centering）」につながる。ある現象を判断する基準が本人から離れて,より大きな参照枠組みへと移動するのだ。目に見える差異のレベルにおいて,たとえば特定の食材に慣れていないためにその地の魚料理が気に入らないかもしれない。その場合,まずいことを相対的に考える,すなわち慣れていない結果として考えれば,食べ物自体に欠陥があるというような絶対的判断は控えるだろう。また,あいさつや行動習慣の違いを適切で妥当なもの（その習慣を有する共同体から自然に生じる所産）と考えれば,単に「異国的」とか「風変わり」（自分が親しんだものとの比較）とはしないだろう。あるドイツ人の異文化滞在者は次のように語った。モロッコの市場でどのよ

うに値段を交渉するのか学んだので,売り手と買い手の関係を表す妥当な方法として値段交渉を考えるようになった。しかし以前は,何も知らない観光客をだます策略かと思っていた。

「受容」は,自らの行動を変えて認識を新しい基準に合わせる必要はないのだが,受容という選択肢をとるならば,自分自身にとって何だかしっくりこないと感じないで新しい事象を受け入れることを意味する。他者の認識枠組みが基本的に妥当だと思えば,自分の行動をその枠組みに適応させることは単に,どのように最適な方法でコミュニケーションをしたり,関係を築いたり,ものごとを実行したりするのかの問題になる。行動を変えないことを選んだとしても,それは条件反射的な「抵抗」ではない。そのような選択は,他にも合理的な基準が使えるという基本的な知識にもとづいている。文化的基準が合理的だということは,当然ながら,あらゆる行動に等しく利点があるということにはならない。

「受容」という考えは,「何でもあり」の道徳相対主義のようだと怪しむ向きもあるかもしれない。しかし,「受容」とは,他者の倫理基準を取り入れることではない。倫理的な選択をする際に留意する条件を増やすことなのである。倫理的な選択は,自分の行動が与える影響や意義を測ったうえでなされる。「受容」という倫理的な課題は,他者の倫理基準が本質的に劣っているという想定をせずに,それを理解しようと試みることである。

実際には,この線引きは難しいかもしれない。異文化滞在者は時として,滞在先における特定の個人の行動が「その共同体の基準に照らして」合理的かどうか判断できないことがある。滞在先の共同体での基準が理解できると,何を選ぶのかが明確になる。ユウコは海外で成長期を過ごした日本人女性で,このような問題に対処しなければならなかった例である。国際的な環境で育ったので,ユウコは日本人女性に期待される行動は,自分の受けたしつけと矛盾すると感じていた。そしてこの点を解決するために,まず日本の基準に没入して,それからどのように反応すべきかについて結論を出した。

　ギブ・アンド・テイクよね。その場に応じて日本人になったりする。私は名前が日本人だし,実際に日本人だから,職場ではとても従順な人間を期待されている。営業担当は私が若いから思い通りに使えると思っているみたい。でも状況次第で,やろうと思えばどなることも,意見を言うこともできる。それでも

礼儀作法を知らないわけではない。自分で選んでいるだけ。

ユウコは道徳上の羅針盤を失っているのではないことがわかる。彼女には行動が適切かどうかを評価する複数の枠組みがあり，それに従って臨機応変に選んでいる。むしろ，選択のための確固とした基盤を与えられ，それが強化されている。

9.1.1　好感と受容

個人的に気に入った文化的差異を妥当なものとして受け入れることは容易だが，「好ましい差異」と「受容できる差異」は区別しなければならない。文化的差異の一部が気に入らなくても，妥当なもうひとつの選択肢として受け入れることは可能である。たとえば，怒っているならそれを直接言ってもらう方がいいと思っても，第3者を通した伝達で気まずい対立を避ける方をよしとする人がいることは理解できる。また，妥当なものとして受容しなくても，文化的差異の一部を気に入ることは可能だ。海外での生活にうんざりしたり冷ややかになる人がいるのは，外国生活の結果として地位が上がったり収入が増えることは「好む」けれど，そうした恩恵を与えてくれる国の文化を妥当なものだと考えることが全くできないからかもしれない。

9.2　表層受容

ほとんどの人は，ある程度の差異を受け入れるであろう。脅威とならない差異であれば，妥当なものとして認識し受容しやすい。エスニック料理にはめったに偏見が生まれないのはこのためである。だが，適応への課題が増すと，受け入れ難くなる。旅行の第1週目に異国情緒を感じた味も，次週にはその魅力を失っているかもしれない。課題の度合いが高まると，当初は受容していても次第に抵抗へと転ずるかもしれない。適応への課題の対処にはかなりのストレスがかかるのだが，「受容」とはそのような状況下で自分の無知を認めて受け入れる能力を意味し，困難な状況を環境のせいにしないことである。すべて冒険として楽しもうと頭では考えていても，批判的になり「抵抗」に転ずることでストレスに反応するのはたやすい。

9.2.1　深層での抵抗を伴う表層受容

　本書に登場する多くの異文化滞在者が，目に見える表層レベルでは文化の違いを受け入れていることを示す発言をした。ジャックは「日本ではものごとを予測できる。それはいいことの方が多い。これから乗る電車は時刻表通りに到着するってわかってるし，店ではきちんとしたサービスを当てにできる」と語った。同様にスティーブンは，韓国での生活に慣れる様子を説明しながらこう言っている。「（文化適応は）大した問題ではなかった。いったん生活が落ち着けば，毎週末買い物に行く必要もない」。異文化滞在者の多くは，現地で落ち着くまでにさほどの問題に遭遇していない。買い物のしかたを覚え，住んでいる街や近隣を歩き，日常生活に必要なことをこなしていた。こうしたことから，彼らが外国生活にうまく適応しているという印象を受けてしまう。ところが，こういう表層レベルの受容に留まってしまう場合と，さらに深層に進む場合との間には，格段の違いがある。

　異文化滞在者のなかには，何年も住んでいるのに，「表層受容（surface acceptance）」のみで異文化体験に反応し続ける人もいる。これは，「表層受容」に加えて，文化的差異への深層抵抗があることを意味している。これは「長期旅行者」現象として説明できよう。この現象では，深層レベルの適応への課題から自分を隔離することで何とかやり過ごしている。外国人同士で固まったり，自分と同じ言語を話す人に主に話しかけたり，自国のメディアに依存したりするのだ。

　深層レベルの適応への課題から自分を隔離するのは，「抵抗」の一形態である。ジャックの「深層抵抗（deep resistance）」は「表層受容」と組み合わされており，図9のように図示できる（次ページ）。

　ジャックの示した抵抗には深層抵抗の特徴がある。というのは，ジャックが自分で避けている文化的差異は，価値観やコミュニケーション様式など深層文化に属するものだからである。ジャックは基本的に，日本人の世界観を妥当なものとして受け入れてはいない。

9.2.2　知的受容と深層受容

　「表層受容」と「深層抵抗」とが相俟って反応をしても，異文化滞在者は自分が暮らしている社会を高い知性で理解することができる。たとえばスティーブンは，韓国文化を理解するためには学問的知識が必要だと語る。

```
        抵抗            受容           適応

                     顕在的
                  「日本は予想がつ
                   く国。電車は時間
                   通り来る」
                                              より深い
                                              文化的共感へ
      「日本文化は閉鎖
      的、だからあまり
      適応しようと努力
      しなかった」
                     潜在的
                  より深い適応への必要
```

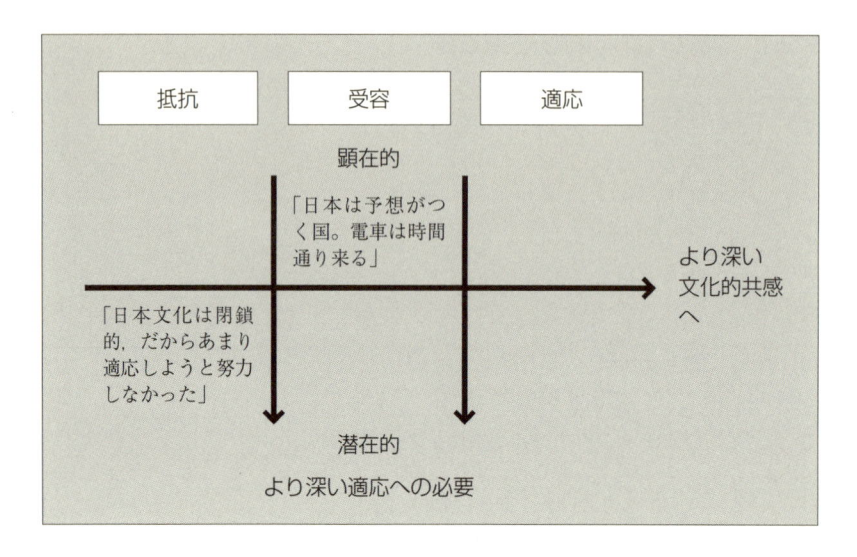

図9

　僕にとって文化を学ぶことは、まず歴史を学ぶことから始まる。歴史を知れば、今の行動や慣習や価値観を知る手がかりをたくさん得るし、その土地の人々がどのように考えて行動するのかがわかろうとすることになる。…（儒教や仏教について勉強して）物事がなぜそうなっているのかを理解するのに役立った。たとえば、ある人に会いたかったけどダメだと言われた。それは地位が理由だったって、わかった。ボディー・ランゲージを理解する時にだって役立つ。ある時、レストランでドアに背を向けて座っていたときに、突然全員が起立してお辞儀をした。手がかりは、それがとても深いお辞儀だったこと。それで部屋に入ってきた人物が、とても重要な人だとわかった。

　スティーブンの説明で興味深いのは、韓国人にとって直感的にわかる常識にすぎない事象を理性的に分析している点だ。確かに深々とするお辞儀は深い敬意を示すのだが、このことを理解するために儒教や仏教を勉強する必要はない。スティーブンの発言は、韓国社会に暮らしていない人間のように聞こえる。自分が驚いた行動を歴史的に「説明」しようとしているかのようだ。だが、韓国人の観点からすれば、敬意を示すためのお辞儀は、アメリカ人が就職の面接にネクタイを着用したり、親しみを表してファースト・ネームで

呼んだりすることと同じで、特に驚くほどのことではない。このような現象に歴史的な説明を求めることはできるだろうが、普通のこと、妥当なこととして受け入れるために必須というわけではない。

ここで重要な点は、スティーブンが6年間も韓国に滞在しながら、韓国語をほとんど話さないということだ。彼は韓国文化を受容していると公言して、こう語った。「そう、（文化の違いを）受け入れたよ。好むと好まざるとにかかわらず、そうなるわけさ」。しかし時として、韓国人のやり方は「いい加減」だと言い、「無計画」だとする。事実、「好むと好まざるとにかかわらず」受容するという発言は、韓国文化は好きでないけれど、とにかく自分の行動を変えなくてはならなかった、ということを暗に示しているのかもしれない。つまり、適応への必要性の背後にある価値観を十分に受け入れないまま、行動を適応させたことを示唆している。スティーブンの文化の学びは図10のように図示できる。

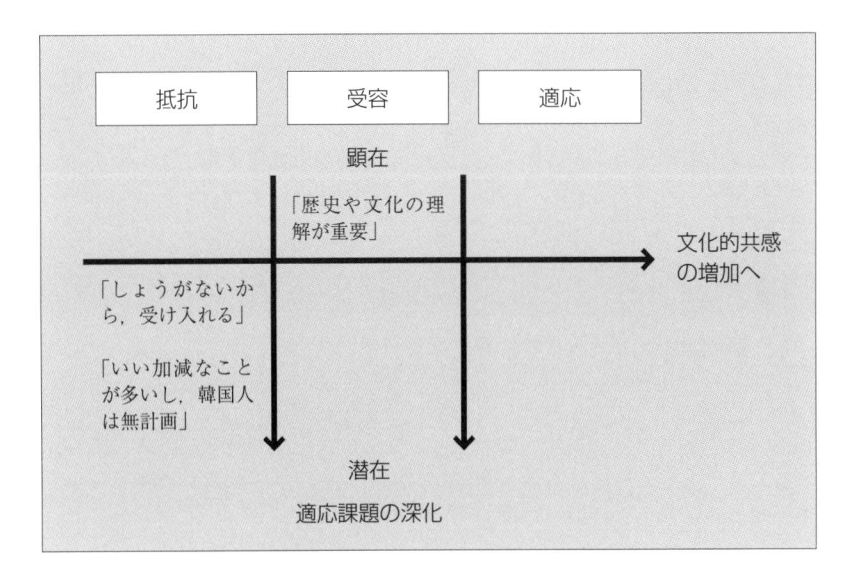

図10

筆者がインタビューした異文化滞在者がひとつの指標だとすれば、文化の差異を深層で受容することは、高学歴であって、異文化での経験が豊富な成

功者でさえ，比較的まれである。これは，人々が故意に偏見を持つからではなく，以下のような理由からである。1) 深層レベルでの文化に関わるまでは，深い文化の差異は受容できない。外国での体験が長くても，深層での適応への課題に直面する必要のない場合が多い。加えて，2) 深層レベルの適応への課題があっても，本人には「選別する」能力があり，好きな体験は楽しむが，不便だったり対応が困難なものに対しては批判する。このような事例としては，オーストラリア人学生がフランスに1年間滞在して，文化適応の研修に参加した体験がある (de Nooy & Hanna, 2003)。また，フィリップも然りである。ドイツで非常に有意義な体験をする能力があったため，ドイツ人に対して抱いていた偏った印象を払拭することまではできたが，ドイツ式ごみ収集方式に具現化された広く深い差異を受け入れることは決してできなかった。

　本書に登場する異文化滞在者はその圧倒的多数が，体験を肯定的に説明してくれた。しかしまた，体験のなかのある要素に関しては，否定的な判断を刻み込んだままである。これは異文化の学びの複雑な本質の典型であるように思われる。ここにこそ，文化的差異を深層で受け入れる上での根源的な課題がある。何かが文化的なものだと認識する行為は往々にして予想以上に難しく，異なるシステムが作用していることを深層レベルで理解する必要がある。このような差異を見つけるためには，自分の判断を保留する意思だけでなく，何かを新しい方法で行うということに長期間取り組んだ体験がなければならない。

9.3　深い受容

　「深い受容 (deep acceptance)」に必要なのは，文化的差異における個別要素を妥当なものとして見る能力だけでなく，別の世界観が一貫性のある内なる論理をもつという基本前提を受け入れる能力だ。この内在論理はいったん理解されると，その内部で作用する。別の世界観における内なる論理を理解するプロセスは，ギュンターの事例で説明できる。ギュンターはドイツ人で，日本人技師チームの管理職として日本で3年間勤務した。この間，ドイツ人の同僚はほとんどおらず，主に日本人技師と日本人顧客を相手に仕事をしていた。日本人顧客からの技術上の問題に対する反応が，当該問題のデータ収集に集中していることに，彼は困惑した。

問題があると，日本人は詳細な調査を依頼してくる。ドイツにいる同僚も私も全く信じられなかった。なぜ日本人は問題を解決するためにあれほど多くの情報をほしがるのか，理解できなかった。

ギュンターには，日本人の顧客や技師が問題解決を無計画に行い，やみくもに情報を収集して，何とか解決を図ろうとしているように思えたのだ。

ギュンターが文化を学ぶ上での課題は，前節で取り上げた旅行者とは次元が異なる。旅行者は短期訪問者として，象徴的な意味をもつ事象に対して結論を下して，その後帰国するだけの話だが，ギュンターの場合は日本に滞在して，価値観やコミュニケーション様式の枠組みが違う人々と一緒に仕事を続けなくてはならなかった。しかし時の経過とともに，同僚の問題解決方法が常軌を逸したものではなく，意味を共有するシステム全体の一部だと気がついた。そしてギュンターは，努めて自分をそのシステムに組み入れたのだった。

ギュンターは根底にある論理を探り出すことができた。彼は自分が学んだことを説明する際に，問題解決に対する2つの異なる，しかしどちらも機能する方法について，簡潔にして要を得た説明をしてくれた。

日本人はできるだけ詳細なデータを収集しようとした。問題を解決したければ，これでもかというくらい詳しいデータを集め質問する，際限なく質問する。それから，収集した詳細なデータを前に問題の解決方法を考え始める。ドイツでは全く逆だ。誰も細部になど興味ない。基本的に反対側から攻める。まず全体像を把握して，それで多分，後から詳細データに手をつける。

この体験が深い受容であるとわかるのは，目に見えない異なるシステムを機能させることができただけでなく，どちらか一方のシステムが優れているというような根本的な結論を下していないからだ。ギュンターは日本式アプローチに利点を見出しつつ，それを相互補完的なものと考えた。

日本人と数カ月間一緒に仕事をしてみて，まず多くの情報を収集して，最後に適切な結論を出そうとするのは悪くないと思った。…ドイツのやり方が優れているとか，日本式がいいとかは絶対に言えない。どちらにも利点と欠点がある。

両方のアプローチが必要だと思う，確かに。

異なる問題解決法について学んだギュンターの体験が，文化的差異をジレンマとし，その解決は互いを鏡に映すようなものだとしたトロンペナースとハムデン゠ターナーの見解を思わせる。

ギュンターが体験した文化の学びで意外なのは，寛容や文化相対主義など理念的ないしは道徳的なことについて語っていないという点である。彼の関心は，ものごとがどのように機能しているのかを体系的に理解し，効率的に仕事をすることであった。試行錯誤を繰り返して，文化の情報提供者としての日本人と良好な関係を築いたことが成果につながった。頭で考えるだけで理解できるものではなく，体験しなければならなかった。ギュンターの説明からわかるのは，気持ちがあったとしても時間がかかり，フラストレーションやつまずきもあるということだ。彼の場合は，同僚の日本人技師の一人との間に緊密で信頼し合う関係が築けたことが重要であったようだ。

来日後，半年あまり経って，同僚の技師と一緒に仕事をするようになった。当時，試行錯誤の末に，少なくとも初歩的なことはすでにわかっていた。けれどもその後，自分で不可解だと思えることは最低限，彼と議論することができた。本当に変だなと思うことは話し合い，「この件はどう思う？」と尋ねることができた。…半年間は失敗したけれど，初歩的な問題はもうないと言える。日本人の顧客への対応を学び，日本人のふるまいにも慣れた。同僚から教わったのは，主にこのようなことだ。

ということは，ギュンターは1年半の試行錯誤を通して「基礎を学び」，その後さらに少なくとも半年，日本人の同僚と近しく仕事を共にして，顧客への対応に「初歩的な問題」がなくなったことになる。事実をそのまま述べる彼の説明では見落としがちになるが，職場環境における孤立とストレスに直面しても前向きな態度を保つためには，「受容」に対する基本的かつ断固たる態度が必要であったに違いない。

9.3.1　深い受容と言語学習

ギュンターは目に見えないレベルの文化的差異を理解できるようになった

が，日本語は全くものにしなかった。これは希有なことである。一般的には，滞在先の共同体を深く受容できるのは，異文化滞在者が現地の言語を使ってその社会に完全に溶けこんだ場合である。ところが，ギュンターの体験が示唆するのは，このレベルの文化の学びに必要なのは，言語能力そのものではなく，自らの世界観のなかに別体系の思考や行動を首尾よく統合したことだった。ギュンターは日本語の世界観には踏み込まなかったが，以前には知らなかった独得の論理を有するアプローチに到達した。新たな意味体系を取り入れることで深い受容を成功させることができるのだ。

表層受容のみにとどまる異文化滞在者は，言語学習に対する態度が，滞在先の共同体における世界観を十分に理解した人とは異なる。たとえばジャックの発言は，言語を主として道具だと見なしていることを示唆している。言語とは特定のタスクを実行させてくれるものにすぎないのだ。

> 僕が使える語彙や文法は限られている。仕事に関係した内容のほうがバイクの故障を説明するよりも，語彙や用語を知っている。自信は…緊急の場合とかは，自信ない。予約することだって無理かも。まあ，自分で思っているよりはできるかもしれないけど。文法はたぶん，ひどいだろうね。電話で何度か話が通じて驚いたくらいだ。…使わないもの。今日は郵便局に行ったけど，「サイン」と言われて，「ハイ」って返事しただけ。ほんとに日本語を使う機会がないんだよ。自分で機会を作らないとならないんだ。たとえば，店に行って，ツナ缶なんかいらなくても，ツナ缶ありますかって尋ねてみるとか。デパートに電話して，何か頼むとか。…日本語を使わないで何日も過ごせる。実際に使わないで過ごしてる。

スティーブンは，異論が多いだろうと承知しながらも，韓国語の学習が韓国人を理解するために役立つとは思っていないようだ。外国文化を理解するためには言語学習が必要かと問われて，彼はこう答えた。

> 外国人だと必ず限界がある，って言う人はたくさんいる。でもそれは，程度の問題。外国語が達者なら，きっと役に立つだろうとは思う。でも同じ情報を手に入れる他の方法もある。僕が実際にしたような方法とか。

よってスティーブンは，言語スキルがそれほどなくても韓国文化が理解できる自分の能力に満足しているようだ。表層レベルで適応への課題に応じる場合，言語の違いをはじめとする文化的差異の個別の実例が大きなパズルの単に一片に過ぎないことが見えない。言語とは意味体系を示すものであり，言語を学ぶことでその意味体系に入ることができるという全体論的な視野に立つのではなく，物事を実行する上での道具だと言語を見なせば，言語学習を重要だとする見方は弱くなる。まさにスティーブンは，自分の限られた言語能力について次のように説明している。「言語能力は絶対に必要なものではなかった。自分には生きていく能力，生活できる能力があった。これは大いに必要だった。それ以上は（必要なかった）」。

9.3.2 受容と適応

これまでは，変化への必要に対する認知的な反応として「受容」を検討してきた。本章では，変化への必要に対する「適応（adaptation）」とは別にして考察してきた。なぜなら，この2つは基本的に異なるプロセスであると考えられるからだ。文化的差異を妥当なものとして受け入れながらも，自身の行動を適応させない場合もある。同様に，自分が反応している課題が妥当で合理的だと受け入れることがないまま，行動を適応させることもできる。次章では，このような区別を明確にすることを念頭に，「適応」について検討する。

第10章　適応と異文化アイデンティティ

「最初はアメリカ人のようにふるまおうとしたけれど，居心地はあまり良くなかった。…相手に合わせようとして，自分の本当のアイデンティティを犠牲にしたこともあった」と，マユミ。

「話す言語の数だけ自分がいる。違う言語を話すときには，思考パターンも身ぶりも変わる」と，ポール。

「日本での暮らしから確かに影響を受けたけれど，それはたぶん，もともと自分にあったものが強化されたことと関係があるかも。…頭から粉をかぶっても，雪だるまにはなれないから」と，ドナルド。

「セネガルに戻ったら，セネガル人としてのメガネをかける」と，アブドゥ。

10.1　適応

　未知の環境に適応するために，異文化滞在者は自分を変えなければならない。マユミは「アメリカ人のようにふるまおうとした」が，あまり極端に変わると，自分の本当のアイデンティティを犠牲にするかもれないと感じている。ポールは外交官の息子で，異なる共同体に合わせるために何度も自分自身を変えなければならなかったが，適応のための変化に苦痛を感じていないようで，場所が変われば別人になると言わんばかりだ。他方，ドナルドは変化の可能性を否定している。なぜなら，「頭から粉をかぶっても，雪だるまにはなれない」からだ。アブドゥはフランス在住のセネガル人で，認識の変化を説明している。セネガルに帰国したときの反応として，「セネガル人としてのメガネをかける」と言う。冒頭の引用で取り上げた異文化滞在者たちは，それぞれの方法で，適応という問題，つまり新たな環境からの必要性に応じて自分がどう変わるのか，という問題に対処している。

「適応（adaptation）」とは、「異なる文化的環境からの適応課題への対応として、自分自身を変えること」である。普段のやり方が未知の環境では通用しないこともあるので、異文化滞在者はある程度、変化を強いられる。自分の母語と同じ言語を誰も話さない国では、生きていくためにコミュニケーション方法を変えざるを得ない。その町のどこに何があるのか、あるいはメニューに出ている料理がどういうものなのかわからない場合には、その土地で暮らしていくための学びが必要だ（学びとは変化の一形態）。このような「強制された適応（enforced adaptation）」は、目の前にある適応課題を異文化滞在者が受け入れるかどうかに左右されず、選択の余地はほとんどない。

その一方で適応は、異文化滞在者に備わった変化のための「能力」に制約される。たとえば大人の外国語学習者がどれほどがんばったとしても、母語話者並みに外国語が堪能になることはめったにない。完全に「母語話者になる」のは不可能だ。また、変化への願望が、滞在先の共同体に受け入れられないこともある。この「強制された抵抗（enforced resistance）」とは、たとえ異文化滞在者が適応しようと試みても、新たな環境から排除されるということである。アブドゥの事例がこれに相当する。彼はフランス在住のアフリカ系として偏見に直面しており、どんなに適応しても、フランス社会の重要な部分で受け入れられることは難しい。

ある程度の適応は概して刺激的だ。旅の支度をし、地図を調べ、外国語の慣用句を学ぶときなどがそうである。短期間では、適応は恒久的な変化を意味しない。異文化滞在者は生活習慣を変えなければならない前に、慣れた環境に戻れるからである。だが、滞在期間が長くなるにつれて、どの程度の変化を現在の生活様式に統合するのかを選択しなければならない。いつもの食事、人づきあい、習慣がなつかしくなりはじめた旅行者は、このような課題に直面する。短期滞在者であれば、もうすぐ帰国できると期待しながら、普段の習慣を一時的に保留できる。けれども長期滞在者は、単に新たな行動だけではなく、新たな日常行動も身につけなければならない。

「適応」は付加的なプロセスである。これは、自分の「文化」を新しいものに「差し替える」のではなく、既存の知識、スキル、視点に追加するという意味である。未知の共同体に「適応」するプロセスにおいて、文化アイデンティティに疑問を抱く人がいるかもしれない。しかし、新しい共同体に深

く共感できた場合にも，これまで属していた共同体で相互作用し理解する能力を失うことはない。このプロセスは外国語学習に似ている。新たな言語を学ぶことで（かなり幼い時でない限りは），母語を失わないのと同じように，他文化に適応しても自文化をあきらめることなく，異なる期待の地平に足を踏み入れるのである。

10.1.1 強制された適応

　選択は適応プロセスに不可欠であり，自分の意志に反する変化は難しい。リンダは，アメリカ人を「気取ってる」と感じた英国人女性だが，不幸せな結婚生活のなかで夫に同伴して米国に渡った。もともと望んで渡米したわけではないので，アメリカでの生活に適応するのに一層苦労したと語っている。「強制された適応」とは，心理的抵抗にもかかわらず変化が強要されることである。リンダはこの状況を「ただ生きていくために，やりたくないことをする」と説明する。だが，正反対の状況にいる異文化滞在者もおり，その場合は本人の意思で外国行きを選択し，未知の共同体に適応することに強い魅力を感じる。「強制された適応」は外的要因で変化を余儀なくされるものでなく，もっと広く，「抵抗があるのに行われた適応」であり，異文化滞在者はどこかで変化への必要を正当だと認めていない。このように正当性がないと感じるのは，変化への要請が強制的な性質を持つ結果であるからかもしれないが，文化的差異そのものの「受容」と密接な関係を持っている。

　たとえば，アデルは日本文学を専門とするアメリカ人研究者で，強要されて来日したのではない。日本文学を専攻する学生として，個人的な関心や将来のキャリア目標を追求して来日したのである。けれども，好きになれない日本的価値観の正当性を根本的に受け入れることができず，自分のなかにギャップが生じてしまっている。日本について学び，日本語の勉強をして，日本人と関係を築き，日本社会を理解する必要がある一方で，日本の文化的価値観を嫌い，異文化体験に応じて自分の価値観を変えることを拒んだ。日本の伝統文化にとって何が大切なのかについて独自の考えがあり，日本人自身がそれを彼女ほど高く評価していないと感じていた。

　強制された適応にはかなりのストレスがかかり，多大な認知的不協和を伴う。「抵抗」によって，変化が困難になったり苦痛になったりするが，「強制された適応」の場合は，本人の目標や願望を達成するためという場合もある

が，とにかく変化を強いられる。このような例としてよくあるのは，故郷に残した家族に仕送りするために外国語を学び，新たな生活に適応しなければならない移民である。また，高収入を得ている海外駐在者もそのような例だ。彼らは新たな境遇が気に入っているわけではないが，帰国することで現在の収入や地位を失いたくないのである。この種の心理的葛藤は，図11で表わせる。

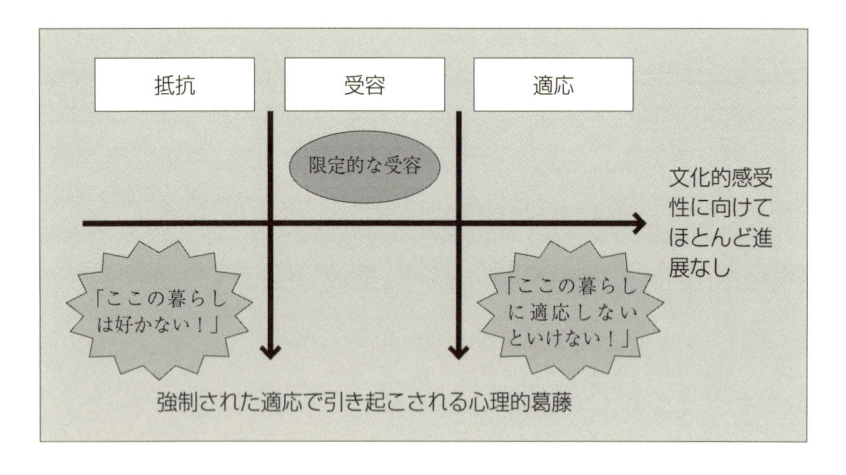

```
      抵抗       受容       適応

               限定的な受容
                                       文化的感受
                                       性に向けて
                                       ほとんど進
                                       展なし

    「ここの暮らし            「ここの暮らし
     は好かない！」           に適応しない
                              といけない！」

      強制された適応で引き起こされる心理的葛藤
```

図 11

　このようにして，「強制された適応」は異文化の学びのあらゆる可能性のなかで，最悪の結果を生むことがある。異文化滞在者は体験を相対化できないので，文化的共感がほとんど深まらない。加えて，否定的な判断は実体験によって凝り固まってしまう。外国人同士の共同体に閉じこもり深層レベルでの適応課題を避けている滞在者でさえ，適応を強いられている滞在者に比べれば体験を否定的に感じていない。ジャックは周囲から孤立しながらも異文化滞在者としてのライフスタイルを楽しんでいたが，外国体験から何を学んだのかを質問された際，何を答えてよいかわからなかった。それほど深く文化の違いに関与してこなかったのだから，さもありなんである。アデルは同様の質問に対して，アメリカ人に生まれて良かったと結論づけた。
　実際にはもちろん，新たな文化環境を完全に拒むなどということはほとんどなく，異文化の学びによって，たいてい異文化からの必要に対し，「抵抗」

「受容」「適応」が混ざり合った複雑な反応をする。とはいえ，一般的には，「差異を受容」したうえで「適応」すると，「好ましい結果」につながる。深層で受容しているほど，適応に伴う変化が受け入れやすいのだ。その意味では，適応そのものが，異文化の学びの成功を示す絶対的な尺度なのではない。人は新たな環境でもやっていけるように行動するかもしれないが，その行動が自由に選択されたものではなく，これから適応しようとする世界観が妥当であると認めていなければ，自国を出なかった場合よりも悪い結果となり得るのである。

10.1.2　表層適応

「表層適応（surface adaptation）」を体験したということは，表面的な体験をしたという意味ではない。「表層的」な異文化の学びを体験したことは，思慮が足りなかったということではない。長く滞在して相互作用をする際に生ずる，目に見えない適応への必要を迫られなかったというだけなのだ。この違いがわかりにくいのは，深い文化的差異の存在が明白なこともあるからだ。英国の小さな町からインドに旅行して，牛が街頭をぶらぶら歩く様子や神聖な川で沐浴する宗教的な清めを目にすると，他の場所に住む人々が自分とは全く違う生活をしていることが実によくわかる。このような体験は非常に強烈であり，もっと世界を見てみたい，自分の価値観を変えたいと思うようになるかもしれないし，帰国すると母国に対する見方が大きく変化するかもしれない。

しかしながら本書のモデルでは，こうした体験は必ずしも深くなくても「有意義」である。とても風変わりで奇妙に見えるものが，最も深いものなのだと短絡的に考えてしまいがちだが，えてしてそうではない。ある共同体にとって象徴的重要性を有する儀礼や対象（キリスト教の十字架，愛国者にとっての国旗，スポーツファン仲間でのスター選手名など）は，それぞれの共同体における深層レベルでの相互作用のパターンについて多くを語る場合もあれば，そうでないこともある。ドイツを訪れたコートジボワール人は，小さな町の教会での結婚式を見てエキゾチックに思うのに，ドイツ人が（車が1台もいないのに）赤信号の道路を渡ろうとしないのを見てほんの少し不思議に思うだけかもしれない。ドイツ人の普遍主義志向は見落とすが，結婚式での象徴的に顕著な要素は気づくのである。

10.1.3 深層と象徴

　象徴的な意味と深層文化は混同されやすい。ウエディングドレス，富士山，英国憲法の礎である大憲章（マグナカルタ），ナポレオンが大敗北したワーテルローなどは英国人にとって象徴的に重要だが，これらの事象を説明するのが容易なのは，これらが比較的に明示的な現象であることを示す。したがって，歴史的ないしは宗教的に重要な信仰や儀礼などを学ぶことは文化共同体を理解する一助となるかもしれないが，それは深層レベルの異文化体験までは保証しない。外国人が大憲章に関する歴史的事実を一般の英国人以上に理解するには，数分学ぶだけでも十分だろう。だが，「紅茶」が英国人の認識世界で占めている位置づけを理解するのには，豊かな実体験が必要なのである。

　異なる文化共同体で短期滞在をしても体験が深くならない理由は，異文化滞在者が象徴的な重要性をもつ対象に接しないからではなく，そのようなものが意味する隠れた差異に適応する必要がないからだ。ラオスの寺に行くと靴を脱がねばならず，祭壇に足を向けて座ってはいけないと言われるかもしれない。このような適応変化（訪問者が新しいことを学び，行うこと）は目に見える行動に関係するが，ラオス社会における仏教の象徴的重要性をより深く理解する必要はない。

10.1.4 変化への明示的必要性と不安

　目に見える適応課題に直面することが，大したことではないと高を括ってはいけない。普段は考えずに行っていること——食事を注文し，お金を使い，電話をかけ，バスに乗るなど，ができないと不安になる。このようなストレスにもかかわらず，「目に見える適応への必要性」は，体系的なことが多く比較的わかりやすいため，どちらかというと対処しやすい。箸の使い方やバスの利用法を覚えるのは簡単ではないかもしれないが，なすべきことははっきりしているので，手助けしてもらい，進歩の度合いを測り，新たな情報を日々の生活に組み込むことができる。だが，「表層適応」であったとしても，寛容さの程度には個人差がある。マツモト他（Matsumoto *et al.*, 2001）のような心理学者の研究によると，柔軟性，あいまいなことに対する寛容さ，自身の感情を上手く管理できるかどうかは，異文化での成功を予測する強力な判断材料である。異文化滞在者にこのような情動面での能力が不足していると，自身の体験を相対化するために必要な認知的な客観性が乏し

くなる。

10.2 深い適応

　新たな環境により深く適応するには，滞在先の共同体に一層深く入りこむことを学ぶ必要がある。そのためには，ものごとを行う上での暗黙の「規則」をいくつも覚えなくてはならない。たとえば，日本人留学生のケンスケは，アメリカの大学で「パーティーをする」という概念が理解できなかった。

> パーティーに参加した時はなんかショックだった。あれはラグビーチームのパーティーだったけど，なんであんなこと我慢できるのかわからなかった。ビール1杯で，ただなんか喋り合うだけ。まとまって何かするわけでもなく。ただそこにいて，ビール1杯だけでおしゃべり。信じられなかった…でも，それなりに何となく，まとまってるんだよね。

　ケンスケがアメリカの大学でのパーティーを理解し難いと感じたのは，日本の大学生同士で行う「パーティー」ならば，もっときちんと計画されているからだ。レストランや居酒屋で行われることが多く，前もって準備し，予約し，幹事の挨拶や説明があり，大切な出来事の報告があり，始まりと終わりがはっきりしている。しかし，アメリカでケンスケが参加したパーティーは混沌としていた。はっきりとした進行や何が期待されているのかが不明で，ただ話をしているだけだった。
　ケンスケに求められた社交的，文化的，そして言語的スキルは，ほとんどが目に見えない無意識のものだった。ケンスケが参加したようなパーティーでどうやって友人を作り会話を始めるのかとアメリカ人に質問すれば，「愛想良くする」とか「ありのままでいい」などと答えるだろう。だが，そうするために何が必要で，それをどうやって身につけるのかはたいてい説明できない。マユミもアメリカに留学した大学生として，「パーティー」での苦労話を語っている。

> はじめの頃が特に大変だった。たいていは同じ世代の学生とうまくやっていくこと（が難しかった）。教授たちの話なら理解できたけれど，友だちはすごくくだけた話し方するし，内容にもついていけなかった。テレビ番組のことなんか

話したり。私が話していたようなこととは全然違うことを話す…パーティーみたいなのにはよく誘われた。でも、一人じゃ行かれない。試してみたことあるけど、いつもとっても変な気持ちだった。一人で行くと、周りに混ざって入っていかないとならない。居場所がない、パーティー自体もきちんと準備されていない。だから難しいし、自分から何かしないといけない。

より深く適応するためには、周囲の人とどのようなコミュニケーションを図り、関係を続けていくのかという点で大いに変わらなければならない。最終的には自分自身や世界へのまなざしも変化する。マユミの場合は、アメリカ人の社会的な様式に合わせようとしたので、本当の自分ではなくなったような気がしたようである。

最初はアメリカ人のようにふるまおうとしたけれど、居心地はあまり良くなかった。…日本にいたらしないようなことにも参加しようとした。スポーツとか、やりたいと思ってもできないようなこともした。…それがアイデンティティにどう影響したのかはまだわからない。相手に合わせようとして、自分の本当のアイデンティティを犠牲にしたこともあった。それを続けていると限界に達してしまう。もうたくさんと思えるところまで来ると、一歩引いて自分にもっと素直になろうとした。

マユミが「一歩引いて」、自分にもっと素直になろうと感じた理由は、「目に見えない適応への必要」が深層レベルでの自己（セルフ）に触れるからである。不思議なことに、象徴的に重要な行動（例：神社に入る前に手を洗うこと）に適応するのは、日々の相互作用における差異に適応すること（例：これまでにないやり方で親しくなる方法を学ぶ）よりも脅威を感じないし難しいとも思わないのがふつうだ。これは目に見える適応への必要は予測できるので脅威を感じないからである。内面的な必要性に対しては不安が生まれがちなので、自分の能力についての意識により深いところで触れることになる。

10.2.1　内面的適応への必要性と言語学習

同じ外国滞在者でも、その状況によって、外国語を話しほぼ滞在先の共同

体に適応することを余儀なくされた人と，本人の望む程度だけ適応するという選択肢があった人とでは大きな違いがあるように見える。前者には，（外国語を使って）海外で学ぶ学生，自分の母語が通じない共同体に長期にわたって住む移民がいる。後者としては，滞在先の共同体における身分や地位のゆえ現地の規範とは無関係に暮らせる外国人居住者がいる。つまり，そのような外国人居住者は現地の明らかなエチケットを守ることは期待されているが，現地語の運用能力が高度である必要はないし，滞在先の共同体の基準に則して社会的に機能することも求められていない。あくまでも，特別扱いしないと機能しない外国人として見られている。

　筆者がインタビューした異文化滞在者のなかで外国語能力が高い者はほぼ例外なく，実生活のために言語を必要としていた。必要でなかった者は，それほど上達しなかった。滞在先によくなじんでいた者は，そうせざるを得ないほど選択の余地がなかったわけだが，その状況を十全に生かした。選択肢があった場合には，異文化体験が浅いか，異文化を頭のみで理解していた。例として，マユミとウィリアムの言語学習と適応体験を比べてみよう。マユミは生活上，そして夫の両親とうまくやっていくために韓国語を学ぶ必要があったが，ウィリアムは日本で英語教師として働く身分なので，周囲と違っても構わないという自由があった。ウィリアムは日本語を学び，マユミが韓国語でそうしたように，恋人の家族との会話は日本語でしているが，日本語学習の速度はマユミよりはるかに遅く，適応への重圧は少ない。ウィリアムと話すと，本人が心地よく感じる程度までで適応しているという印象を受ける。つまり強制されてはいない。他方，マユミからは生きるために適応しているという印象を受ける（表5，次ページ）。

　ウィリアムの話のなかで課題とされているのは，孤立を避けること（たとえば，友人を作り，「孤独」から抜け出し，英語を一日中使わないで過ごす）に関係しているようだ。他方，マユミは重圧を感じ，適応しようとしてストレスがたまり，常に気を遣わなければならない人が周囲におり，日本のことを話題にしてはいけないと思っている。注目すべきは，マユミの韓国語は上達が速く，韓国に行って1年半で夫とコミュニケーションをとる主な手段としていたことである。ウィリアムは日本で4年間過ごしたが，ガールフレンドとは英語で話している。本人がその点を恥じていることは，適応することを学ばない選択をしたのだと，ある程度は認めていることを示してい

表5

ウィリアム	マユミ
英語の話せない友人が数名いるから，日本語で話さないといけなかった。	（韓国語の学習が）英語学習と違ったのは，実生活で必要だったから。
ガールフレンドの家族と話すとき，何時間も（日本語だけで）過ごせる。彼女の母親は英語が話せない。丸一日，日本語だけでも大丈夫だ。特に好きなのが英語を全く話せない人と日本語で話すこと。相手も英語ができるとわかれば，英単語を日本語に挟みたくなる。同僚の教師と日本語で話すのは難しい。	（韓国人は）私が韓国人のように振舞うことを期待したし，同じだと思いこんでいた。でも，受け入れ難い微妙な違いがあって，合わせようとしたけれどフラストレーションがたまって，とうとう最後は爆発した。親族の絆が強くて，姑に毎日電話をかけないといけない。何を言ったらよいのかわからないから，姑と韓国語で会話するのは，とても緊張した。夫は夜遅くまで仕事をしているのに，夫の家族と一緒にしなければいけないことがたくさんあった。
広島では毎週土曜日に，ボランティアで運営されている授業に通っていた。そこで初級日本語の文法と会話を勉強した。実はその授業が，僕を孤独から引っぱり出してくれた。そこで人と出会って，友人ができたから。	韓国では，日本のことを話題にしてはいけないと感じた。
バイリンガルのほうが楽しそうに思える。よく旅行に行くし，会話は愚痴やフラストレーションの暗いゾーンに陥らない。	姑は連絡もなく，アパートに来た。ストレスで韓国を離れたことが何度かある。
ガールフレンドとはたいてい英語で話すけれど，それはちょっと恥ずかしいとも思っている。	夫の両親を敬愛している。でも，習慣が違うから同居はできない。
	私はある意味で，運が良かった。アメリカでは無理にも友人を作らなければならなかったし，韓国では夫の家族がいたから，いつも誰かが近くにいた。

る。このような選択肢はマユミにはなかった贅沢であり，マユミの体験には「適応への目に見えない必要性」がウィリアムよりも多くあったことがわかる。

10.2.2 明示的／非明示的な規範と価値観

　第3章で考察したように，規範や価値観は深層文化のレベルで作用する。しかしながら，規範（何をどのようにすべきかに関する期待）と価値観（善悪を決めるために用いる基準）は，顕在レベルと潜在レベルの両方に存在していることに注意しなければならない。異文化滞在者が共同体で時を過ごすにつれて，非明示的な規範や価値観に接する機会が増える。このような自己（セルフ）の要素は，無意識のレベルで作用するために，理解が困難であり，抵抗を生み，適応する際には文化アイデンティティについての疑問が生じて落ち着かない。

　明示的な規範とは，法律，公式の規則，社会のエチケットなどである。これには交通規制のような日常的なものや刑法のように重大なものだけでなく，家に入る前に靴を脱ぐなどという明示的な行動期待も含まれる。このような規範にはあいまいさがほとんどなく，明解に説明できる。解釈する必要もなく，規則に従いさえすればよい。ここには「しなさい」または「してはいけない」という問題があるだけだ。たとえば，「左手で食事をするな」「誰かがくしゃみをしたら，'Bless you.'（神のご加護を）と言いなさい」「高速道路で時速100キロ以上出すな」「ごみ捨て禁止，捨てると罰金」などである。もちろん，このような規範に誰もが常に従っているわけではないが，規範そのものにはあいまいさがなく，わかりやすい。

　非明示的な規範とは，どのように物事が行われるべきかに関する暗黙の期待である。明確に定義するのが難しく，限りなく見えるほど無数にある様々な事柄に関係する。たとえば，時間の使い方（夕食会が8時に始まるのなら，8時30分に到着するのは失礼か），近接学（プロクセミックス）（誰かに触れることは，どのような状況で，どの程度容認されるか，誰かと話す時にどれくらい近くに立つか），ボディー・ランゲージ（アイコンタクト，顔の表情，ジェスチャー），社会的期待（いつ，どのように褒めるか，対立にどう対処するか），地位の指標（招待した側が食べ始めるまで食べるのを待つ），言語使用（いつファーストネームで呼ぶのか，あるいは苗字で呼ぶのか，フランス語

で親疎を表す二人称 'vous' と 'tu' のような異なる言語形式の使用）などがある。実際，このような規範の完全なリストを作成するのは不可能であろう。

　規範とは違い，価値観とは，特定の行動を善悪で評価したり，もしくは異なる選択肢から選ぶために用いる基準である。政治家が民主主義の重要性について，また聖職者が「汝の隣人を愛せ」と話す際には，広く受け入れられている明示的な価値観に訴えているのである。諺には文化的な価値観が反映されていることが多い。「きしむ車輪は油を差してもらえる（The squeaky wheel gets the grease.）」という諺は，目立つことが要求を満たす効果的な方法であるという意味だが，日本語の「出る杭は打たれる」はその逆である。出された食事が嫌いなものであれば，競合する価値観の間で選択を余儀なくされる（食事を褒める方が親切か，それとも正直にその食事が好きではないと言うべきか）。価値観は，共有する基準に対して行動を解釈する必要を迫るので，共同体の価値観を完全に理解するのは難しい。

　異文化滞在者にとって，明示的な価値観や規範を理解するのは比較的容易であるが，非明示的な内面の価値観や規範に関わる適応への必要性に対処するのは困難である。マユミの場合，韓国における家族の重要性（ひとつの価値観）のために，韓国語がろくに話せなくても姑に毎日電話をしなければならないという暗黙の期待（目に見えないひとつの規範）に直面していた。ジェンダーによる役割に関する価値観（女性の役割は世話をすること）は，マユミが夫の世話をすることへの期待につながり，また彼女が韓国にいないときには姑が息子（マユミの夫）の世話をすることになった。自分をしっかり持ちながら，隠れた期待が何かを理解し（たいていは試行錯誤で），それに応じようとするのはかなりの苦労である。

　このような状況にもめげずに，マユミは直面した適応への課題が主として文化的な性質のものであることを深く受け入れ，姑や夫の家族を非難しなかった。しかし，異なる文化的価値観の正当性を受け入れることで，適応プロセスが自動的に楽になるわけではない。マユミは韓国と日本の文化差を語るなかで，自分が難しいと感じたことをやすやすと列挙した。

　　家族の集まり（はやっかいだった）。姑に電話をするのは妻の役目になっている。
　　それからプライバシーの感覚も違う。日本ではよその冷蔵庫を開けたりしない

けれど，韓国では開ける。勝手にアルバムの写真を見たり，クローゼットを開けたりすることもある。日本人と比べるとずいぶん単刀直入なことが多くて，簡単に怒りを表す。韓国人は道端でも大声で怒鳴ることがあるから怖い。ある時，駐車禁止の場所に車を止めて，夫が数分，私を残してそこから離れた。すると，人がやって来て私に向かって怒鳴り出した。何を言ったらいいのか，どうやってその状況に対処したらいいのかわからなかった。日本だったら（車を移動するように）頼むかもしれないけど，（韓国人の）その男性はいきなり怒鳴り出した。そういう傾向がある。韓国でウェイトレスが笑わないのは，女性の価値が下がると思われているから。だから愛想悪く見える。あとは，たとえば靴を脱ぐことだって大変。日本では客の脱いだ靴の向きを変えて，きちんと揃える。でも，韓国では靴の向きを変えたり，真っ直ぐに整えたりもしない。そんなことをしたら，客は気分を害するかもしれない。今考えてみると，いろいろと違っていた。たとえば，料金の支払い方法や食習慣さえも違っていた。韓国人はご飯を食べる時にスプーンを使う。姑は連絡もなしにアパートに来ることがあった。私はストレスがたまって何度か韓国を離れたが，その留守の間に，姑は部屋に入り掃除をしてくれた。だから，戻ったときには，自分が駄目な人間のように感じた。急須まで真っ白に漂白されていた。

マユミが韓国で感じたストレスは想像に難くない。行動，コミュニケーション様式，対人関係をどの程度まで変える必要があったのかを思えば，深層での適応が辛いプロセスになり得ることを理解するのはそれほど難しくない。さらにこのような深層レベルまでは決して適応しない異文化滞在者が大勢いることも容易にわかる。

10.3 文化的コード変換
　高度な言語スキルを持ち，受け入れ先の文化集団に深く溶けこんだ異文化滞在者は，受け入れ文化に対して得た共感（empathy）を「文化的なコード変換（cultural code-switching）」という点から説明することが多かった。すなわち，異なるコミュニケーションや意味の枠組みへと転換するのである。これは，フランス在住のセネガル人で4カ国語が話せるアブドゥに当てはまる。彼はセネガルに帰国すると，ものの見方を転換し，「セネガル人としてのメガネ」をかけて，セネガル人の視点から世界を眺めると言う。ま

た，外交官の息子で多言語を話すポールは，こう語っている。

話す言語の数だけ自分がいる。違う言語を話すときには，思考パターンも身ぶりも変わる。冗談を言われたら理解できるが，それを他の言語で説明できるとは限らない。参照する基準点と前提が違い過ぎる。

ドイツで生活しているときは，赤信号では横断歩道を渡らない。でも，アメリカでは渡るし，たぶんフランスでも。食事をするとき，アメリカでは片手を膝に置くけれども，ヨーロッパではそうしない。今回アメリカに帰国して，昔よりもポケットに手を入れている自分に気がついた。ドイツにいるときは，もっと時間に正確になるんだ。

インド，ヨーロッパ，アメリカで育った日本人女性のユウコも，言語が変わるとどのように意味が深くずれるのかを語る。

怒るとき，私は英語のほうがいい。日本語だと私って礼儀正しくなりすぎるし，日本語で怒る語彙を知らない。私が知っている日本語はていねいで，「あいまい」。その私がヒンディー語で話すと，「明日」が出てくる。言語によって考え方が変わる。ヒンディー語で話すと，のんびり考える。明日になれば何かが起こってくれると思う。日本語だと，あいまいになって，英語だと直接的になる。…日本にいるとヒンディー語は出てこないけど，インドに帰るとヒンディー語はすぐに戻る。

ひとつの言語しか話さないと，文化に対して敏感になれないと絶対に思う。文化に敏感でなければ，他の人の考え方を理解することなどできない。…カメレオンになる理由は，みんなとうまくやっていきたいと思うからで，そのためにがんばる。第3文化の子どもたちの多くは適応しようとして，周りから浮かないようにしてる。

スティーブンやジャックは，外国語を上手く話せないまま，外国で長く過ごした。2人は，話す言語によって自分が別人になることや，異なる行動様式に切り替えるような感覚について語ったことは一度もなかった。

異文化滞在者の対人関係については，一対一の関係は，集団行動とは質的に異なると思われる。ウィリアムとニールは配偶者の家族の一員として生活

に適応する際の問題点を語っており，得るところも多いが苦労もあると述べている。マユミは韓国人の姑に毎日電話をすることにかなりストレスを感じていて，他の親戚に対して果たさなければならない役割についても同様に感じていた。ギュンターは，同僚の技師や顧客の仕事のやり方に適応する必要があった。このような事例の全てに共通しているのは，異文化滞在者が共同体に足を踏み入れて，その共同体の規則を学ばないと，より効果的に共同体に参加できないという点である。ただし，一対一の関係では，受け入れ側が特別扱いをすることで，文化的な要求から訪問者をうまく隔離した状態に置くことができる。

滞在先の言語に堪能でないスティーブンやジャックのような事例では，共同体内の対人関係が限定的で，何年間も暮らした後でさえ「よそ者」のままである。このような状況にいる人々は，文化の違いについて少なくとも概念レベルでは高度に理解しているかもしれず，それぞれの環境で非常にうまく暮らせるかもしれない。だが，このような人々が文化を理解する際には，完全な2文化併用者が行う，ある種の文化的コード変換がなされていないようだ。本書に登場する2言語併用者や2文化併用者になった異文化滞在者たちは，滞在先の言語を話せることが深い異文化理解に不可欠であると結論を出した。おそらくこれは，最も深層レベルでの差異の多くを体験できるのは，外部者としてではなく，滞在先共同体の内部の人間として生活した場合のみだからである。

10.3.1 深い適応とアイデンティティの揺らぎ

2言語併用の異文化滞在者は，異なる言語や行動の間を行ったり来たりするので，実質的にいくつもの自己（セルフ）を生みだしているのかもしれない。たとえば，スペイン人としての自分，中国人としての自分というように。アブドゥはフランスからセネガルに帰国すると，「セネガル人としてのメガネ」をかけセネガル人としての視点で世界を見るようになり，フランスにいたときとは違う自分になる，と語っている。このような変化には困惑することもあり，旧知の環境に戻るとアイデンティティの葛藤，疎外感，カルチャー・ショックが生まれる。マユミはこのような内なるアイデンティティの葛藤について述べている。

本当の自分ではないような気がした。いつもの私自身ではないように思えたから嫌だった。外向的なのにそう見られないで，物静かなアジア人の女の子という風に見られた。食事に慣れるのが難しいかなと思っていたけど，そうでもなかった。…相手に合わせようとして，本当のアイデンティティを犠牲にしているときもある。それを続けていると限界に達してしまう。もうたくさんだと思えるところまで来ると，一歩引いて自分にもっと素直になろうとした。

滞在先の文化環境に強いラポールを感じる異文化滞在者は，アイデンティティの問題に悩むことは少ないかもしれない。それは新たな環境で発達させたアイデンティティと母国の環境におけるアイデンティティの間にあまり葛藤を感じないからだろう。そうではない異文化滞在者の場合には，いくつもの自己の間を移動すると，「本当の自分」が何なのかという疑問を抱いてしまう。このジレンマを解決することが，異文化の学びにおける究極の課題のひとつなのかもしれない。

10.3.2　ラポールと文化的アイデンティティ

スパロウ（Sparrow, 2000）が論じているように，異文化滞在者の大半は文化の学びに成功すると，まず新たな環境への帰属感が生まれ，関わりを持っていると感じるようになり，その結果として文化的共感（文化的な視点を切り替えることができる能力）が得られるようだ。2文化併用の異文化滞在者のなかには，意識的に省察しなくても文化的な教えを自分のものとする場合もあるようだ。新たな環境に強いラポールがあると，とりわけこのような反応をしやすいかもしれない。「本当の自分」がいることで滞在先の文化共同体の一員であるという気持ちになり，アイデンティティという深層レベルの問題を疑問に思うことがない。これは，いわゆる「偶然の2文化併用者（accidental bicultural）」に特に当てはまると言われている。彼らはたまたま育った環境のために成長期に2文化に接してきたのである（Bennett, J., 1993）。たいていは国際結婚の夫婦から生まれた子どもたちで，2言語を使用して育った場合が多い。

このように2つの文化を深く省察しない2文化併用者の場合は，異文化滞在者が深層適応の課題に段階的に対処する体験とは，かなり様子が違うように思われる。このような段階的な適応を体験すると，文化的差異に関して

超越した観点が得られるようになる。このような異文化滞在者はより「深い認知的共感（deep cognitive empathy）」を発達させていると思われる。深い認知的共感とは，異なる世界観の妥当性を深層レベルで意識的に受け入れながら，メタ・レベルで文化的差異を見ることのできる能力である。この能力によって，異文化滞在者は異なる共同体に十全に参加しながらも，同時に距離感を感じるという，一見すると矛盾した状態になることがある。こうした体験は塀の上にいるような感覚で，お互いを見ることができない塀の両側にいる人々と相互作用するようなものだ。一種のメタ認知があり，文化を架橋する役割を認識しているのである。しかも，距離感は塀の両側にいる人々と好ましい関係を形成することを阻むわけではないように思われる。次章では，滞在先の共同体に溶けこむのが著しく楽だった（もしくは，時には苦労した）学びの例を考察する。苦労の少なかった異文化滞在者が，マユミと同じような「深い認知的共感」を達成するとは限らないことがわかるであろう。

第11章　個人差

> 「本当に燃え尽きた。今はまたスイスに帰国していて，もう日本に戻る気はない」と，アンドレ。

11.1　個人差

　異文化教育の課題のひとつは，未知の異文化環境への反応にどうしてこんなに個人差があるのか，理由がよくわからない点である。本書ではこれまでずっと，文化的差異が文化を学ぶプロセスにどのように影響するのかを見てきたが，個人の性格や好みも影響を与えるかもしれないという点についてはほとんど触れてこなかった。そこで本章では，滞在先の文化共同体に対し強い個人的反応を示した事例（肯定的にせよ否定的にせよ）を検討する。同時に，異文化を学ぶ深さや個別の異文化滞在者の成功をかなり予測できると思われた外的な要因についても見てみる。特に，滞在者が構築した対人関係と滞在先の言語を学習した体験を取り上げる。最後に，本人の出身国と滞在先の共同体との間の文化的距離が，重要な役割を果たすのか否かを検証する。

11.2　抵抗とラポール

　本書でインタビューした滞在者は異文化体験に対して，さまざまな個別の反応を示していた。同じ適応への課題でも，人によって異なる反応がなされることについては，少なくとも2つの点が関係してくる。まず，人はそれぞれ異なる方法でストレスに対処する。たとえば，マツモト他 (Matsumoto et al., 2001) は，「国際適応力尺度 (ICAPS = Intercultural Adjustment Potential Scale)」を考案し，異文化間での適応を促す心理的な対処方略を特徴づけようとしている。この中には，感情の抑制，批判的な思考力，開放性，柔軟性がある。異文化適応とは基本的に新しい環境に対するストレス反応であり，特定の心理的な適応方略を要する，という考えによっている。このような能力を測定することで，どのような人が好ましい異文化体験をするのかをある程度まで正確に予測できる，とされている。このような心理的要

因は，ある異文化滞在者が他の人よりも肯定的な体験をする理由を，少なくともある程度は説明できるかもしれない。

しかしながら，本書でインタビューをした異文化滞在者には別の非常に個人的な要素が関与しているように思われる。個人の性格や価値観，もしくは好みが，新たな文化環境に向いている，あるいは向いていない，ということがあるようなのだ。たとえばジャックは，日本での生活に満足しており，日本語はほとんどできなかったのにストレスを感じていなかった。他方，もうひとりのアメリカ人，アデルは何年間も日本語を学習し，日本文化に傾注したものの，文化的差異に対して極めて否定的な反応を示した。アデルがジャックに比べ開放性と柔軟性が不足していたと言うだけでは不十分であろう。日本人の価値観に関して特にアデルを悩ませるものが何かあったようで，日本人の文化的価値観に対して怒りを感じているとさえ言えなくもない。特定の文化共同体に対してとりわけ強い「抵抗」を示す場合もあれば，反対に魅力や「ラポール」（心が通じ合う状態）を感じる場合もあるように思われる。

アデルが日本で居心地の良さを感じていないのは明らかだった。それは，アデルとアンドレを比較するとよくわかる。アンドレはスイス人男性で，日本の大学で修士号を取得し（講義を日本語で受け，論文も日本語で執筆），その後スイスに帰国するまで日本で仕事をしていた。日本文化に魅了されて，とても神秘的な魅力を感じていたと語ってくれた。

> ものすごく必死に日本に溶けこもうとした。…僕にとってはほとんど宗教みたいになっていた。日本と結ばれているのは運命だ，みたいに（信じるようになっていた）。おかしいんだよね…よく知りもしないのに，イメージをやたらふくらませて，本当に日本をなんか崇拝してた。日本人以上に日本人になろうとがんばった。（日本にいるとき，感じていたのは）日本人の美意識が大好き。すべてが大好き。みんなが「あら，アンドレは日本語がすごく上手」「すごく素敵。知り合いになりたい」などと言ってくれるので，とてもいい気分だった。

日本に対するアンドレの反応は，特定の対処方略の結果としてだけでは説明できないように考えられる。アンドレの場合は極端だとしても，未知の文化のなかにいることを自然に感じたと発言した例が他にもある。たとえば，

ニールはこう言っている。

> そう，日本での暮らしに満足している。…2回目にニューヨークから戻ってきたとき，すぐ「我が家に帰ってきた」という気持ちになった。再適応の期間も全然いらなかった。…実際に（日本人よりも）アメリカ人や英国人の同僚と付き合うほうが大変だった。僕にはアメリカ人のような筋金入りの競争心もないし…ふつうのアメリカ人とはずいぶん違っているというのが，いろいろわかった。子どものころは，はみ出してるわけじゃなかったけど，みんなと同じというのでもなかった。たぶん僕は日本の生活に合うタイプ。…日本文化に溶けこむために，ふつうのアメリカ人以上のことはするつもり。

もうひとり，ゲイルも新たな文化環境に対して「ラポール」を感じているようだった。彼女は英国人女性でフランスに移り，10年間の滞在を経てフランスで市民権を得た。フランスに来た理由をゲイルは次のように語った。

> 何か惹かれるものがあったのだと思う。英国人とフランス人は合わないって言われているし，お互いにすぐにいがみ合ったりしがちよね。私にはそういう問題が全くなかった。ワーテルローや百年戦争をネタにした冗談も当然あって，嫌だけど。フランス人は英国人よりもコミュニケーションを大切にしていると思うし，私にはコミュニケーションが必要。特に大人に育っていく時期は，コミュニケーションが楽になると思いたい。で，フランス人とのコミュニケーションはすごく楽なの。だって，みんな話し好きだから。

ゲイルの発言には，リンダの説明と重なる部分がある。リンダは英国人女性で，アメリカよりもフランスにいるほうがはるかに快適だと感じていた。

> 私はまだ発見の旅の途中。ここに暮らしたいというところまではわかっているけれど，まだすべてについて自分の気持ちがどうなのか学んでいる最中。でも，とてもわくわくする…いろいろ慣れてきた。外見も話し方もフランス人らしくなるようにがんばっている。…パリではお金持ちでも貧乏でも，受け入れてもらえる。どの階級の人でもお互いに話す。私のレベルで見ると，フランス人は誰とでも，たとえホームレスとでも話をする。そこがすごく好きなところ。階

級だとか気取ってるのは大嫌い。

　以上のように，異文化滞在者たちが語るラポールはかなりバラバラで，それぞれが滞在している特定の状況に全面的に関係しているわけでもないようだ。リンダの事例では，アメリカに暮していた時よりも，フランスに適応するために自分を積極的に変えようとしているように思われる。フランスでの生活は，アメリカでの生活よりもはるかに大きな変化を強いるという現実にもかかわらず（少なくとも言語学習という点で），そうなのである。このように新しい環境に溶けこみ，ラポールを感じる場合もあるのだが，他方，何となく落ち着かないと感じる場合もある。

　別の事例として，ラポールの欠如，もしくは否定的なラポールを示すのはジョアンナだ。彼女はフランス人女性で，アメリカ人のテロリズムに対する態度を嫌っている。

　ジョアンナ：アメリカに行ってしばらくしたら，なんていうか「うわ，私は一体どこにいるの？」って感じだった。アメリカ文化で気に入らない部分があった。良い経験だったけど，ちょっと振り返ってみると，この国には長くいられなかっただろうって思う。私は絶対，アメリカの一部じゃなかった。1年間はすごく楽しかったけど…私にとっては，かっこいい国じゃなかった。
　筆者：「この国には長くいられなかっただろう」というコメントは，興味深いです。
　ジョアンナ：アメリカ人に対する見方が良くならなかった。なかでもアメリカの外交政策。私は政治意識が高すぎるのかもしれないけど，あの国にいると，無視できないくらい外交政策は大事。特にアメリカはね。アメリカ人は世界中を支配してる。アメリカ人の行動が諸外国に影響する。だから，無関心ではいられない。

　ここでも，ジョアンナを悩ますものは漠然としている。ジョアンナにとってアメリカは「かっこいい」国ではなく，明らかにアメリカ人を高圧的だと感じている。これまで述べてきたような肯定および否定的反応の両極端に共通するのは，どちらも極めて個人的であり，文化の違いから予測できる要素だけではなく，異文化滞在者の個性から生み出されるらしいということであ

る。このような結果はさして意外なものでもないかもしれないが，異文化学習モデルを作成する上で問題となる点である。

確かに，アデルのように日本文化に対して否定的なラポールを強く感じる場合，難しい適応課題に直面するのは明らかだ。しかし，特定の文化に対して肯定的なラポールを感じる場合はどうだろうか。このような人たちの方が全体としては優れた文化の学び手だと言えるのだろうか。それとも滞在先の文化との一体感は，単に本人の性格と環境の相性が良いから生まれる結果なのだろうか。もしそうであるならば，新たな環境にはよく合うかもしれないが，より一般化された異文化への共感は容易に得られないということなのだろうか。ベネット（Bennett, M. J., 1993）は「偶然の2文化併用者（accidental bicultural）」を論じている部分で，この問題に間接的に触れている。偶然の2文化併用者とは，たまたま2つの文化のなかで成長したが，自文化中心主義のままとどまっている人たちのことである。ベネットによれば，異なる文化的視点の間を自在に行き来できる能力があっても，異文化感受性が自動的に備わるわけではない。真の意味での異文化感受性を特徴づけるものは，文化的差異の意味を抽象化できる能力なのである。

ベネットの知見が正しいとすれば，滞在先の文化に対して非常に親しみを感じる異文化滞在者でも，異文化体験がもたらす広範な教訓を学ぶことができない可能性もあると言えるのだろうか。たとえばスイス人男性のアンドレは，あれほどまで日本に夢中になっていたが，結局はスイスに帰国してしまい，日本での生活を拒絶するに至った。日本文化を語るなかで，アンドレは自分の体験を相対化することができない様子だった。日本に対して抱いてきた魅力があまりにも個人的すぎたので，文化の違いを非常に重要だとは思わないのだ。

> （同じ文化のなかでも）スイスと日本の違いくらいに，違うこともあると思う。（元のガールフレンドのように）すごく気が合う人もいた。それは互いに心が通じ合っていたから。非言語コミュニケーションみたいなものかもしれないけど，ともかく互いを理解し合えた。だから，文化がそんなに大きな影響があるとは思わない。

ただ，文化の重要性に関してはこのように退けたが，アンドレは目に見え

ない差異の厚い壁にぶつかっていたようだ。

　本当に燃え尽きた。今はまたスイスに帰国していて，もう日本に戻る気はない。…日本語は，ちゃんと読めるし，話すことも書くこともできる。日本人が持っている偏見はことごとく体験した。偏見といっても，全然悪い意味じゃないんだ。僕が外国人だから，驚いて，その驚きを露わにした。そういうのにうんざりしてきた。…100パーセント日本人になれるし，日本社会に十分溶けこめるってことを世の中に見せたかったけれど，（スイスに帰国して）自分自身でいること，自分自身でいる可能性をもつことのほうが良かったし，ありのままで生きられる暮らしやすい場所にいたかった。…日本にいたらすごく余分なエネルギーを消耗しただろう。そして本音が言えずに苛々しただろう。…スイスでは2言3言いえば済む。すごく自然に話せるし，相手も完全に理解してくれる。みんなが自分を理解してくれていることがわかる。そういうフィードバックがあるのは大事だ。日本ではそういうフィードバックがなかった。

　姑が留守中に勝手に掃除をするのを嫌がっていたマユミとは異なり，アンドレは日本文化の価値観とコミュニケーション様式は，別の妥当な世界観を表象しているという可能性を十分に受け入れていなかったようだ。アンドレは，ベネットが重視した文化的差異についてのメタ的な見方を獲得していなかった。興味深いことに，スイスに戻った現在，文化的発見についての考えをまさにこの用語で説明している。

　ここで，自分の文化のなかで，もう一度生まれ変わって，自分の文化を再発見した。そう，また戻ってきた。これは，自分の文化を離れたところから学ぶとか，メタ・レベルで文化を上から眺めて何かを学ぶというのじゃない。いま自分はその文化を生きている。僕は自分の文化を再び生きていて，それが心地よい。ここに帰ってきた。自分について考えない。自分の文化について学ぶんじゃない。ただその文化を生きて，しっくりくる。

　アンドレがフランスについて語った際のコメントが，彼の異文化感受性がどのような状態であったのかを知る最終的な手がかりとなる。フランス全般に対する嫌悪感を示して，アンドレはこう言った。

フランス人の時代は過ぎ去った。もしかしたら新しいものが何か始まるかもしれないけれど，彼らは必死で伝統的な遺産やアリアンス・フランセーズにしがみつこうとしてる。フランス語が変わらないように頑張って，何でもフランス語で表現する。たとえば'software'とは言わないで'logiciel'（フランス語で「ソフトウエア」）なんだ。ものすごい強硬にフランス文化とアイデンティティを守ろうとしている。

ここでもアンドレは，他の文化の視点をまっとうな選択肢とは考えていないようだ。深い異文化体験があり，語学の達人であるのは明らかなのにもかかわらず，そうなのである。スイス系ドイツ語，高地ドイツ語，日本語に加えて，アンドレは英語にも堪能で，さらにイタリア語とフランス語もこなす。

滞在先の文化環境に対して好ましいラポールを表現していた他の異文化滞在者たちは，アンドレほど異文化的な学びに関して極端ではなかった。彼らに，ベネットが強調する客観的なメタ・レベルの文化感受性のようなものがあるのかどうか，見極めるのは難しい。しかしながら，ある特定の文化環境に対して個人的な親和感があれば，「深い認知的な共感」に大きく資すると結論づけることはできない。また，アイデンティティの隠れた側面の重要性もここで再び浮上する。たとえば，アンドレへのインタビューの全体的な雰囲気からは，自国の文化環境のある要素に疎外感を抱き，そこから逃避できるように見えた別の環境に魅力を感じたという構図が描ける。このような力学は，無意識のレベルで作用することもあり，言語教育や留学準備に，異文化を学ぶにあたっての隠れた本質に重点を置く内容が入っていれば，来日の動機や反応をよく考える機会があったかもしれない。そうしていたら，アンドレが直面した問題は，いくらか回避できたかもしれない。

11.3 関係性と言語学習

本書でインタビューをした異文化滞在者には，深い認知的共感の増強を，少なくともある程度は予測させる2つのことがあった。それは，言語学習と滞在先の共同体での対人関係の諸相である。この2つの要因は異文化体験が成功するか否かに関係する，とされることが多いが，本書でインタビューした異文化滞在者は，言語学習，対人関係，異文化感受性の高まりの

関係性について，かなり複雑な様相を示した。

　意外かもしれないが，外国語を学習することが必ずしも高度な文化的感受性をもたらすわけではないようだ。少なくとも4カ国語を高度な運用能力で話すアンドレは，言語学習プロセスで文化相対主義がさほど身につかなかったと思われる。マユミは外国語が上手すぎることに触れている。知人の英語母語話者から自分がどのように見られているかについて，こう語っている。

> 好印象を与えている理由は，言語を勉強することが大好きで，言語スキルも上達したから。でも，私には言語スキルに見合っただけの社交スキルがないと感じる。

　単純にこの2つの事例のみから考えると，高い言語学習能力は，文化を学ぶという点に関する限りマイナスに作用することさえあるかのようだ。アンドレとマユミの事例を見ると，価値体系や相互行為の規範よりも，言語の外的形式を習得する方が容易だと言えるだろうか。アンドレには高度な言語スキルがあるが，コミュニケーションの問題には極度にフラストレーションを感じていたようだった。日本語で感情を表現できないことにいかに苛立ったか，ということを話題にして，アンドレはこう語った。

> ここ，スイスでは怒ることもできる。本当の人間関係を作れるし，そのためにやたらエネルギーを費やす必要もない。夜の11時半に電話して，（友人に）ワインでも飲みに来ないか，って誘って，翌朝2時まで話しこむこともできる。ここには友達がたくさんいる。すごく付き合いやすい。…日本にいたらずっと多くのエネルギーを使うと思う。それに，本当に言いたいことが言えなくて，きっと欲求不満に陥るだろう。スイスなら母語のスイス系ドイツ語で表現できるから，本当に，ここでは，ものすごく自由に感じる。
> 　スイスでは2言3言いえば済む。すごく自然に話せるし，相手も完全に理解してくれる。みんなが自分を理解してくれていることがわかる。そういうフィードバックがあるのは大事だ。日本ではそういうフィードバックがなかった。ごくわずか，ほんの少しの人だけが（反応してくれた）。たとえ反応がほしいと思っても，自分が思うようには表現できないと感じた。自分の気持ちを完

璧に表現したくても、できなかった。

アンドレの発言からは、日本人は感情を表現しないと感じているような印象を受ける。だが、もちろんそれは事実ではない。日本人は気持ちを控え目に表現するかもしれないが、それは他の日本人が理解できる規範の一部なのである。おそらく、言葉の言語形式を学んだ程度では、アンドレの期待するようなコミュニケーション能力の向上にはつながっていなかったのだろう。

マユミもアンドレも、言語学習に「長けている」ことに具体的に言及しているが、言語スキルと文化のスキルとは違う、とも述べている。しかしながら、インタビュー対象者全体に共通するのは、異なる社会に接近する手段として言語学習を語っている点である。このような異文化滞在者にとって外国語学習は、スパロウ（Sparrow, 2000）の言う、異文化の学びの成功を特徴づけるような有意義な対人関係の形成を助けるものであった。たとえば、次のような事例がある。

ウィリアムの場合
広島では毎週土曜日に、ボランティアで運営されている授業に通っていた。そこで初級日本語の文法と会話を勉強した。実はその授業が、僕を孤独から引っぱり出してくれた。そこで人と出会って、友人ができたから。

大学に全く日本語を話さない女性がいて、反面教師だった。彼女が学校でどういうふうに見られているかわかった。彼女は楽しそうじゃなかった。怠け者で、よそよそしくて、何かを一緒にすることに無関心だと思われていた。僕は早い時期に、彼女のようにはなりたくないと決めた。

バイリンガルのほうが楽しそうに思える。よく旅行に行くし、会話は愚痴やフラストレーションの暗いゾーンに陥らない。…ガールフレンドとはたいてい英語で話すけれど、それはちょっと恥ずかしいとも思っている。

ニールの場合
相手と同じ言語が話せる能力が少しあるのを見せれば、ふつうの人として扱ってもらえる。たぶん、特別扱いはされなくなるけれど、いつもよそ者という感じじゃなく、仲間のひとりだと感じるようになる。…（電話会社など）誰かが家に来たときには日本語で会話ができる。人と話して付き合える。それが日本

語を学んだ嬉しい成果だ。

アメリカに1年間留学したマユミの場合
もし英語が上手く話せなければ，自分ではアメリカ人を理解しているつもりでも，実際は全く理解していないと思う。アメリカ人と積極的に関わることが必要。渡米前は結構英語ができると思っていたけれど，実際にその文化に入ってみなければ，本当に知ることはできない。

両親が来たときに，私がアメリカナイズされたと言っていた。ルームメイトと話すときは，これまでより感情を表す。たとえば，アメリカ人は「ハーイ，どうしてる？」みたいに言うでしょ。それでだんだん，そういう風に自己表現するように合わせ始めた。アメリカ人のコミュニケーション様式に合わせなくちゃいけないって思ったのね。幸せなときは，幸せなように表現しなくてはいけないし，悲しいときも同じ。

実際に，ほとんど全員が言語学習についてこのように語った。同じように語らなかったのは，外国での滞在期間のわりに，言語能力があまりない人たちである。たとえば，10年以上も日本に暮らしているジャックは，次のように語っていた。

僕の日本語能力はかなり低い。基本的な会話はできるし，誰がどうしたとか，どうするとか，計画するとか，話題によっては自分の気持ちを表現できるけれど，語彙と文法は限られている。…生活に最低限必要なことだけ勉強した。…英語教師としての仕事で必要なことをね。日本語を使う機会はない。いろいろと試してみた時もあるし，語学学校にも通った。ただ他に面白いことがあったからだろうね。他のことをやって日本文化を体験することだってできる。英語で人と話して日本文化を体験することもできる。

何年も前に，日本語検定3級（日本語能力試験の中級下）には合格した。もし今もう一度受験しなければならないとしたら，たぶん落ちると思う。ニュースを聞いても全く理解できない。ドラマのほうがずっと簡単。あまり使わないね。今日は郵便局に行ったけど，「サイン」と言われて，「ハイ」って返事しただけ。ほんとに日本語を使う機会がないんだよ。自分で機会を作らないとならないんだ。たとえば，店に行って，ツナ缶なんかいらなくても，ツナ缶ありま

すかって尋ねてみるとか。デパートに電話して，何か頼むとか。

　ジャックが「英語で人と話して文化を体験する」と語った真意を正確に推測するのは難しいが，彼は対人関係の点から自分の異文化体験を見てはいないようだ。それ以上に注目するに値するのは，日本語を使う機会がないという発言である。わざわざスーパーに行って本当は必要ない品物があるかどうか聞いて日本語を使う機会を作り出す，という例は，いかにジャックが日本語を相互行為や対人関係の道具として見ていないかを映している。言語能力の浅さは，彼の孤立を反映している。つまり文化の学びを，どの程度の表層レベルにとどめているのかがわかる。これを考えると，日本での生活に満足して楽しんでいるというジャックの説明は，いっそう驚くべきことである。
　もうひとりは外国語学習をあまりせずに，韓国と日本に6年間ずつ暮らしたことのあるスティーブンだ。

　独学で勉強しようとしたし，韓国で3カ月間，語学学校に通った。生徒たちはよく助けようとしてくれた。それが僕の言語体験。生きていくために必要で使える能力は身につけたけれど，会話というものではない。道を尋ねたり，買い物をしたり。自分は教師で何の教科を教えているという程度は言えるが，それ以上深くは話せない。討論や抽象的な話はできない。基本的には実用的なことだけ。

　ジャックがそうであったように，スティーブンも文化を学ぶ際の明示的な要素に焦点を当てている。

　でも，（文化適応は）それほど大きな問題はなかった。いったん生活が落ち着けば，毎週買い物をする必要もないから。…
　　僕にとって文化を学ぶことは，まず歴史を学ぶことから始まる。歴史を知れば，今の行動や慣習や価値観を知る手がかりをたくさん得るし，その土地の人々がどのように考えて行動するのかわかろうとすることになる。…（儒教や仏教について勉強して）物事がなぜそうなっているのかを理解するのに役立った。たとえば，ある人に会いたかったけどダメだと言われた。それは地位が理由だったって，わかった。ボディー・ランゲージを理解する時にだって役立つ。

ある時，レストランでドアに背を向けて座っていたときに，突然全員が起立してお辞儀をした。手がかりは，それがとても深いお辞儀だったこと。それで部屋に入ってきた人物が，とても重要な人だとわかった。

　外国人だと必ず限界がある，って言う人はたくさんいる。でもそれは，程度の問題。外国語が達者なら，きっと役に立つだろうとは思う。でも同じ情報を手に入れる他の方法もある。僕が実際にしたような方法とか。

　このようにスティーブンは，外国語を話せなくても，自分は高度な文化的洞察が得られていると考えている。それが真実かどうかは定かではない。

11.4　文化の距離

　一般的には文化的距離が遠いほど，異文化体験の課題も大きいと考えられている。たとえばペイジ（Paige, 1993）は，自国と滞在先との文化差の程度を異文化体験の心理的強度に影響を与える要因として一覧にしている。しかしながら，多くの異文化滞在者の体験を聞いてみると，単に文化間の距離によって自動的に異文化体験が負荷の多いものになったり深くなったりすると考えるのは誤解を与えかねないことがわかる。個人が文化をどう学ぶかを理解しようとするには，広義の文化的距離よりも，異文化滞在者の実際の生活における具体的なコンテクストから求められる課題の方が，ずっと重要になる。だからこそ本書では，異文化滞在者が直面する適応への諸課題に，その深さも合わせて，焦点を合わせてきたのだ。ただ文化間に距離があるというだけでは，異文化を学ぶプロセスの説明には不十分である。

　文化間の距離によって生じる適応課題と，異文化のコンテクストの深さの対比が浮き彫りになっているのは，マユミの事例である。マユミはまず大学生としてアメリカに滞在し，その後韓国人男性と結婚して韓国に渡った。マユミはこの2つの状況における適応プロセスについて明確な説明をしている。理論上，韓国と日本の間の文化差は，日本とアメリカの間の文化差よりはるかに小さい。韓国社会と日本社会は深く根付いた文化的特徴を多く共有している。年長者を敬う儒教の教えや，努力や学習を重視し，上下関係を容認することなど，韓国で一般的な文化的価値志向の多くは，日本人にとっても容易に理解できる。日本語と韓国語は同じ語族（アルタイ語族）に属しており，両言語には類似した文法構造，敬語の体系，多数の同語源語がある。

マユミは韓国語の学びやすさに言及している。

　韓国語を学ぶのは簡単で，（英語より）時間はかからなかった。私は最初，アメリカで勉強した。そこで韓国人の友人もできた。基本文字を書けるようになるのに1学期間かかった。その後，韓国に5日間滞在して，韓国語を勉強するのも結構いいかなと思った。そして，現在の夫と出会い，韓国に移住した。それから韓国で6カ月間，韓国語の授業を受けた。

　実際にマユミは英語よりも韓国語で個性を表現するほうが楽だと語っている。言語によって性格がどのように変わるのかという話題になったときに，マユミはこう言った。

　言語によって，自分が変わる部分はあると思う。日本語と英語の場合，その違いははっきりわかる。だから，自分の個性を表現するならば，韓国語のほうが英語よりも簡単。

　ところが，文化や言語の類似性や，韓国人と結婚しているという事実にもかかわらず，マユミは韓国での生活では適応が極めて難しかったと述べている。

　非常に複雑な気持ちだった。韓国にはとても魅力を感じていたけれど，同時に日本人だから簡単ではなかった。韓国でひとつ良かったのは，外国人として目立たなかったこと。私が日本人だと誰も気づかないので，すんなりと溶けこめた。それと同時に，韓国人は私が韓国人と同じように振る舞うことを期待したし，同じだと思いこんでいた。でも，受け入れ難い微妙な違いがあって，合わせようと努力したけれど，フラストレーションがたまって，とうとう最後は爆発した。親族の絆が強くて，姑に毎日電話をかけないといけない。何を言ったらよいのかわからないから，姑と韓国語で会話するのはとても緊張した。夫は夜遅くまで働いているのに，夫の家族と一緒にしなければいけないことがたくさんあった。

　ここで注目すべきは，実際に溶け込むには，韓国人のような行動が期待さ

れたという点である。この意味では，マユミの外見が韓国人に似ていたことと日韓の文化が比較的近いものであったことで，かえって要求が厳しいものになった。仮にマユミがアメリカ人だったら，おそらく韓国人はそこまで期待しなかっただろうし，少なくともある部分では，適応への要求はずっと楽なものになっていたであろう。アメリカで直面した適応課題についてマユミは語っている。

> だいたいは楽しかった。はじめの頃が特に大変だった。たいていは同じ世代の学生とうまくやっていくこと（が難しかった）。教授たちの話なら理解できたけれど，友だちはすごくくだけた話し方するし，内容にもついていけなかった。テレビ番組のことなんか話したり。私が話していたようなこととは全然違うことを話す。本当の自分ではないような気がした。いつもの私自身ではないように思えたから嫌だった。外向的なのにそう見られないで，物静かなアジア人の女の子という風に見られた。食事に慣れるのが難しいかなと思っていたけど，そうでもなかった。学部レベルには日本人学生がほとんどいなくて，あまり助けてもらえなかった。アメリカに来たばかりの頃はかなり苦労したけれど，ほとんどは社交的な理由で，勉強のことではなかった。

このような理解できる問題があったにもかかわらず，マユミはアメリカでの大学生活に溶け込み，友人を作り，アメリカ生活は幸せだったと説明している。アメリカ人の仲間ができて，アメリカ人のボーイフレンドもいた。アメリカでの生活では，適応への苦労を乗り越えたことを主に語ったが，韓国では，解決できない問題も抱えているようだった。韓国での体験には複雑な思いがあるという説明や，「最後には爆発してしまった」という発言に加えて，マユミが語る文化の違いは，今もフラストレーションが残ったままになっているようだ。

> 姑は連絡もなしにアパートに来ることがあった。私はストレスがたまって何度か韓国を離れたが，その留守の間に，姑は部屋に入り掃除をしてくれた。だから，戻ったときには，自分が駄目な人間のように感じた。急須まで真っ白に漂白されていた。もちろん親切心からなので，腹も立たないけれど，姑にそういうことをさせた夫には少しムッとした。誤解しないで。夫の両親を心から敬愛

している。ただ，慣習が違うから，夫の両親とは同居できないと思う。夫には不満が山ほどあるが，夫の両親に対してはない。

　これまで見てきたように，マユミは韓国での生活に多大な葛藤を感じていた。マユミの説明からはっきりかわかるのは，文化差が大きければ自動的に異文化を学ぶ上での負荷も大きくなると単純に解釈できないということである。むしろマユミが直面した重圧は，対人関係の深さや本人の役割と関係しているようだ。つまり，アメリカでは学生であり，韓国では妻や嫁なのである。　韓国人の夫の両親との間で感じた社会的な重圧が，アメリカの大学で学生として感じたものよりも強いことは想像に難くない。

　複数の文化で適応の課題に直面したもうひとりは，リンダである。彼女は英国人女性で，まず夫の同伴者として家族でアメリカに滞在し，その後離婚してフランスに移住した。ある程度マユミと似ており，リンダはフランスよりもアメリカでの体験を非常に否定的に語る。フランス語という新しい外国語の学習に取り組んだり，少なくとも理論的には英国と非常に異なるフランス文化の枠組みに対処したりする負担にもかかわらず，である。

　リンダは体験を自分の気持を中心に語り，マユミが韓国で感じた葛藤を表現した時に示したような客観性はない。アメリカでの生活とフランスでの生活を比較するリンダの発言はすでに考察した。リンダによると，アメリカではこうだった。

　リンダ：アメリカ人はすごく開放的だから，きっと楽しいって，みんな言ったわ。でも，最初の家に入った時，近所の人たちは口を利こうとしなかった。私たちが賃貸暮らしで持ち家じゃないから。…ほんとに気取った態度で，信じられなかった。そういうのって，大嫌い。…アメリカ人はよそ者，特に英国人が好きじゃないのよ。
　筆者：どうしてそうわかった？
　リンダ：だって誰も話しかけてくれなかったから。私が引っ越して来た日に，ご近所の人がひとりワインを持ってやって来たけれど，その後9カ月間，誰にも会わなかった。しばらくして，その人と一緒にパーティーをやろうと決めて，隣近所のみなさんを招待することにした。そうしたら，みんな集まって来て，「今まで来なくて，ごめんなさい」って言った。部分的には私のせい。ある集ま

りでコーヒーを飲みながらおしゃべりする会合があって，行くはずだったときも，そういうのが嫌いだから行かなかった。強制的に行かされて人に会うのが嫌で。その時の心理状態もあって，本当にそこにいたくなかった。その後少しは良くなったけれど，相変わらず，好きでもないのに生きていくために仕方なくやっていることもある。

他方，フランスでの生活に関するリンダの説明は肯定的である。

私はまだ発見の旅の途中。ここに暮らしたいというところまではわかっているけれど，まだすべてについて自分の気持ちがどうなのか学んでいる最中。でも，とてもわくわくする…私はまだ変わりつつあるし適応しているところ。結婚を解消してよかったし，いろいろ慣れてきた。外見も話し方もフランス人らしくなるようにがんばっている。…アメリカに暮らしてた頃は，お金のことが我慢できなかった。パリではお金持ちでも貧乏でも，受け入れてもらえる。どの階級の人でもお互いに話す。私のレベルで見ると，フランス人は誰とでも，たとえホームレスとでも話をする。そこが本当にすごく好きなところ。階級だとか気取ってるのは大嫌い。

マユミの事例でもそうであったが，なぜリンダがフランスでの生活よりもアメリカでの生活に慣れるのに苦労したのかは，説明しにくい。けれども，異文化滞在者のそれぞれの状況（学生と嫁，夫に同伴する妻と本人の選択による渡航の違い）は，想定される文化的距離という抽象概念よりも，個人が文化を学ぶ上で大きな影響を及ぼす要因であるのは明らかだ。加えて，滞在者の性格が，特定の文化の枠組みにより適しているだけなのかもしれない。人は未知の文化環境に対して，複雑な反応をする。そのなかには矛盾するものもあるだろう。具体的な学びのコンテクストからの課題も，体験の相対的な深さや，文化を学ぶ者に課せられる負担の種類などを含め，大切なのは明らかだ。このような要素の多くは，それぞれの異文化滞在者が共同体のなかで深い人間関係を進展させるのか，そしてどの程度共同体の言語を最終的に習得するのかに関係してくる。次章では，最も成功した異文化滞在者に注目して，異文化の学びの理想的な成果は何かについて考察する。

第12章　適応を超えて

> 「時々，橋になったような気がする。文化や集団の間にいて，両側に基盤があるんだけど，どちらにも属していない中間にも基盤があるんだ」と，ポール。

12.1　適応を超えて

　異文化の学びの成功の定義を，インタビューをしたなかで最も異文化に順応している体験と比べてみると興味深い。とりわけ，個人としてのアイデンティティに対する自覚が，異なる文化共同体への帰属のあり方が変化するにつれて，どのように発達していくのかがわかる。本書の随所で文化共同体について論じてきたが，それは意味の枠組みを共有しているという観点からであり，個人のアイデンティという観点からではなかった。しかし明らかに，深層レベルで異文化を学ぶ体験は文化アイデンティティに影響する。ポール（冒頭の引用）の場合は，どの文化共同体にも完全には属していないと感じているようだ。これは，ポールが文化を「超えた」ということなのだろうか。それとも単に切り離されたように感じているだけなのだろうか。

12.2　異文化における成功とは

　スパロウ（Sparrow, 2000）は，共同体の一員になりきることが，異文化を学ぶことに成功したことを示す主要な指標であると主張する。スパロウの主張では，ベネットが説明したように自身の文化的枠組みを「超える」などは，困難もしくは不可能である。ベネットによれば，文化の学びが進んだ段階では，もはやひとつの文化のみに属するのではなく，「建設的境界性（constructive marginality）」に入っていく。だがスパロウの考えでは，アドラー（Adler, 1977）の「多文化人（multicultural man）」に端を発するこの観点は，過度に理性に偏り，男性的であり，かつ現実を観察する究極の客観的視点を見出す過程として発達をとらえるデカルト的見方を反映している。スパロウにとって異文化を学ぶとは，個別の文化共同体とつながってい

るという感覚と密接に結びついており，ベネットやアドラーの説明する客観的なものではない。

　スパロウは，成功した学習者は特定の共同体との強い絆を感じているとするが，ベネット（Bennett, M. J., 1993）は，どの文化共同体にも完全に属していないという感じだと述べている。本書でインタビューをしたなかに，ベネットやアドラー（Adler, 1977）の「多文化人」の説明に合致する者が3名いる。彼らはマユミ以上に多文化の枠組みで快適に暮らしていくことを学び，社会環境に十分に溶けこんでいて，主たる文化による制約も感じていない。これは，自分が主としてどこに属しているのかを感じていないというのではなく，多元的な枠組みの観点からアイデンティティを語っていたのである。

　ポールはアメリカ国籍をもつ外交官の息子としてネパールで生まれ，モロッコ，ヨーロッパ，アメリカで成長した。ドイツ人の祖父母がいて英語，フランス語，ドイツ語を使って育った。ポールは観点の多元性という点から，自分のアイデンティティをこう説明した。

ポール：時々，橋になったような気がする。文化や集団の間にいて，両側に基盤があるんだけど，どちらにも属していない中間にも基盤があるんだ。
筆者：自分の文化的アイデンティティはどういうものだと思いますか？どのくらいアメリカ人だと感じますか。
ポール：ひとつのレベルでは国際人だといつも思っているけれど，でもレベルをひとつ下げてドイツ系アメリカ人と言わなければいけないだろう。母がドイツ人だし，父にも強いドイツ文化アイデンティティがあるからね。父の両親はドイツ語を話し，父もドイツ語を学んだ。父の祖父母はドイツから来ていて，百年もさかのぼるドイツの家系との絆を維持してきた。

　したがってポールは，抽象レベルを「1段下げて」も，自分をアメリカ人ではなく「ドイツ系アメリカ人」だとする。だが彼は，ドイツとアメリカの間だけでなく，異なる文化環境への適応に関するもっと一般的な意味でも，自分が文化の架け橋だと感じている。

　モロッコからインドに引っ越した時，母は僕にフランス語で話しかけたけれど，

僕はフランス語で話すのは拒否した。母にこう言ったんだ。「だって，ここではみんなフランス語を話してないよ」って。それでフランス語は断固として話さなかった。インド人の友達がたくさんいたし，モロッコ人の友達もたくさんいた。…世界中の国から。…話す言語の数だけ自分がいる。違う言語を話すときには，思考パターンも身ぶりも変わる。…

いつもその土地にぴったり合っていると感じているわけではない。ある程度は重なっているけど，重なっていない部分が常にある。だから，いつもアイデンティティはどこか離れたところにある。

言語が異なるとどのようにコード転換するのかを語ることで，ポールはアイデンティティの揺れを説明している。「思考パターン」とジェスチャーの変化を語る際に，明らかに文化アイデンティティの極めて非明示的な部分について，言及している。マユミや他に登場した人々が，他の文化共同体に加わったり受け入れられたりという点から適応プロセスを説明したのに対し，ポールは「分離（separateness）」の度合いによって自身を定義している。彼は「重なっていない部分が常にある」と述べ，どちらかの文化の側というよりは，その中間に堅固な基盤がある架け橋として，自分を説明している。

ポールはドイツに強いルーツを持ちながらも，常にどことなく距離をおいているアメリカ人だと自分を説明する。ポールの生い立ちは進行中の適応の物語であり，アイデンティティの主眼として文化を学ぶ物語なのである。

モロッコでは実際，英語よりフランス語のほうが上手に話せた。メイドのファティマのおかげだ。それにフランス語の保育園に通っていた。その意味ではアメリカ人としての自覚はなかった。母の話だと，僕を市場(バザール)に連れて行った時に，母が値段の交渉をしていた男の顔に，僕が唾を吐きかけたそうだ。

5歳か6歳のころ，一時帰国休暇でクリスマスにかけて長期間ドイツに行ったことがある。でも，僕は行きたくなくて，そしたら祖母がカウボーイの衣装を買ってあげるからと約束してくれた。その時初めて雪を見て，それまでで一番すごい経験だった。雪玉を親戚ひとりひとりに見せて，「冷たいよ」って言った。最初にニュルンベルクに行っておじやおばの家に泊まって，本当に場違いな感じがした。自分の安全地帯，つまり文化のコンテクストから出てしまったみた

いな気がした。それまで，そんなにたくさんの白人に出会ったことがなかったのに，そこには白人しかいなかった。モロッコやインドで育ったから，そんなにたくさんの白人には慣れていなかった。とても居心地が悪かった。生まれて初めてテレビも見た。

　モロッコからインドに引っ越した時，母は僕にフランス語で話しかけたけれど，僕はフランス語で話すのは拒否した。母にこう言ったんだ。「だって，ここではみんなフランス語を話してないよ」って。それでフランス語は断固として話さなかった。インド人の友達がたくさんいたし，モロッコ人の友達もたくさんいた。…世界中の国から。…

　高校の時アメリカに戻ってきて，カルチャー・ショックを感じた。アメリカには73年から77年まで住んでいて，その後フランスに行って79年に一時帰国し，81年に正式に帰国した。アメリカに戻るたびに，他の場所よりも速いペースで変化が起こっていた。マクドナルドのレジの種類で変化をはかったものだ。僕が見ていたのはそんなことだった。今も変化し続けている。…

　アメリカの高校では12年生から始めなければいけなかった。フランスのカナダ人学校の4倍ぐらいの大きさで，生徒はそこに何年も通っている。その頃，僕の人生では珍しく，あまり友人ができなかった。他の人たちと共通点が何もないように感じたんだ。他のやつらが車の話をしていても，僕はまったく興味がなかった。

　アメリカの高校に戻ったときの説明で，ポールは友人ができなかったことに具体的に触れているが，全体としては広範にわたる文化共同体に溶けこむことができ，異なる言語間でコード変換もできていたようだ。アデルのように日本文化を憎悪している場合や，マユミのように韓国での生活に適応しようと悪戦苦闘した場合のようなフラストレーションについては，確かに語っていない。適応は，ポールの文化アイデンティティの主要で不可欠な部分であるように思われる。

　アイデンティティの中心に文化適応があるという見方は，ベネット（Bennett, M. J., 1993）がDMIS（異文化感受性発達モデル）において，文化の学びから得られる最終成果物として説明するものをよく反映している。

　…境界性とは，まさしく文化相対性との完全な統合に苦闘している人の主観的

体験を説明する。境界にある人間は，どのような前提も意識的にメタ・レベル（自己参照のレベル）に押し上げることができるために，参照するすべての文化的枠組みの外側にいる。換言すれば，境界人には，生まれながらの文化的アイデンティティがない。疑問の余地がない前提も，本質的に絶対正しい行動も，どんな必然的な準拠集団もない。(p. 63)

この説明は，ポールが自分の文化アイデンティティについて語ったものと一致する。ポールには，あらゆる行動を，等しく実行可能でありながら多様な文化的コンテクストに存在するものとして見ることができるメタ・レベルの能力がある。

どこか他の場所に行けば，そこでのやり方がある，それだけのこと。好き嫌いの問題ではなく，ただそれを受け入れる。これまで慣れ親しんだ環境とも関係すると思うし，やり方が違うと不安な気持ちになることもあるけど，順応するよ。…そうするものだとみんなが期待するやり方に慣れるようにするだけだ。

ポールはどこにいても同じように居心地がいいと言っているのではないし，物事をどのように行うかについて個人的な好みがないと言っているのでもない。だが，自分の好みは単にそれだけのものと認識していて，行動についての異なった期待をメタ・レベルで理解することができるのだ。

12.3　「カメレオン」

ベネットが説明する文化の学びの最も進んだ状態によく当てはまる異文化体験について，語っている人がもう1人いる。ユウコである。彼女は日本人だが，16歳までインドで育った。インドにいたとき，家族とは日本語で，学校にいる時や友人とはヒンディー語と英語で会話をした。ユウコはその後，アメリカで暮らし，最終的に初めて日本で長期間住むことになった。ユウコが最初に習得した言語はヒンディー語だったが，今では英語がいちばん楽で次が日本語である。日本語の書き言葉は休暇に日本を訪れたり，両親に教わったりして身につけた。ポールと同様，ユウコは自分の文化アイデンティティを，主たる文化共同体との絆ではなく，文化を学ぶプロセスそのものとのつながりで定義している。

私はもの覚えが早かった。インターナショナル・スクールに通って，私も弟も妹もカメレオン…。

　大事なことは規則を知っているということ。日本に初めて来てから，麺をすすって食べられるようになるのに3年もかかった。

　私も妹も国境なんて問題ではないし，言語に関してももう問題ではない。弟は日本での生活が私よりも短くて日本語の個人指導を受けた期間も一番短かったのに，日本語しか話さないから，あの子が英語を話していたなんて，誰も気がつかないでしょう。弟が英語を話せるとわかると驚く人が多いけれど，英語が本当に上手なの。弟と英語で話したことのないアメリカ人の友人がいて，私には英語で弟には日本語で話しかける。弟は全くカメレオンぽくて，「ユウコはあまりいいカメレオンじゃない」って言う。妹は，話す時いくつもの言語のいろいろな単語を散りばめる。その方がうまく表現できるみたい。

　ユウコの「カメレオン」という言い回しは，「国境なんて問題じゃない」という発言同様，印象的だ。ユウコは文化のコンテクストが異なると，何が普通と思われるかなどが違ってくると，よく知っている。またポール同様，自分が好まない文化的期待があっても，それはあり得る現実であり，多様な文化の枠組みを用いて個人のアイデンティティを表現できると認識している。ユウコの事例では，大学生や会社員として日本での生活に適応したプロセスが注目に値する。彼女は日本以外の国で社会化したので，ユウコが知っていたのは言語としての日本語だけで，文化的な期待については深く理解していなかった。けれどもユウコは学んで適応しようと意識的な努力を重ねた。インターナショナル・スクール，ヨーロッパやアメリカといった国際色豊かな環境で育った後に，「従順な女性」になろうとした，というユウコの話は実に興味深い。

　…順応して溶けこもうと一生懸命がんばった。だから，とても日本的な人とも仲良くなれた。日本語が上達するように選んだ方法は，イトーヨーカ堂（日本的労働環境の大型小売店）でアルバイトをすることだった。日本の会社でも働きたかった。インターナショナル・スクールに行くと，自分の国や文化を代表することになるけれど，住んだことがないと，日本についてステレオタイプを持ってしまう。だから，日本企業を体験したくて働いた。現実はステレオタイ

プとはずいぶん違っていた。「先輩と後輩」という概念，上下関係の全体。誰にもわからないと思う。

　そうねえ，あれこれ経験をして，なんでも一度はやってみた。お茶くみをしたり，エレベーターのドアを開けたり，「挨拶」とか（文字通りには，挨拶のことばを交わすことだが，式典でのスピーチや紹介なども含む）も全部。どれが，って言うのは難しい。今はやりたいようにやっているけれど，ここへ来たときは，溶けこもうと本当にがんばった。付き合い方，ほら，意見があるとき，言い方で押しが強いと思われるかもしれないし。「接待」（関係作りのために顧客と付き合うこと）では，私はただの「飾り」（文字通りには装飾。その場にいても口を挟んではいけない存在を意味する）で，接待の中身には入れなかった。仕事というより，お酒を注ぐ若い女性が必要だったから私を連れて行った。ビールを注いだり通訳したりした晩は何回もあった。…

　ギブ・アンド・テイクよね。その場に応じて日本人になったりする。私は名前が日本人だし，実際に日本人だから，職場ではとても従順な人間を期待されている。営業担当は私が若いから思い通りに使えると思っているみたい。でも状況次第で，やろうと思えばどなることも，意見を言うこともできる。それでも礼儀作法を知らないわけではない。自分で選んでいるだけ。たとえば，お中元やお歳暮はしないけれど，年賀状の代わりにクリスマス・カードは送っている。

　ユウコの話で印象深いのは「なんでも一度はやってみた」ということだ。例として述べているお茶くみや顧客に酒を注ぐ「飾り」になることは，「伝統的な日本文化の一部」であり，外国人，特に個人主義や男女平等を強調する文化背景を持つ場合には，とりわけ難しいと考えられる。ユウコは，「伝統的な友人」を得たことを誇りに思っているらしく，「伝統的な大型小売店」（店員が正しいお辞儀の作法と敬語の訓練を受ける，開店時には制服を着た店員が深くお辞儀をして客を出迎えるような店）での仕事を選んだ。これはユウコのそれまでの経験（英語で話すのがいちばん楽で，インターナショナル・スクールに通い，アメリカで勉強して，世界中の友人と付き合うこと）とはかなり異なった世界である。だがポールの場合と同様，ユウコにとって意識して文化に適応するこの過程は，彼女の文化アイデンティティの重要な一部なのだと思われる。

ユウコが日本で「自分のルーツを見つけ」ようとはしていないことに着目しよう。ユウコは文化「システム」を理解したいのだ。しかし，いったんそのシステムがわかれば，個人として自己を表現する方法を選択する。営業担当に怒鳴ったり，年賀状ではなくクリスマス・カードを送ったりする。ユウコは日本人に統合して，対人関係を築くことに成功した点を誇りに思っているが，そのこととは別のアイデンティティも維持している。

　　最初のアパートに日本の友人を招待したとき，私はただ普通の日本人の女の子としか見られていなかった。でも引っ越した時，変えようと決めた。おばが（新しい）アパートに来たとき，とても驚いていた。私がおばと話す時は本当に日本人なのに，アパートに来てみて，私の違う面を見たから。

　ということは，ポールと同様にユウコはベネットの言う「文化の建設的境界性」の典型である。ユウコがとても柔軟で，明らかに複数の文化共同体の一員であることを考えると，主たる帰属先があるのだろうかという疑問が湧く。スパロウが描く成功した「異文化人（interculturalist）」がそうであるように。だが，どこか特定の文化の人で最も気が置けないと感じる人がいるかどうかと尋ねた際に，ユウコは「第3文化の子ども。たとえば私が最も親しい友人たちは，複数の文化で育って数カ国語を話す」と答えた。ユウコは根っからの文化境界人であるようだ。
　ポールとユウコの事例は，特定の文化共同体とつながっている感覚と，その文化共同体への帰属が異文化の学びの重要な指標であるというスパロウの論点を無効にすることはないが，少なくともある意味で，ひとつの文化への帰属を超え，ある種の構成的文化アイデンティティを達成できるとするベネットの考えに説得力を与える。そうであれば，構成的文化境界人は非常に深い文化の学びのある種の最終成果物であると論じることができるだろう。しかし，ユウコもポールも多言語を話し，多くの異なる文化的枠組みに触れるという類まれな状況で育ったのであり，多文化主義こそが彼らの文化なのだとさえ言えそうだ。このことは，ユウコが一緒にいていちばん心地よく感じるのは「第3文化の子ども（third culture kids）」，つまり，自分と同じように多文化環境で育った人々だ，という発言に表れている。
　これは，「第3の文化」が他と同様の単なるひとつの文化的枠組みである

ということではない。第3文化の子どもは、限定された異文化のコンテクストで育った子どもと比べ、異文化を学ぶ者としてより適応しているのは確かである。ところが、彼らは国際的背景のせいで、実際には適応を「強制」されていたという事実が残る。しかし、多文化環境で育ったことが自動的にこの「文化を超えた」状態をもたらすと想定することはできない。インタビューしたなかで次の節で紹介するリズの事例では、2文化併用環境で育ったが子どものころに、主たる文化への帰属を「選択」している。結局ここまで見てきて、深層レベルでの異文化相対主義の一形態が異文化を学ぶ最終成果物だとするベネットの考えも、滞在先の文化共同体との関係構築が異文化適応の重要な要因であるとするスパロウの考えも、どちらも裏付けられている。

12.4　アイデンティティの問題

　文化を学んでいると異なる文化世界の間でコード変換の必要に迫られるので、往々にして個人的アイデンティティについての問題に直面する。外国語を話さない場合には、この種のコード変換はしていないようであった。たとえばジャックとスティーブンは、どちらも外国生活が長かったが、文化を学ぶことについて話した際にアイデンティティの問題には触れなかった。アデルは言語学習についての話でも、コード変換の観点からは決して語らなかったし、アメリカに生まれて良かった、というように、アメリカ人としてのアイデンティティがむしろ強化されたようだった。スイス出身で語学に堪能なアンドレは、まったく異なるコミュニケーション様式への適応が意味する、深層レベルの価値観やアイデンティティの変化を落ち着かなく感じているようだった。アデルと同じように、アンドレのスイス人としてのアイデンティティは異文化体験で強化され、文化のコード変換にはとうとう馴染めなかったようだ。

　アブドゥ、ユウコ、ポール、マユミなどのように、複数の異文化で深層体験をした人たち誰もが、文化アイデンティティの感覚が変わったと語った。最初の3名は主としてアイデンティティの問題を解決した視点から異文化における自己について語ったが、マユミはまだ悪戦苦闘しているという印象を受ける。

本当の自分ではないような気がした。いつもの私自身ではないように思えたから嫌だった。外向的なのにそう見られないで，物静かなアジア人の女の子という風に見られた。食事に慣れるのが難しいかなと思っていたけど，そうでもなかった。

　相手に合わせようとして，本当のアイデンティティを犠牲にしているときもある。それを続けていると限界に達してしまう。もうたくさんと思えるところまで来ると，一歩引いて自分にもっと素直になろうとした。

　言語によって，自分が変わる部分はあると思う。日本語と英語の場合，その違いははっきりわかる。だから，自分の個性を表現するならば，韓国語のほうが英語よりも簡単。言語が変わると，行動や話し方まで変わると感じることもあるし，どちらのアプローチを取ればいいのか迷う。その意味で私は…確かに変わる。自分で変えているかもしれないけれど，気がつかないのかもね。

　自分が何者なのかまだよくわからない。あるいは，まだ自分自身を受け入れていない。

　異なる文化の現実世界の間を実に気楽に行き来するポール，アブドゥ，ユウコとは異なり，マユミは，変化しても「本当の自分」でいられるには限界があると感じているようだ。自己についての安定した感覚を持つことと，異なる社会文化的な枠組みの間を移動することの間にある潜在的な葛藤を，完全には解決できていないことが窺われる。けれども，明らかに彼女が他文化の世界観も妥当であると深いレベルで受容していることに鑑みると，マユミも他の3名のような「統合された境界人（integrated marginal）」的な状態に入りつつあると言えるかもしれない。

　具体的に文化的アイデンティティの問題について語ったのは，リズである。彼女は幼い頃，家族と一緒に日本で暮らし，11歳から再び日本に住んだ。そのとき，日本文化の枠組みのなかでのアイデンティティを形成する途上だったようだ。

　2年間インターナショナル・スクールに通い，他の生徒はほとんどみんな日本人だったから，放課後みんな日本語で話した。友人がほしかったから，日本語を話さないといけなかった。…中学生のころは日本人になろうとした。完全な日本の女の子になりたかったから，ナップザックや持ち物一式を持っていた。制

服だって好きだった。電車に乗るのも大好きで，…とっても自然だった。たくさん本を読んで，友人との会話も日本語。毎朝同じ電車の同じ車両に乗ると，そこに乗っているビジネスマンがいて，いつも一緒に座って，その人が宿題を手伝ってくれた。

しかし，ここで何かが起こった。

13歳のときだった。ちょっとしたアイデンティティの危機を感じた。しばらくアメリカ人と一緒にいたかった。夏の間ずっと水泳チームの子たちと遊んでいて，その子たちと一緒にいたかった。アメリカ人になろうと初めて意識して決めたのだと思う。

　アメリカ人と一緒にいるとリラックスできる感覚があった…溶けこもうとしなくても。日本人になるには背が高すぎたし，大柄だった。母語じゃなかったし。アメリカ人といるとピタっときて良かった。日本人の親友が何人かいたので，本当に困った。それがマイナス面。いちばんの親友とは未だに連絡を取り合っているけど，がっかりさせちゃったような気がする。

この決断はリズにとって重大な転機だったようだ。結局リズはアメリカに戻り，アメリカ人としてのアイデンティティを発達させることになった。しかし，日本への強い関心を維持したまま，習得した日本語も忘れなかった。大学で日本語を勉強した後，東京で就職し，アメリカ系の組織で働いて，アメリカ人と結婚した。

　日本と関わり続け，結果として日本語も上達している（仕事の一部として日本語の新聞を読んでいる）が，日本の内側にいるという感覚は取り戻さなかったようだ。日本が彼女の期待に応えなかったかのように語るが，それでもリズは日本と一体感を持っている。このことについては主として日系企業との仕事に関する文脈で語られた。

韓国が日本を追い抜いてほしくない。たくさんの日本人に親近感を持っているから。夫と話をしていて，選択肢があるってうれしいねと言っている（アメリカ人は国を離れる選択ができるから）。こんな風に皮肉な見方をするのは，好きじゃない。韓国に行くと浮き浮きして戻ってくる。韓国はいろんなことを解決

してきたから。韓国はとても変わった。

　日本の指導者は尊敬しにくい。アメリカ人の目からみると，ずいぶん遅れている。実のところ，この3カ月間ビジネスはこれ以上ないくらい順調だった。私も結構，負けず嫌い。かつての日本の独創的な発明家を取材するNHKの番組が大好き。日本人はもう少し誇りを持てばいいのにと思う。愛国心はタブーだし，会社への忠誠心も消えてしまった。創造性はやっと価値が認められるようになったばかりで，どこで尊敬を得るの？　日本の友人と話していると，経済の話題になって皆で暗くなる。週末のたびに東京を抜け出して，そのことは考えないようにしている。あきらめて中国語を習い始めるべきかと自問している。

　個人的な話をすると私は，おバカなガイジンになろうとダメ日本語を使う，ってことになってる。この間，「日本語タベマセン」と言って無料で博物館に入れてもらった。うまく行ったの！

　リズの日本への関わりの深さを見ると，博物館に無料で入館するためだけにあえて無知な外国人の振りをするのは驚くべきことかもしれない。しかしこれは，日本で内側の人間になる可能性にアイデンティティが全くつながっていない，という，リズの根本的な気持ちを映しているように思われる。13歳のときの決断が，大人になってからの人生にも続いているかのようである。リズの「日本人ではない」自己の強さは，「あきらめて」中国語の勉強を始めるほうがよいと感じることがあるという発言で明らかである。

12.4.1　2項対立的な異文化体験と三角測量

　リズは明らかに，アメリカという特定の文化に自分のアイデンティティを感じているようだ。この点では，インタビューしたなかで「統合した境界人」の3名（ユウコ，ポール，アブドゥ）以外の全員と共通している。加えて，この研究でインタビューした他の異文化滞在者と同じく，主として2項対立的な文化の差異を体験している。リズはアメリカ人としてのアイデンティティと日本人としてのアイデンティティの間で選択を迫られた。たいていの異文化滞在者にとって，文化の学びとは，主としてひとつの新しい環境を体験することである。先にも述べた通り，主たる例外はユウコ，ポール，アブドゥの3名で，いくつかの文化の場で深い異文化体験をしており，さ

らに多言語話者でもあった。このような体験の差異は，2文化と多文化での深い異文化体験の間に，質的な違いがある可能性を示唆している。2つの文化の枠組みを体験した場合は，2項的な比較のみが可能である（図12）。

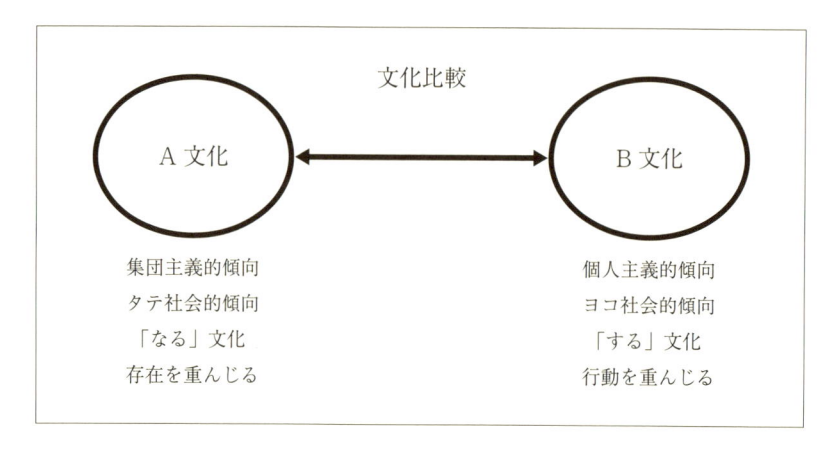

```
                     文化比較
      ┌─────┐                    ┌─────┐
      │ A文化 │ ←──────────→ │ B文化 │
      └─────┘                    └─────┘
   集団主義的傾向              個人主義的傾向
   タテ社会的傾向              ヨコ社会的傾向
   「なる」文化                「する」文化
   存在を重んじる              行動を重んじる
```

図12

　他方，深層レベルで3つ以上の文化を体験した場合は，一種の「三角測量」ができるので，異なる世界観があるというだけでなく，その差異の程度に幅があるということもわかる。たとえば，インドで集団主義の文化的枠組みを体験し，英国で個人主義の文化的枠組みを体験し，その後日本で深層レベルの異文化体験をした人は，一口に集団主義や個人主義と言っても，微妙に異なる考え方に接することになるだろう。インド人と日本人の共同体に対する感覚は，伝統的英国の個人に対する見方と比較すれば，両方とも集団主義的かもしれないが，比較のための第3項があれば，文化の特徴について別の組み合わせもできるのだと，はるかに容易に推定できるのである（図13）。

　このように三角測量ができる異文化滞在者は，文化差の「どちらか一方」の観点から抜け出すことができるだろう。ある特定の文化的枠組みに属すことは，もはや絶対的な選択を意味しない。むしろ，ありとあらゆる文化差というコンテクストのなかでの選択を表す。ユウコやポールのような統合した境界人が，自分たちのアイデンティティについて，たとえば「カメレオン」であるとか，「中間がいちばん強い支えを有している橋」というような例で

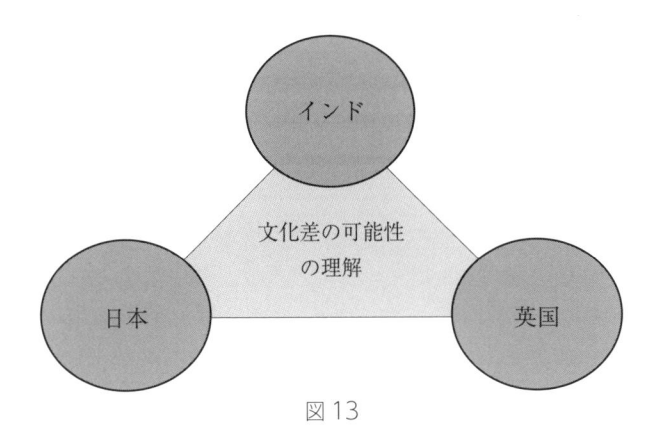

```
         インド
      ╱        ╲
    文化差の可能性
      の理解
   ╱              ╲
  日本 ─────────── 英国
```

図 13

語るとき,この三角測量をしているように思われる。これは単に多くの言語を話す能力と関係するのではなく(たとえば,アンドレは複数の言語を話す),文化の違いを深層レベルで受容していることと,複数の文化で深い体験をしていることに関係しているようだ。日本語,韓国語,英語を使い,文化的差異を受容しているように見えるマユミは,このような三角測量的体験をしたことから生じるアイデンティティの問題と格闘しているのかもしれない。

第 13 章 「地球村」が意味するもの

13.1 何のために異文化を学ぶか

　本書では，異文化体験は成否どちらの結果も正常なのだ，とこれまで論じてきた。言うまでもなく，教育者にとって，失敗した結果は望ましいものではないので，異文化の学びを描くことが，異文化教育にどのような知見を与えられるかを考えることも大切だ。本書ではポールやユウコのように，異文化人として極めて成功した例も見ているので，このような例を，異文化を学ぶモデルとして，目標にすることを検討すべきなのかもしれない。しかしながら，本書で検討したように，彼らの言う「文化を超えた」状態に達するのはあまりにまれなので，ポールやユウコの体験を，異文化を学ぶ到達目標と考えるのは適切ではないかもしれない。異文化滞在者の大半にとって，異文化体験での成功について理にかなった定義をするとしたら，それは文化の違いという抽象的なメタ意識によってではなく，深層レベルで差異を理解し受容し，その受容を用いて新たな文化共同体で対人関係を構築し，コミュニケーション・スキルを発達させていくものである。そうであれば，このような知見をどのように実際に適用するのかという問題がまだ残っている。

13.1.1 異文化体験を語る言葉

　異文化を学ぶ際の典型的な目標では，好ましくない結果が起こるという可能性にあまり注目しないし，好ましくない結果を表現する中立的な用語すらないようなのは，驚くべきことである。しかし，異文化接触は否定的な態度や偏狭性を生み出したり，強化したりすることもある。そして否定的な態度がいったん異文化滞在者の実体験に刻まれると，簡単には変わらない。「カルチャー・ショック」や「文化ストレス」という用語は，異文化適応に関する心理ストレスを表現したものであるが，異文化を学ぶ上で起こりえる長期に継続する好ましくない結果を特徴づけるところまでは及ばない。「文化の気づき」という用語も，対義語としてはせいぜい「気づかない」という程度以外にはない。また「不寛容（intolerance）」「人種差別（racism）」「偏見（prejudice）」などの用語は，文化の違いに対する否定的態度を明確に表し

てはいるが，非難するような意味合いが含まれる。異文化への反応を説明するのに，「自分は偏狭で不寛容だ（I'm intolerant.）」と言う人間はめったにいないだろう。

このような点から，本書で提示したような，より中立的な専門用語が役に立つかもしれない。「抵抗」は体験への反応を説明することばであり，異文化感受性の絶対尺度ではない。それゆえに，自分に当てはめてみやすいようだ。本書では，非明示的レベルでの異文化的差異を受容する難しさを見てきた。たとえば，フィリップにとって，ドイツ人はごみ分別に関して合理的ではなく，デイビッドにとってアジア人訓練生はサバイバル本能がまるでなかった。このような人たちにとっての課題は，自分が何に抵抗しているのかを突きとめることであり，「抵抗」は体験を表現する上で比較的に中立的な用語となり得る。この中立性は，個人や文化のアイデンティティのような深層レベルに率直に向き合おうとするならば重要となる。

本書で説明してきた異文化を学ぶプロセスでは，「深い認知的共感（deep cognitive empathy）」を得るために文化の違いの「受容」が重要であると強調している。異文化を学ぶ人たちが「受容」の重要性を認めるよう，手助けをすることは，適切な教育目標であると思われる。加えて，学習者は「抵抗」「受容」「適応」が外面的なレベルだけでなく深層レベルでも作用することを自覚しなければならない。「受容」が重要であると知っているだけでは十分ではなく，対処すべき文化の違いを発見することは生やさしいものではないと覚悟しなければならない。ただ幸いにも，異文化教育の目標とした場合に，「受容」は説明したり，例をあげたり，重要性を説いたりするのがそれほど難しくはない。さらに，たいていの人は文化の違いをある程度は受容するので，異文化教育者の課題は学習者の態度を変えるというよりも，学習者が受容や抵抗をさらに探求する手助けをすることにある。

13.1.2 異文化体験用語の適用

「抵抗」「受容」「適応」の概念は，既存の異文化トレーニング技法に組み入れることができる。たとえば，一般的な異文化トレーニング技法として，「危機事例（critical incident）」，つまり異文化間の葛藤あるいは誤解が生まれた状況を語り，学習者に異文化状況での判断をさせる訓練法がある。それに加えて，もしそのような状況に置かれたら，自分ならどのように反応する

かを,「抵抗」「受容」「適応」の観点から話し合うようにすれば,学習者は自分の身に引きつけて考えることができる。こうすれば,危機事例の使用は異文化間の葛藤に関する特定の問題に着目するだけでなく,一種の仮想異文化体験となり,ある所与の異文化状況を単に「正しく」解釈する指導ではなく,文化の違いへの反応に重点を置く。これにより,異文化の学びについての見方はプロセス志向となり,発達的な観点で考えられるようになる。また,文化間の比較に焦点を合わせる異文化教育にも,「抵抗」「受容」「適応」の概念は役立つだろう。たとえば,「中東に行けば手で食べる覚悟がいる」などと,文化の違いを単に知識として説明するのではなく,差異に対してどのように反応する可能性があるのか(または反応してきたのか)に力点を置くようにできる。換言すれば,異文化の学びを特徴づけるのは個別の文化の違いではなく,人が出会った差異にどう反応するかである。

　留学生や海外駐在者のための出発前研修のような,個別文化に関する異文化教育では,「抵抗」「受容」「適応」についての事例研究アプローチが向いている。「経験者」の話を手がかりにして,学習者は新しい環境で起こり得る自らの反応を検討することができるだろう。たとえば,フランスの大学で四苦八苦したオーストラリア人学生の事例研究を用いれば,出発前研修では,以前に留学した学生の体験談を,これから出発する学生が分析することに集中する。学習者は留学経験者の語りや,「フランス人は信じがたいほど官僚的だ」などの発言を,それが「抵抗」なのか否かという観点で分析する。このようなアプローチによって,学習者は文化の違いに対する自分の反応を意識するようになり,判断を保留したり共感を高めたりすることが可能になる。

　他にも文化一般についてのトレーニング活動としては,「バファ・バファ (Bafa Bafa)」(Carroll, D. G., 1997) や「バーンガ (Barnga)」(Thiagarajan & Steinwachs, 1990) などのゲームがよく使われており,このような活動では学習者はカード・ゲームやロール・プレイで擬似異文化体験をする。通常,ゲームの後で「ディブリーフィング (debriefing)」と呼ばれる考察についてのディスカッションの機会があり,参加者は体験への反応を討論し,指導者はそれを異文化を学ぶ者の反応と関連づけようと試みる。この種のふり返りを実施する際に,「抵抗」「受容」「適応」という用語は非常に適していると思われる。参加者が自らの主観的な反応を語る言葉を得られるだけで

なく，共感や判断保留という，より大きな目標につながるからである。以上は「抵抗」「受容」「適応」という用語が，多様な異文化教育のコンテクストで適用できるほんの数例にすぎない。用語の有用性は，理論と実践を結びつけられるか否かによる。つまり，実際の異文化体験と異文化を学ぶための理念的な目標を架橋できるかどうかである。

13.2　外面的／内面的文化と表層／深層異文化体験

　異文化体験が増えるにつれ，問題を起こしたり，抵抗や誤解を生んだ異文化体験の要素を説明する，あるいは特徴づけることが難しくなる。海外駐在を控えた管理職は，たとえばマレーシア人と一緒に仕事をすると，どのような「問題」が起こるのか知りたいと思うだろう。だが，そのような疑問に答えようとする異文化教育者にとっての課題は，説明しやすい文化の違いというのは最も扱いやすい違いだという点である。エチケットやタブー（例：タイで人に足を向ける，アメリカで給料について質問する）は割合に学習しやすいが，特定の状況以外ではたいした指針にならない。

　これまで見てきたように，異文化を学ぶ際の深層レベルの課題は，より深い象徴的意味をもつ文化現象（例：フィリップのドイツでのごみ分別への反応，あるいは単に未知の環境で新たな日常生活のやり方を学ぶというストレス）に応ずることなのである。どちらの場合も顕著な特徴は，文化の違いやそれに対する反応が，内面的なものであるという点だ。このような基本的な考え方は，これまでの異文化学習では重要な構成要素にはなっていないようである。しかしながら，本書で考察してきたように，外面的／内面的異文化現象や，それに対応する表層／深層文化体験は，筆者の提案する異文化を学ぶモデルの中核にある。このような構成原理を建設的に活用する方法を見出すことが，異文化教育における重要な課題であると思われる。その方向への第一歩ともいえる本研究の成果のひとつは，本書に登場した人々の異文化体験を用いて異文化を学ぶプロセスを図示したことであろう（図14，次ページ）。

　文化の違いや異文化体験を説明する教材として，このように視覚的に表現した図を活用することができるであろう。この図を用いて，事例研究アプローチで他の人の異文化体験を討論し解釈することもできるし，さらに，学習者が自分の体験を語った後でこの図を使い，異文化体験に対する自らの反応を明確にする活動も可能である。

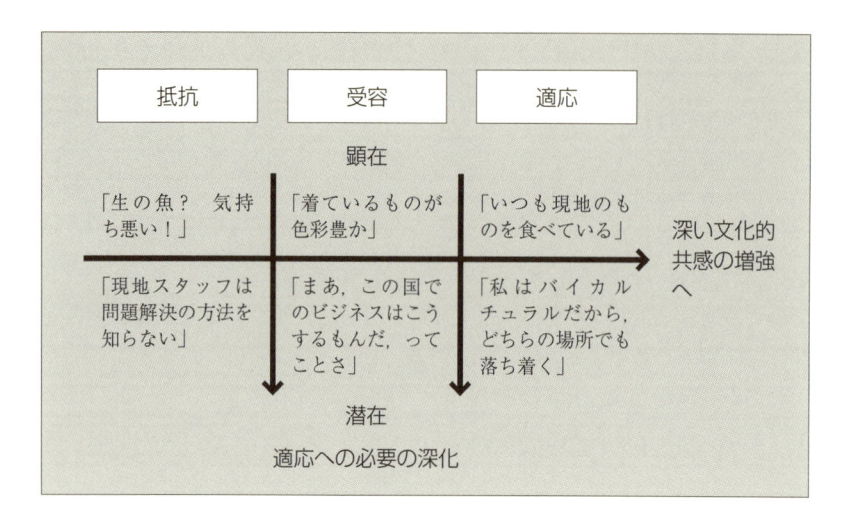

```
┌─────────────────────────────────────────────────────────┐
│    抵抗          受容          適応                      │
│                   顕在                                   │
│  「生の魚？ 気持  「着ているものが  「いつも現地のも        │
│  ち悪い！」      色彩豊か」      のを食べている」  深い文化的
│  ─────────────┼─────────────┼─────────────→    共感の増強
│  「現地スタッフは  「まあ，この国で  「私はバイカル        へ
│  問題解決の方法を  のビジネスはこう  チュラルだから，
│  知らない」      するもんだ，って  どちらの場所でも
│                  ことさ」        落ち着く」
│                   ↓              ↓
│                   潜在
│            適応への必要の深化
└─────────────────────────────────────────────────────────┘
```

図14

　このような異文化の学びの特徴づけに不可欠なのは，「表層」文化学習と「深層」文化学習を区別することである。実際の問題として，未知の文化環境の隠れた側面に触れる機会が少ない旅行者の体験と，新たな文化共同体の深層レベルに参加する異文化滞在者の体験を区別するために，「表層」と「深層」を分けることが重要となる。孤立もしくは統合へつながる選択の重要性に気づくことは，広範なコンテキストでの異文化教育に役立つであろう。

　「外面的／内面的」や「表層／深層」という用語は，異文化体験と文化現象を考察するための概念レンズとなり，教育的に有用である。学習者の課題は概念それ自体の理解ではなく，本人の異文化体験から事例を思いついたり，自分自身の文化背景の隠れた要素を説明したりすることだ。これらの用語を概念的に理解することと，それを適用する難しさとのギャップは，英国人大学生の授業が好例である。彼らは，いつファースト・ネームで呼んだり，握手したりすることが適切であるかという規範が多くは非明示的である点は難なく理解したが，その規範が何なのか究明するのには苦労した。異文化体験や普段の文化環境での，このような非明示的な要素を取り出して明確化するという試みは，多くの教育者が模索している「文化の気づき」という目標に導くものであるかもしれない。

　とはいえ，このような用語は新しいものというわけではない。これまで見

てきたように，文化現象についての外面的／内面的という性質は，異文化コミュニケーション理論の基本である。けれども，本研究が新しいのは，このような用語を，異文化を学ぶ大きな枠組みに関連づけた点である。加えて，外面的／内面的な文化現象がもたらす当然の帰結としての表層／深層異文化を学ぶ点は，異文化教育において一般的にはまだ使われていない。異文化体験の深さの評価にもとづいて学習活動を設計することができるはずだ。一例を挙げれば，年間50カ国を訪問する旅行者と，ひとつの共同体に滞在し深く関わる滞在者とを比べさせるのである。文化共同体に統合している場合と，していない場合の滞在者のプロフィールを事例研究に用いて，学習者に自らの文化体験を説明させるのである。

　外面的／内面的な文化現象や深層／表層での異文化の学びを区別することは，ますます相互関連が高まる今日の世界で外国に滞在する人々にとって，特に重要であると思われる。かつての異文化滞在者は，異文化体験の深さについてはほとんど選択の余地がなかったが，現代の滞在者は旧知の殻に囲まれたままで，遠方の人々と関係を維持できる。深い異文化体験は，ますます意識的な選択になっている。単に心理的に生きのびることを考えるのではなく，滞在先の共同体に深く関わることで得られるものは何なのかを，より良く理解しようと考える。異文化滞在者が強いストレスを感じたり，「抵抗」が高じたりすると，慣れ親しんだ環境へと意識的に退くこともできる。本章で論じたアプローチを用いれば，現代の異文化滞在者は，新しい地球時代が秘めているあらゆる学びの可能性を存分に活用することが可能かもしれない。

13.3　関係を作る，言語を学ぶ，異文化を学ぶ

　本書では異文化を学ぶ方法としても目標としても，滞在先の文化共同体の人々との関係を用いる重要性を強調している。このことと密接に関連しているのは言語学習の重要性である。というのも，滞在先の共同体で使用される言語を学習すれば外国語能力のない人々との関係を築くことができ，受け入れ先の人々の知覚世界に深く入りこむことができるからである。そうであるならば，対人関係の構築は言語教育と異文化教育の交点と言えるであろう。このような考え方から，新しい言語教授法や異文化の学びを促進する教材が生まれるかもしれない。

対人関係の構築を強調する点は，外国語としての英語教育に適用することができるだろう。明確な「目標文化（target culture）」を持つ外国語の学習とは異なり，英語は国際語として学習されることが多い。すなわち英語を学ぶ韓国人は，英語を話すことに関係した特定の規範を学習することはできない。というのは，その学習者には話す相手がどのような文化的背景を持っているのかがわからないからである。話す相手はフィリピン人かもれないしナイジェリア人，オーストラリア人かもしれない。このような状況では，異文化理解や文化的差異の問題を教えたいと思っている言語教育者は，（特定の文化ではなく）文化一般を扱わなければならない。文化一般についての教育の典型的な目標は，きわめて抽象的な場合が多いので，言語学習者は外国語で抽象的な話題を扱うという課題にも直面することになる。

 本研究を進める間にも，「文化を演じる（cultural performance）」（「外国語を話すというのは，人から見られて評価されるという意味で俳優が舞台で演じるようなもの」というのが筆者の考え）の概念や異文化教育において対人関係を重視するという考え方が，日本のある私立大学のカリキュラム案に取り入れられ（Shaules, 2003, 2004b），異文化をテーマとした英語の教科書が開発された（Shaules *et al.*, 2004）。このカリキュラム策定に関しては，関係性の重視がコース設計の基準となった。スピーキング中心のコースでは，社会問題について意見を発表する練習を中心にした。学年末試験では英語でのプレゼンテーションが教室内で課される。このようなコースの目標は，異文化同士の関係性の中で学生が意見を述べたり自分の性格を表現するような言語能力を身につけることだ。開発された教材では，世界中の人々が自文化に関する問題に個人的な意見を語るという形で，異文化に関する概念が提示されていた。学生はその語りから提起された問題を討論する基礎資料として，価値観を明らかにするアンケートを使用した。そして，このような擬似的な意見交換が共感を培い，将来の異文化間の関係作りに向けての準備になるのではないかとの願いをこめたものであった。この構想の背景にある考え方の詳細については，ショールズ（Shaules, 2004b）を参照されたい。

13.4 異文化教育の原理

 これまでの本書の内容から，異文化教育の場において指針となりうる原理が多く浮かび上がってきた。文化の学びに関する「キーポイント」という形

で，異文化教育を実践する際に留意するべき内容としてまとめておこう。以下は，本書で考察した文化を学ぶ体験の最重要点を抽出したものである。

文化の学びは発達的である

この原理が指摘しているのは，文化の学びには絶対的な最終状態や到達目標がなく，進行中のプロセスであるということだ。つまり，学習者の関心は文化的差異についての絶対的な理想や厳格な分類ではなく，文化の違いを発見したりそれに反応したりするプロセスに向けられるのが生産的である。

文化の学びにおける成功とは文化の違いの認識を意味する

異なる世界観の受容が困難なのは，原因が文化だと気づかないまま内面的な文化の違いに反応しがちだからである。したがって異文化教育の取り組みは，学習者に異文化体験，価値観，規範，隠れた文化の前提などを批判的に省察する機会を与えるものでなければならない。

文化の学びにおける成功とは文化の違いの受容を意味する

他の世界観が妥当であると深層レベルで「受容」することによって，共感が高まり，滞在先の文化との関係が良くなり，新たな文化環境への適応が容易になり，判断を保留できるようになり，「深い認知共感」を得る能力がつく。「受容」が重要であるとする考えは，異文化学習プログラムに有用な原理である。

差異への抵抗は自然である

異文化の学びにおけるある状態が他よりも優れているなどというように，異文化を学ぶことを「道徳的に説明する」のは避けるべきだ。差異に対しては，誰もが多様な場で程度の差こそあれ抵抗し，受容し，適応しているのである。異文化を学ぶ顕著な特徴とは，このプロセスへの気づきなのである。

文化の学びは関係性構築を伴う

人間にとって他者とともに意味を創造し対人関係を形成することは必要であり，それが，異文化を学ぶ推進力である。これは，新たな環境を理解しようとするときや，滞在先の人々を理解する際にも当てはまる。対人関係の構

築は異文化を学ぶ上での成功の尺度でもあり，言語教育の構成原理としても活用できる。言語教育には，他文化についての学習や個人および文化のアイデンティティを外国語で表現することも入れるべきである。

13.5 結論

　本書の冒頭でも述べたように，世界がますます相互依存関係をもつようになったことから，今や「地球村」に暮らしている私たちにとって文化の違いはかつてほど問題にならない，という考えが生まれている。しかし本研究で明らかにしたように，そうありたいと願うほどには，この考えは当たっていないようである。確かに多くの異文化人が適応に成功しており，文化の異なる人々を受け入れようとする多文化共同体が増えてきているが，外面的な文化との一体化がかえって本質を見逃すことになるのもまた真実である。英語教師のジャックはアメリカから日本に来て10年以上も経つが，自己の深層レベルでの知覚世界はたいして変化していないようだ。地球村の相互依存関係は明らかであるが，深層での差異はその大部分がまだ隠れたままである。また，本研究でインタビューをしたのは，世界中で最も恵まれた異文化人たちであることも心に留めておかねばならない。彼らは社会経済的に恵まれた環境にいるだけでなく，本人が自ら異文化体験を選択しているという点でも恵まれている。本書で提唱したモデルは広範に活用できると考えるが，異文化ストレスが原因で予定より早く帰国した異文化滞在者まで研究対象を広げれば，また別の異文化の学びを描くこともできたであろう。

　世界には異文化体験を余儀なくされた人々（経済難民，政治難民など）が，何百万人もいる。本書では，異文化を学ぶのに最も困難であろうと思われる課題として，長期間の異文化滞在を強制されたことによって深く刻み込まれた抵抗は扱っていない。デイビッド（アジア人にはサバイバル本能がないと結論づけたフランス人）のような異文化滞在者に見られた，深層レベルに埋め込まれた抵抗が本研究のなかで最も厄介な側面である。世界各地で勃発している民族紛争の報道でも同じような力学が見られる。残念ながら，共感や寛容よりも偏見のほうが世代から世代へと受け継がれやすいようだ。特定の民族集団やある身体的特質をもつ人々に対する不信感が，内的な価値観や世界観の深層部分に存在するようになる，ということなのだろう。恵まれた異文化人でさえ深層レベルの変容を受け入れるのは難しいのだから，異文化間

で摩擦がこれほど頻発するのもさほど驚くことではないのかもしれない。

　本書では，恵まれた異文化滞在者でさえ深い異文化感受性は希有であると論じてきた。うまく順応している長期滞在者でさえも，否定的な判断や抵抗はなくならない。異文化間の差異のなかで暮らす滞在者がそうであるならば，多文化の共同体で暮らす人々の大半はなおさらである。本研究で扱った異文化滞在者は日常生活において強力な変化への必要に直面していた。外国旅行で文化の違いを体験するのではなく，文化的あるいは民族的な少数派と自国で接触する場合はそれほどでもないかもしれない。いずれにせよ，快適に暮らすために最低限必要な異文化感受性ならば持ち合わせている人は多いが，必ずしもそれ以上にはならないようだ。これは人類が潜在能力を全うするためではなく，生存のために環境に適合しようと努力を惜しまないとする，進化生物学的な現実を反映しているのかもしれない。非常に優れた異文化人の体験は，日常の限られた知覚活動の範囲内にとどまろうとする傾向と闘いながら，さらに先に進もうとする常に進行形の姿を見せている。

　筆者の理想としては，将来の異文化教育者が指導上の選択をする上で，本研究の内容が参考になることを願っている。文化の学びを理解するための究極の課題は，学びのプロセスの考察だけでなく，異文化体験がもたらした理解を伝承するてだてを見つけることである。このことを念頭におき，ユウコ（今回インタビューしたなかでは，おそらく最も発達した異文化人（interculturalist）との個人的な会話で，筆者は彼女の文化理解を次の世代に伝えられると思うかどうか質問してみた。「できない」とユウコは答えた。なぜなら自分の文化理解とは，建設的ではあるが，極めて不安定な生育歴の結果だから，だという。親がどれほど異文化人であったとしても，子どもは自らが育つ共同体の世界観を自然に身につけ，誰もがそうであるように，特定の文化に主として帰属することになる。これが異文化探求の出発点である。ユウコは異文化接触が増えても，異文化理解は浅くなるだけだと感じているようだ。ユウコが正しければ——そして本研究の結果は彼女の考えと矛盾していない——これまでの人類の歴史を通してそうであったように，人間の学びに関する深い真実を発見するのは，各世代に任されていることになる。とはいえ，現代の異文化人たちは人間が進歩する能力についてのヒントを残すことはできる，と願うものである。

＜異文化体験＞用語解説

　この用語解説では本書で扱ったキーワードとして，異文化学習における「深層文化モデル（Deep Culture Model）」に関する用語を説明する。

適応課題　適応への必要　adaptive demands
　＊adaptive demandsは，「適応要求」という用語を使っている研究書もあるが，本書では，この表現が意味する内容から，文脈に応じて「適応する必要性」「適応への必要」「適応を要請する課題」「適応課題」「適応に求められる課題」などの訳語を使用している。

　適応する必要性，適応を要請する課題とは，本人に内在する能力と，周囲の環境から要請される課題，つまり「文化差（cultural difference）」とのギャップ，として定義される。このギャップには，場所についての知識や言語能力など具体的な能力や，価値志向や行動期待を直感的に理解する内面的な能力などの欠如が含まれるだろう。適応課題に直面した場合に人は，遭遇した文化的差異に対して，「抵抗する（resist）」か「受容する（accept）」もしくは「適応する（adapt）」。

受容　acceptance
　受容とは，体験した文化現象における自文化とは別の，異なる解釈を妥当だと認めることである。受容は，邂逅した文化の違いを妥当なものとして前向きに考えようとすることを意味するが，必ずしも新たな環境に合わせて自分の内在的パターンを変えることは意味しない。受容は，他の世界観がもつ妥当性を認識していることを示す。受容は，文化的差異を妥当であると解釈することを意味し，「認知的共感（cognitive empathy）」を促進する。

適応　adaptation
　適応とは，異なった文化的環境が求める適応への必要性に応えて，自分自身を変化させ得ることと定義される。適応しても，適応要求が妥当であるとみなすとは限らない。適応する（自分自身を変える）と同時に抵抗する（適

応を求めるもととなる文化が妥当でないとする）ことが可能である。自己の深層レベルでの適応には，アイデンティティの変化を伴うことが多い。自己の深層での要素を適応させるよりも，行動を適応させるほうがはるかに容易である。

文化と文化共同体　culture and cultural communities
　文化は，共有された「所産（product）」と「意味（meaning）」であり，共同体内で相互行為（相互作用 interaction）の枠組みとして作用する。共同体には，家族のように小規模なものから，国や地域のように大規模なものまである。「所産」とは，共同体における客観的な産物であり，目に見える要素である。そのなかには，食べ物，音楽，教会，建造物などだけでなく，宇宙観や言語も含まれる。共有された文化的解釈を有する行動（例：挨拶のときの握手）が文化的所産である。所産は「客観的」なものとされる。なぜなら，実在しており，誰もが観察できる方法で明示できるからである。
　「意味」とは，「所産」がどのように解釈されるのかについて共有されたものであり，行動を解釈するために用いる概念的枠組みを含む。行動はコンテクストによって解釈されるが，それは行動が恣意的に解釈されるということではない。文化共同体における個人差は，ある解釈よりも別の解釈を強調することである。たとえば，スポーツカーを成功の象徴と見る人もいれば，天然資源の無駄使いと捉える人もいる。このような競合する解釈は，同一の文化的枠組みを共有していないということではなく，特定の意味を強調しているのである。
　文化は静的なものではなく，分けて取り出し断定的に記述することはできない。というのも，文化共同体の成員間における，進行中の相互作用プロセスの結果が文化であるからだ。誰もがいくつかの文化共同体に属しているので，社会文化的なアイデンティティは複合的で，かつコンテクストに左右される。文化的アイデンティティは，文化共同体への所属と関連づけられるが，文化共同体と同一なわけではない。理解していない，または属していなくても，ある共同体に共感できるかもしれないし，実際に属している共同体に対して共感を持てないことがあるかもしれない。
　人は，文化の枠組みを共有していない人々と相互作用してはじめて，文化共同体に参加していることや構成員であることに気づくことが多い。フラン

スに行ってはじめて自分が英国人だと思うロンドン出身者もいるかもしれない。「英国人みたいに感じる」というように文化共同体への共感を持つことと，文化共同体の成員との相互行為に要する能力との違いは，混同されがちである。共同体に共感を抱いても相互行為の能力は保証されないし，逆もまた，然りである。異文化を学ぶ者は，文化能力の欠如に対処しなくてはならない。このプロセスでは，自分の文化的アイデンティティが問題となり得る。

次の図に描かれているように，「文化」は異なる深さに存在すると考えられる。表層にあるのは顕在的な所産や行動である。その下には，所産や行動の意味に潜在する価値観や規範がある。さらにその下には「深層前提（deep assumptions）」があり，文化共同体が真実で合理的であると受け入れるものの基盤を形成する。

＊文化に関して頻出する implicit, explicit の訳語は多様であるが，本書では「潜在的」「顕在的」，「非明示的」「明示的」もしくは，クラックホーンの文化の定義を訳した平野健一郎（2000年『国際文化論』東大出版会，p. 10）に従い，「内面的」「外面的」と訳している。

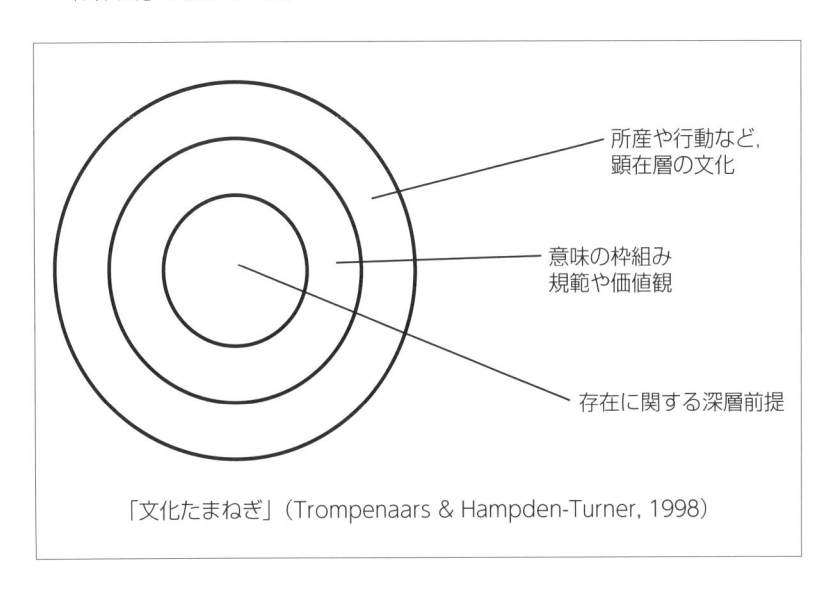

「文化たまねぎ」(Trompenaars & Hampden-Turner, 1998)

- 所産や行動など，顕在層の文化
- 意味の枠組み 規範や価値観
- 存在に関する深層前提

文化的コード変換　cultural code-switching

多言語併用者が異なる言語に切り替える「コード切り替え」と同じように，

異文化滞在者は相互作用している相手に合わせて，行動，コミュニケーション，思考の異なる様式に切り替えることがある。文化的コード変換には，2文化主義あるいは多元的な文化相対主義が関連してくる。文化コード変換をする人は，異なる自分がいるように感じる場合もあれば，根本的に自分自身を変えていると意識せずに交互に切り替えている場合もある。

文化的差異　文化差　文化の違い　cultural difference
* cultural difference の日本語訳には「文化的差異」「文化差」「文化の違い」などが考えられるが，本書では文脈に応じて使い分けている。

　異文化を学ぶ者にとっての「文化の違い」とは，滞在先の環境についての本人の知識が体系的に整備されていない状態を指す。つまり異文化滞在者は，新たな事実だけではなく，新たな意味体系にも対処しなくてはならない。「目に見えるもの」のみでなく，それが「どのように作用するのか」という点も学ぶ必要がある。文化差を体験すると自分は無能だと感ずる。というのも，異文化滞在者の内在能力と環境からの要求の間にはギャップがあるからだ。異文化滞在者は（願わくは）意味の新たな体系を学習することで，新たな環境が予測可能になり，その環境のなかで機能する適性を発達させる。最も外面的なレベルでは，旅行者が外国通貨やはじめて訪れた都市の地下鉄の利用方法を覚えるというのは，文化差によって余儀なくされる文化学習の顕著な例である。これが理解できて身につけば，旅行者はより自由に機能し自分の好みや意思を存分に表現できるだろう。このような異文化を学ぶ際の具体的な課題は容易ではないかもしれないが，少なくとも定義は簡単である。地下鉄の利用方法を覚えるのは，比較的予測できる方法で意識的に実行できる。ガイドブックはまさにこのような文化学習に役立つように編集されている。しかしながら，異文化を学ぶ上でより微妙で困難な要素は，価値観，規範，暗黙の信条・前提という隠れたレベルに存在する。このような「深層文化（deep culture）」レベルにおける文化的差異が異文化を学ぶにあたっての最も根本的な課題である。

深層前提　deep assumptions
　深層の前提は，規範や価値観が立脚する隠れた枠組みを形成する。その中には，上下関係や平等性に関する前提，性別による役割分担の程度，自立の

重要性などがある。「先生が教室に入ってきたらお辞儀をする」という規範は，「敬意が大切」という価値観で説明できる。目上には敬意を払い，そのかわりに世話をしてもらうという上下関係の深層前提にもとづいているのかもしれない。乳児が母親と別の部屋で寝るのは，自立が重要だという深層前提があるからだ。母子が一緒に寝るという背景には，子どもは面倒をみる必要があるという深層前提があるのかもしれない。

　深層前提に疑問が呈されることはめったになく，このなかで問題解決の枠組みがしばしば形成される。たとえば，「自由」とは個人の好きなように選択できることだと想定すると，より多くの選択肢をもたらすことで自由が追求される。逆に「自由」とは他者の反社会的行動に直面しないような保障であると想定すれば，過激な行動を制限することで自由が追求される。このように，深層前提からは議論の出発点が形成されて，正反対の結果が導かれ得る。選択としての「自由」は，個人を第一義とする。それに対して，反社会的行動から守られる「自由」は，好ましい人間関係を第一に想定するのである。

深い認知的共感　deep cognitive empathy
　深い認知的共感とは，異文化の学びにおける望ましい成果と考えられており，これは文化現象を意識的に差異化する能力が高まることである。「差異化（differentiation）」とは，自らが置かれた環境で知覚した現象から意味を生成する方法である。体験を理解するために用いる知覚カテゴリーが増加すると，世界観はさらに差異化される。こうして，ある現象についての多様だが妥当な解釈を構築する能力が生まれる。高度の認知共感に到達すると，競合する意味の枠組みの間を意識的に移動できる。つまり競合する文化の論理を理解し，それに応じて自身の行動を選択できるようになる。また，認知共感が高まると，もはや自分の世界観を第一義としない，文化相対主義の状態になる。

深層文化モデル　Deep Culture Model
　深層文化モデルでは，未知の文化環境にいることから求められる「適応要求（adaptive demands）」に異文化滞在者がどのように反応するのかを説明する。適応要求への反応が異文化学習プロセスを構成する。異文化を学ぶ

ことは、文化差に対する「抵抗」「受容」「適応」を伴う。直面している適応課題は外面的で明らかな文化差と関係していることもあれば、文化差の内面的要素と深層レベルで関係していることがあるかもしれない。このように、異文化体験は「表層体験」にも「深層体験」にもなり得る。「表層」と「深層」の違いは、体験が異文化滞在者にとっていかに有意義であるかではなく、直面する適応課題がどの程度深いのかということである。外国語を習得し、共同体に深く溶けこんでいる異文化滞在者は、深層レベルでの適応要求に頻繁に直面する。異文化滞在者は、ある側面には「抵抗」するが、別の側面には「適応」したり、表層レベルでは「適応」しながらも深層レベルでは「抵抗」するなど、矛盾する反応や多元的な反応をする場合がある。異文化の要求に対する反応は、異文化体験についての語り方で、ある程度は測定可能であり、以下のように図示できる。

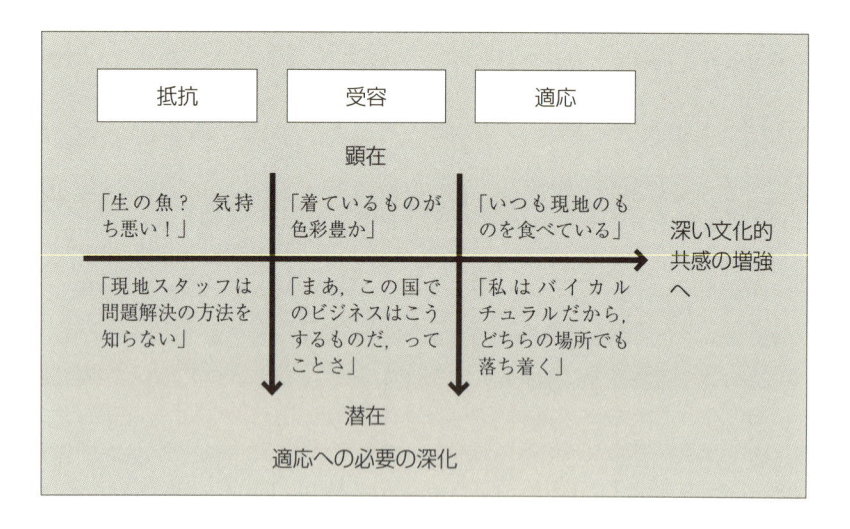

	抵抗	受容	適応	
		顕在		
	「生の魚？　気持ち悪い！」	「着ているものが色彩豊か」	「いつも現地のものを食べている」	深い文化的共感の増強へ
	「現地スタッフは問題解決の方法を知らない」	「まあ、この国でのビジネスはこうするものだ、ってことさ」	「私はバイカルチュラルだから、どちらの場所でも落ち着く」	
		潜在 適応への必要の深化		

　ヨコ線は異文化の学びが発達的であることを示し、文化相対主義思考の高まりに向かう。タテ線は異文化体験のさまざまな深さを表している。たとえば、旅行者は、外面的な文化差のみを体験して、上段の3つの発言に示すように反応している。それぞれが「抵抗」「受容」「適応」を表している。長期滞在者は、（必ずというわけではないが）より内面的な文化差を体験して、下段の発言のように「抵抗」「受容」「適応」するかもしれない。

負荷が高く，深層レベルの，有意義な（異文化体験） demanding, deep and meaningful

負荷の高い異文化体験では，滞在側に高度な変化と順応が要請される。

有意義な異文化体験は，異文化滞在者にとって個人的に意味がある。

深層レベルの異文化体験では，内面的な文化の深層で適応しなければならない。

強制された適応　enforced adaptation

強制された適応は，「抵抗」に直面した際になされた適応変化に関係する。たとえば，経済移民が就労のために現地の規範に自分の行動を強制的に適応させる場合など，外的な力によって変化を余儀なくされることも関係してくる。レベルによっては異文化滞在者が「変化への要求（demands for change）」を正当だと認めないこともある。「抵抗」によって変化が困難になったり苦痛になったりするが，いずれにせよ変化が強いられる。「抵抗」にもかかわらず，異文化滞在者が自分自身に変化を強いる時もある。滞在先の文化に関与することで得られる地位やその他の恩恵を得ようとして，環境から変化を要求されなくとも強制された適応の状態にみずからを置くことがあるかもしれない。滞在先の文化共同体には抵抗しながらも，収入や地位を得るために外国に滞在する人々は，強制された適応をしばしば体験する。強制された適応は精神的に不健全であり，滞在先の文化共同体だけでなく，時には自分自身さえも見下す結果となる。

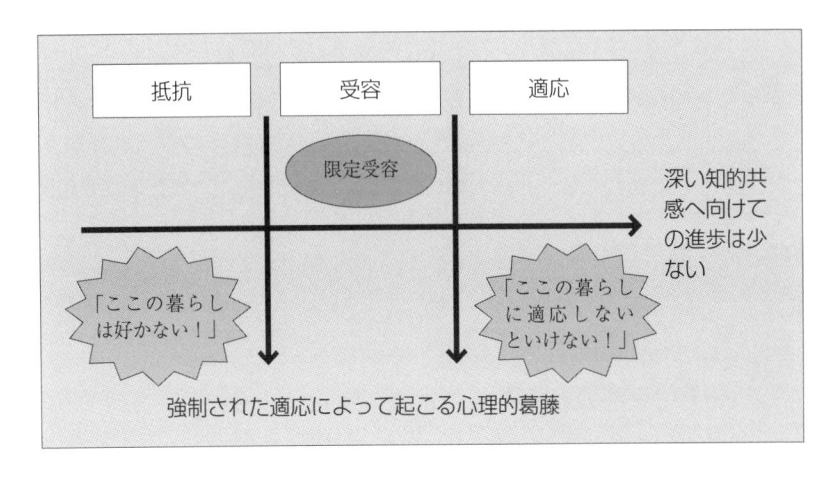

強制された抵抗　enforced resistance
　変化への願望は滞在先の共同体の構成員に受け入れられないこともありえる。強制された抵抗は，このように異文化滞在者が「適応」しようとしても，滞在先の共同体から排除されることを意味する。

相互作用／相互行為の枠組み　frameworks of interaction
　共有された意味は相互作用／相互行為の枠組みとして用いられる。言語は最も顕著な例である。枠組みの共有が同一の行動を意味するわけではない。同じ言語を共有することで同じ内容を話すのではないが，意味のあるやりとりを可能にするツールが与えられるのだ。個人の性格は共有された期待の枠組み内で表現される。たとえば，ふつうだと考えられているより多く発言する人は「外向的」だと見られるだろうし，あまり発言しない人は「控えめ」だと見られるだろう。どの程度が「ふつう」であるのかという期待を共有することで，意味の枠組みを共有し，そのなかで「外向的」や「控えめ」な人という個性が表現される。意味を共有すると相互作用／相互行為の機会が生まれる。したがって，使用言語が異なる場合でも有意義な相互作用ができるのは，他に共有する意味によって他者の行動が解釈できるからである。普遍的あるいはそれに近い意味も少しはあり，それは怒り，喜び，敵意などの明白な表現である。商取引は多様な文化共同体の間で相互作用する重要な共有枠組みを提供する。
　個人は複数の共同体に参与しているので，複合的で重複する意味の枠組みを共有している。若者同士は枠組みを共有しているが，それは年長者とは共有されていない。同じ地域，信仰，趣味などで集まった人々も意味の枠組みを共有している。共同体の一員であるということは，意味の枠組みを十分に共有しているので，人間関係を発展させて，その共同体に参与できるということである。集団内の相互作用では，明示的であれ非明示的であれ，非常に多数の意味の枠組みを共有する必要がある。明示的枠組みとしては法律や契約などがあり，非明示的枠組みとしては見知らぬ人との相互行為のしかた，敬意を払うべき時やその方法，アイコンタクトをとるべき時，状況にふさわしい礼儀などがある。一対一のコミュニケーションであれば問題はないが，母語話者の集団に対してはまだ自信のない言語学習者は，このような違いを体験している。意味の枠組みを十分に共有して，異なる社会に内部者として

完全に参与できるまでには何年もかかる。それに比べて，（滞在先の共同体から期待されない）外国からの一時滞在者としての相互行為は，はるかに楽である場合が多い。

異文化の学び　intercultural learning

*本書における intercultural learning とは，教育の場での「異文化学習」ではなく，実生活における学びを指すことから，「異文化の学び」「異文化を学ぶ」という日本語訳を用いている。

　異文化の学びとは，未知の文化環境からの適応要求に反応している進行中のプロセスから成る。自身の文化プログラミングの深層レベルに触れる適応要求に直面すると，深い異文化体験となる。文化を学ぶことは発達的だと考えられる。というのも，知覚枠組みを体系的に転換できない自文化中心主義の状態から，競合しながらも妥当な意味の枠組みを理解する文化相対主義の状態に発達できるからだ。

文化の学びは発達的プロセスである

自文化中心主義
単一の妥当な認識枠組み
　→
文化相対主義
深い認知的共感の高まり

好感と受容　like versus acceptance

　未知の文化環境に好感を抱くことと，受容には違いがある。文化差のある要素を嫌いながらも，妥当なもうひとつの選択肢として受け入れることは可能である。たとえば，怒っている場合に怒りを直接言ってもらうほうがよいと思いながらも，第3者を通すことで気まずい対立を避ける人々がいることも理解できる。また，滞在先の文化に暮らす人から敬意を受けているなど文化差の中のある要素には好感を抱きながらも，妥当だとは思わないかもしれない。この場合，敬意は「うそっぽい」，何か正当でないものに思われるのだろう。

長期旅行者　long-term tourist

　何年も外国に暮らしながら，異文化体験に対して「表層受容」のみを続ける異文化滞在者もいる。これは，「表層受容」に加えて，文化差への「深層抵抗」も意味し，長期旅行者的な現象として説明できよう。

混在状態　mixed states

　異文化体験の一部の要素に対して受容もしくは適応し，他の要素には抵抗するという反応が，「混在状態」である。これは，ある文化差は「受容」するが，他は「抵抗」するということも指す。次の図に示した異文化滞在者は，衣食などの顕著な違いに見られるような外面的差異は受容しているものの，現地の人々はいいかげんで計画性がないと感じるような文化の違いには抵抗している。

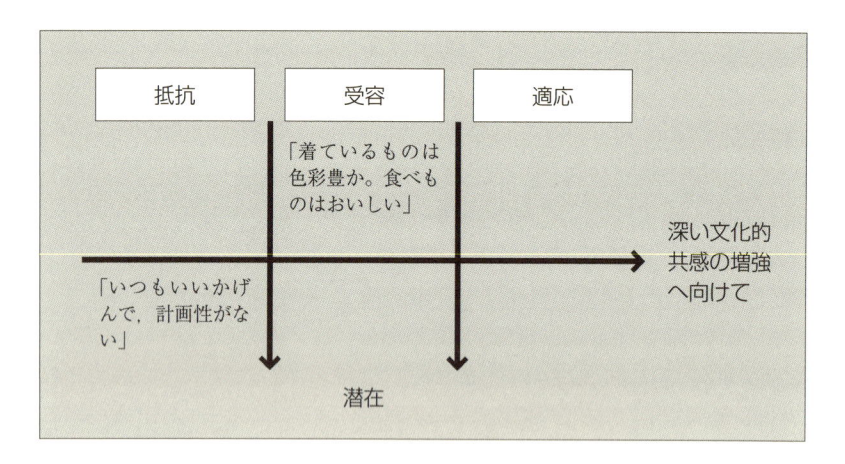

抵抗	受容	適応
	「着ているものは色彩豊か。食べものはおいしい」	
「いつもいいかげんで，計画性がない」		深い文化的共感の増強へ向けて
	潜在	

規範　norms

　規範は容認されるような行動を教えてくれる。規範は，法律，契約，規制などのように明示的であったり，握手や食事の作法などのようにインフォーマルなものもある。アイコンタクトをとるべき状況などインフォーマルな行動規範は，たいてい意識外で作用する。規範は社会的規制の一形態として機能し，規範に従わないと否定的な結果を招く。

ラポール　rapport

　ある共同体に特別な魅力，つまりラポール（心が通じ合った状態）を感じる異文化滞在者もいる。もとの環境よりも新しい環境のほうが居心地がよいと思う場合もある。これは異文化滞在者の性格のゆえかもしれないし，あるいはその共同体の価値観にもとづいた生活様式が異文化滞在者の求めるものを与えている結果かもしれない。あまりよく理解していない共同体にラポールを感じ，その共同体に自分の願望を投影させることもある。このような状態では，異文化滞在者が共同体とより密接に関わるようになり，期待が満たされない場合には失望につながることもある。異文化滞在者がラポールにもとづいて共同体へと「適応」して，もとの共同体を軽蔑するかもしれない。これが「反転（reversal）」である。

相対化　relativisation

　体験を相対化するとは，体験に影響する背景的な理由を見ることである。現象を判断する基準が自分自身から離れ，より大きな参照枠に移動するので，知覚の「脱中心化」につながる。相対化することで，現象への反応が本人の期待や体験の結果であり，現象そのものの本質からではないという発見がある。

抵抗　resistance

　抵抗とは，「未知の文化環境からの適応要求に応じて変わりたくないこと」と定義される。抵抗するということは，新たな環境での文化の型や期待に反応して，（意識的であれ，無意識的であれ）内面を変えたくない，あるいは変えられないということを説明する。抵抗は，本人に内在する文化の型の優位性を堅持する方法として，差異に対する軽蔑や拒絶を伴うと考えられている。「反感（dislike）」は好きでないという，差異に対する否定的な反応であるが，否定的な価値判断は含まない。抵抗は自文化中心主義の判断であり，たとえば「この国のパンは，故国のパンほどおいしくない」とか「その国の人は信用できない」などという発言をする。「反感（抵抗感）」という場合には，記述的な説明が用いられるのがふつうで，たとえば「香辛料のよく効いた料理だった」となる。抵抗感に対処する典型的な方略は，適応要求から自分を隔離する「回避（avoidance）」のようである。「回避」とは，滞在

先の共同体の人々と一緒に過ごさないのではなく，その共同体に適応しなければならない状況に身を置くことを避けるのである。適応要求を正当なものとして受容できないのは，抵抗の印である。時に「慣れていないから，できない」ために，「表層抵抗」が生じることがある。「深層抵抗」は「絶対的判断（absolute judgment）」が特徴である。絶対的判断とは本人が普遍的だと思っているだけであり，実際は，自文化中心主義を前提とする原理にもとづき，ある集団には何かが欠けていると見なしているのである。

反転　reversal

反転とは，異文化滞在者が新たな環境の価値観や行動を身につける一方で，旧知の環境を軽蔑する場合である。反転は適応の一形態であり，基本的には文化差の妥当性への抵抗にもとづくものである。

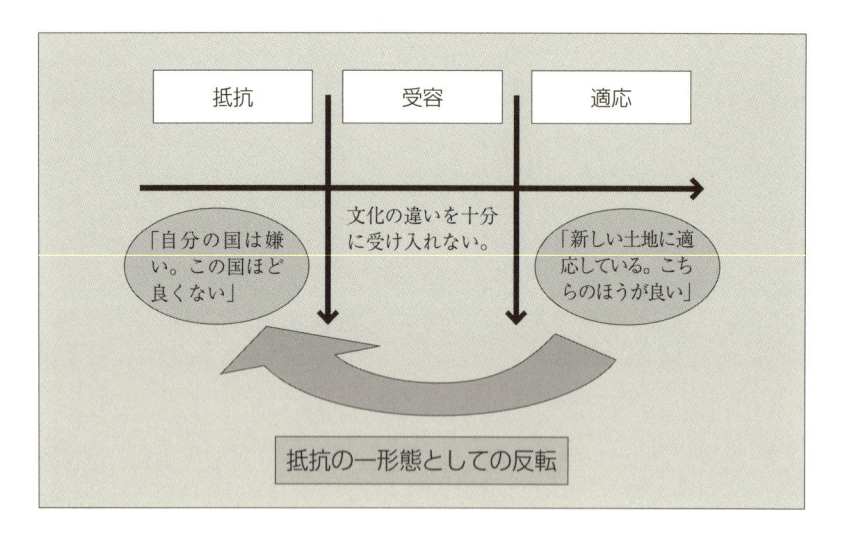

抵抗	受容	適応
「自分の国は嫌い。この国ほど良くない」	文化の違いを十分に受け入れない。	「新しい土地に適応している。こちらのほうが良い」

抵抗の一形態としての反転

三角測量　triangulation

三角測量とは，文化差におけるA対Bという2項対立を超えることである。深い異文化の学びを3つ以上体験すると，文化差の可能性についての感覚の幅が広がるだろう。たとえば，インドでのどちらかといえば集団主義的な文化の枠組みと英国でのどちらかというと個人主義的な枠組みを体験し

て，さらに日本で深い異文化体験をすると，集団主義や個人主義の思考についてはるかに繊細な見方ができるようになる。このような比較のための第3点をもつことで，文化的特色について他の組み合わせも可能であることが，容易に推測できるようになる。

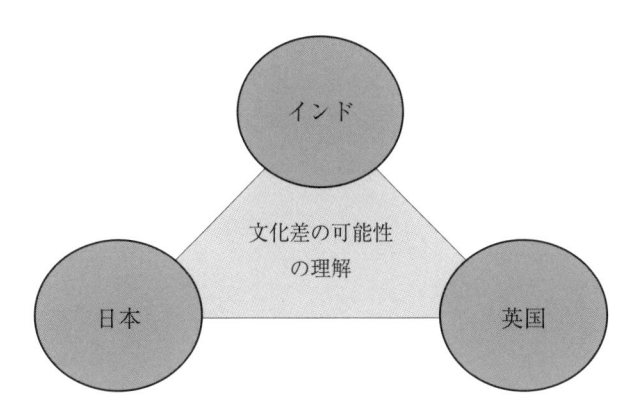

```
         インド
            
    文化差の可能性
      の理解
   日本      英国
```

価値観　values

　価値観は，好ましい行動として広く共有されている感覚を示す。文化集団における善悪の定義を反映し，代替案のなかから選択する基準となる。「規範」はどのように「行動すべき」なのかを定義するが，価値観はどのように「行動したい」のかを定義する。価値観を用いることで，特定の選択をした理由の説明や正当化，あるいは共同体のアイデンティティの定義がなされる。

本書に登場する異文化滞在者たち（名前は仮名）

名前	国籍	異文化体験と言語能力
ジャック	アメリカ合衆国	来日して14年だが，片言の日本語しか話さない。友人は殆ど外国人ばかり。外国人滞在者として守られた生活に満足。
ポール	アメリカ合衆国／ドイツ	父はアメリカ人外交官。ネパール生まれで，世界各地で成長期を過ごす。英語，ドイツ語，フランス語。
リエコ	日本	大学生。1年間アメリカに留学。英語と日本語。
アデル	アメリカ合衆国	平和部隊の一員として中東に滞在。その後，日本で7年間過ごす。日本文学者。日本語は上級レベルだが，日本の暮らしには不満。アメリカに帰国する日が待ち遠しい。
ジョアンナ	フランス	フランス出身。1年間ダブリン（アイルランド）に留学。その後1年間アメリカでフランス語教師をした。アメリカでの暮らしに不満。フランス語と英語。
マユミ	日本	日本出身で，アメリカの大学に留学。その後，韓国人の夫とともに韓国で生活。日本語，英語，韓国語。
ウィリアム	アメリカ合衆国	日本在住のアメリカ人。英語教師。妻は日本人。日本語中級。
リズ	アメリカ合衆国（幼少期に日本滞在）	子どもの頃，家族と日本に住み，日本の中学校と高校に通う。アメリカに帰国した後，外国人として日本で働く。英語と日本語の2言語併用者。
リンダ	英国	英国出身。夫に同伴し渡米するが，うまくいかずフランスに移住。英語と中級フランス語。

本書に登場する異文化滞在者たち　239

スティーブン	アメリカ合衆国	韓国と日本での生活は12年間に及ぶ。語学教師。韓国語や日本語はほとんど話せない。
ニール	アメリカ合衆国	日本人の妻と日本在住。ほぼ2言語併用者。
ユウコ	日本人の両親のもと，インドで育つ	両親とも日本人だが，海外で成長期を過ごす。インド，ヨーロッパ，アメリカ，日本に長期滞在。ヒンドゥー語，英語，日本語の3言語併用者。
アブドゥ	セネガル	ダカール（セネガルの首都）で育つ。オーストリアの大学に留学し，その後フランスでドイツ語教師。ウォロフ語，英語，フランス語，ドイツ語。
ドナルド	英国	英国出身。日本とスイスに長期滞在。英語，日本語，ドイツ語。
ギュンター	ドイツ	ドイツ出身。アメリカの大学院に留学。外国人管理職として，日本に3年間滞在。
ゲイル	英国	10年間フランスに滞在。英国出身だが，フランス国籍を取得。フランスでの生活がとても気に入っている。
アンドレ	スイス（父はイタリア人）	スイス出身。日本に留学後，そのまま日本で就職。言語能力に優れている。スイス系ドイツ語，標準ドイツ語，日本語，英語，フランス語，イタリア語。
デイビッド	フランス	アメリカで数年間働く。フランスに帰国し，商業パイロット訓練士として，各国からの訓練生を指導。フランス語と英語の2言語併用者。
フィリップ	フランス	両親はフランス人。幼少期をアメリカで過ごし，家族そろってフランスに帰国。研究者としてドイツに滞在。フランス語，英語，ドイツ語。
ウンスク	大韓民国	韓国出身。長期間，日本で仕事をする。韓国語，日本語，英語。

| ケンスケ | 日本 | 日本出身。アメリカの大学に留学。日本語と英語。 |
| マサコ | 日本 | 日本出身。アメリカの大学に留学。日本語と英語。 |

訳者あとがき

　この書は，翻訳書としては例外的な作品かもしれない。通常の翻訳の場合は，訳者が翻訳をして，原文に分からないことがあれば著者に訊ねるが，著者が日本語を読めないことが多いし，海外在住が多いので，質問も答えもメールで著者の言語を用いてやりとりをする。ところが，*Deep Culture* —— *The Hidden Challenges of Global Living*（2007）の日本語への翻訳にあたっては，著者であるジョセフ・ショールズ（Joseph Shaules）氏が日本に在住し訳者と同じ大学に勤務していた上，日本語に堪能なことで，原文の意図するところを確認したり，訳語の選択を巡って議論をしたりと，鳥飼玖美子／長沼美香子という訳者2名と著者であるショールズ氏とのコラボレーションで作り上げたともいえるのが本書である。

　そもそも，*Deep Culture* を日本語訳し日本で出版したいというのは，ショールズ氏の強い希望であった。それは，著者自身が日本に長く暮らしていること，登場する人物たちの大半が日本に住み日本人と関わってきたということだけでなく，異文化コミュニケーションについての研究が今後ますます日本において重要になるという氏の強い信念から出たものと推察する。

　日本に「異文化コミュニケーション」という用語が紹介されたのは，本書でも言及されているエドワード・ホールの名著 *The Silent Language*（1959）が國弘正雄氏他により『沈黙のことば』（1969，南雲堂）として出版されたことが契機である。新しい概念である intercultural communication の日本語訳について，國弘正雄氏と加藤秀俊氏が考えた末に「異文化間のコミュニケイション」という用語が考案された。現在では，異文化の「異」という文字に＜2つの文化の間＞という意味が込められているという考えから，「間」を省き，「異文化コミュニケーション」として使われることが増えており，本書でもそのように訳している。

　他の専門用語も概ね，この分野で定着している日本語訳を使用したが，1点，ショールズ氏がこだわった言葉がある。intercultural learning という英語をどう訳すか，である。通常は，「異文化学習」という日本語が使われているが，ショールズ氏は，「学習」というと教室で勉強するというニュア

ンスが強い，自分が念頭においているのはそうではなく，実社会での体験から異文化について学ぶことである，という。その意向を反映し，本書ではlearning を，「学び」として訳した。ただし，文脈から明らかに学校での異文化学習を指していると考えられる箇所は，そのように訳してある。

　ショールズ氏の博士論文を土台にした『深層文化』では，異なる文化について，知識として情報を得るだけでは真の理解にならないこと，文化の深層レベルまで理解するには相当の葛藤が不可避であること，しかしそれを体験することこそが真の理解に繋がる本来の「異文化の学び」であることが，豊富な事例をもとに語られる。

　グローバル時代を生き抜くために，最近の日本は国際共通語としての英語を重視しており，官民あげて英語力増強に躍起となっている。しかし，本書を読むと分かるように，異文化コミュニケーションを成功させる要因として外国語は重要な要素ではあるものの，それだけがすべてではない。文化の深層部分で抵抗が存在することで誤解が生まれ，反発が生起し，摩擦が起きることもある。これからの日本人は，もはや居心地よい以心伝心の繭の中に閉じこもっているわけにはいかないし，英語さえできればコミュニケーションの問題が解決するというものでないことも知らなければならない。その意味で，異文化コミュニケーションの専門家だけでなく，ビジネス界，英語教育関係者，学生など幅広い方々がこの書を読んで下さることで，異文化コミュニケーションについての理解が日本で深まることを念じてやまない。

　訳者である鳥飼は，ショールズ氏が本書の土台となった研究を進めていた頃，テープレコーダーを持ち歩いてインタビューを行っていた姿を覚えているし，その国の言語が話せないで文化を理解できるだろうかという議論をしたことも記憶にある。その研究は博士論文として結実し，2007 年には英語での単著として刊行された。その頃には日本語訳の企画を話し合っていたのだが，種々の事情により，時間が経過してしまった。ようやく『深層文化』として世に出ることになったことを喜ぶものである。大修館書店の金子貴氏，板谷英昭氏，翻訳作業に協力した立教大学大学院異文化コミュニケーション研究科の院生諸氏に感謝をしたい。

2013 年 3 月

鳥飼玖美子

参考文献

Adler, P. S. (1975). The transitional experience: An alternative view of culture shock. *Journal of Humanistic Psychology, 15* (4), 13.

Adler, P. S. (1977). Beyond cultural identity: Reflections upon cultural and multicultural man. In R. Brislin (Ed.), *Culture Learning: Concepts, Application and Research*. Honolulu: University Press of Hawaii.

Agar, M. (2002). Transcultural self, multicultural world: Dialectic or disaster. Paper presented at the Transcultured Self: Experiencing Languages and Intercultural Communication, Johannes Kepler University, Linz, Austria.

Alptekin, C. (2002). Towards intercultural communicative competence in ELT. *ELT Journal, 56* (1), 57-64.

Ansari, A. (1988). *Iranian Immigrants in the United States: A Case Study of Dual Marginality*. Millwood, NY: Associated Faculty.

Au, T. K. (1983). Chinese and English counterfactuals: The Sapir-Whorf hypothesis revisited. *Cognition, 15*, 155-187.

Babiker, I. E., Cox, J. L., & Miller, P. (1980). The measurement of cultural distance and its relationship to medical consultations, symptomatology and examination of performance of overseas students at Edinburgh University. *Social Psychiatry, 15*, 109-116.

Barnard, A. (2000). *History and Theory in Anthropology*. Cambridge: Cambridge University Press.［バーナード，A.（2005）『人類学の歴史と理論』（鈴木清史 訳）明石書店］

Barnard, A., & Spencer, J. (Eds.). (1996). *Encyclopedia of Social and Cultural Anthropology*. London: Routledge.

Barnlund, D. (1989). *Communication in a Global Village, Public and Private Self*. Yarmouth, ME: Intercultural Press.

Benedict, R. (1934). *Patterns of Culture*. Boston: Houghton Mifflin Company.［ベネディクト，R.（1951）『文化の諸様式』（尾高京子 訳）中央公論社／ベネディクト，R.（1964）『文化の型』（福田陸太郎 編註）松柏社／ベネディクト，R.（2008）『文化の型』（米山俊直 訳）講談社］

Benedict, R. (1943). *Race and Racism*. London: Scientific Book Club.

Bennett, J. (1993). Cultural marginality: Identity issues in intercultural training. In M. R. Paige (Ed.), *Education for the Intercultural Experience* (pp. 109-135). Yarmouth,

ME : Intercultural Press.

Bennett, J. (1998). Transition shock : Putting culture shock in perspective. In M. Bennett (Ed.), *Basic Concepts of Intercultural Communication* (pp. 215-225). Yarmouth, ME : Intercultural Press.

Bennett, M. J. (1986). A developmental approach to training for intercultural sensitivity. *International Journal of Intercultural Relations, 10* (2), 179-200.

Bennett, M. J. (1993). Towards ethnorelativism : A developmental model of intercultural sensitivity. In M. R. Paige (Ed.), *Education for the Intercultural Experience* (pp. 21-71). Yarmouth, ME : Intercultural Press.

Bennett, M. J. (Ed.). (1998). *Basic Concepts of Intercultural Communication*. Yarmouth, ME : Intercultural Press.

Black, J. S., & Stephens, G. K. (1989). The influence of the spouse on American expatriate adjustment and intent to stay in Pacific Rim overseas assignments. *Journal of Management, 15* (4), 529-544.

Bloom, H. H. (1981). *The Linguistic Shaping of Thought : A Study in the Impact of Language on Thiking in China and the West*. Hillsdale, N.J. : Erlbaum.

Boas, F. (1928). *Anthropology and Modern Life*. New York : Dover Publications, Inc.

Brill, A. A. (Ed.). (1995). *The Basic Writings of Sigmund Freud*. New York : The Modern Library.

Brislin, R. (1981). *Cross-cultural Encounters*. New York, NY : Pergamon.

Brooks, D. (2006, February 19). Questions of Culture. *New York Times*.

Brown, D. E. (1991). *Human Universals*. New York : McGraw-Hill. [ブラウン, D. E. (2002)『ヒューマン・ユニヴァーサルズ：文化相対主義から普遍性の認識へ』(鈴木光太郎・中村潔 訳) 新曜社]

Browning, C., Kawagishi, M., & Seto, H. (1999). Comparative cultures course : Education in ten countries. *The Language Teacher, 23* (1), 27-31.

Brussow, H. L., Kohlsm, L. R. (1995). *Training Know-How for Cross Cultural and Diversity Trainers*. Duncanville : Adult Learning Systems.

Byram, M. (1988). *Cultural Studies in Foreign Language Learning*. Clevedon : Multilingual Matters.

Byram, M. (1997). *Teaching and Assessing Communicative Intercultural Competence*. Clevedon : Multilingual Matters.

Byram, M., & Feng, A. (2004). Culture and language learning : Teaching research and scholarship. *Language Teaching, 37* (3), 149-168.

Byram, M., Nichols, A., & Stevens, D. (Eds.). (2001). *Developing Intercultural Competence in Practice*. Clevedon : Multilingual Matters.

Carroll, D. G. (1997). BaFa BaFa : Does it work with university EFL learners? Vol. III,

No. 3. Retrieved April 15th, 2004, from http://iteslj.org/Techniques/Carroll-BaFa.html
Carrol, J. B. (Ed.). (1956). *Language, Thought, and Reality : Selected Writing of Benjamin Lee Whorf*. Cambridge : MIT Press. [ウォーフ, B. L. (1978)『言語・思考・現実：ウォーフ言語論選集』(キャロル, B. J. 編, 池上嘉彦 訳) 弘文堂／ウォーフ, B. L. (著) (1978)『言語・思考・実在：完訳　ベンジャミン・リー・ウォーフ論文選集』(キャロル, B. J. 編, 有馬道子 訳) 南雲堂／ウォーフ, B. L. (1978)『ウォーフ言語論集』(池上嘉彦 注釈) 研究社出版／ウォーフ, B. L. (1993)『言語・思考・現実』(池上嘉彦 訳) 講談社]
Carroll, J. B., & Casagrande, J. B. (1958). The function of language classifications in behavior. In E. E. Maccoby, T. M. Newcomb & E. L. Hartley (Eds.), *Readings in Social Psychology* (pp. 18-31). New York : Holt.
Cates, K. A. (1997). New trends in global issues and English teaching. *The Language Teacher, 21* (5), 39-41.
Cates, K. A. (1999). Teaching English for world citizenship : Key content areas. *The Language Teacher, 23* (2), 11-14.
Chalmers, D. J. (1996). *The Conscious Mind-In Search of a Fundamental Theory*. New York : Oxford University Press. [チャーマーズ, D. J. (2001)『意識する心：脳と精神の根本理論を求めて』(林一 訳) 白揚社]
Clarke, M. A. (1976). Second language acquisition as a clash of consciousness. *Language Learning, 26* (2), 377-389.
Cornes, A. (2004). *Culture from the Inside Out : Travel and Meet Yourself*. Yarmouth, ME : Intercultural Press.
Cushner, K., & Brislin, R. (1995). *Intercultural Interactions : A Practice Guide* (Second edition). Thousand Oaks : Sage Publications.
Damen, L. (1987). *Culture Learning : The Fifth Dimension in the Language Classroom*. Massachusetts : Addison-Wesley Publishing Company.
Davies, S. J. (1996). Developing sociolinguistic competence through learner-centered dialogues. *The Language Teacher, 20* (3), 13-15.
Davies, I. R. L., Sowden, P. T., Jerrett, D. T., Jerret, T., & Corbett, G. G. (1998). A cross-cultural study of English and Setswana speakers on a colour triads task : A test of the Sapir-Whorf hypothesis. *British Journal of Psychology, 89* (1), 1-15.
de Nooy, J., & Hanna, B. (2003). Cultural information gathering by Australian students in France. *Language and Intercultural Communication, 3* (1), 64-80.
Dinges, N. G. (1983). Intercultural competence. In D. Landis & R. W. Brislin (Eds.), *Handbook of Intercultural Training* (Vol. 1, pp. 176-202). New York : Pergamon Press.

Dinges, N. G., & Baldwin, K. D. (1996). Intercultural competence : A research perspective. In D. Landis & R. S. Bhagat (Eds.), *Handbook of Intercultural Training* (2nd edition, pp. 106-123). Thousand Oaks : Sage Publications.

Dinges, N. G., & Lieberman, D. A. (1989). Intercultural communication competence : Coping with stressful work situations. *International Journal of Intercultural Relations, 13* (3), 371-385.

Doi, T. (1995). *Anatomy of Dependence* : Kodansha International. [原著：土居健郎 (1971)『「甘え」の構造』弘文堂]

Durkheim, E. (1938). *The Rules of Sociological Method*. New York : The Free Press. [デュルケム, E. (1942)『社会学的方法の規準』(田辺寿利 訳) 創元社／デュルケム, E. (1978)『社会学的方法の規準』(宮島喬 訳) 岩波書店／デュルケーム, E. (1979)『社会学的方法の規準』(佐々木交賢 訳) 学文社]

Friedman, J. (1994). *Cultural Identity and Global Process*. London : Sage Publications.

Futuyma, D. J. Evolution, science & society : Evolutionary biology and the national research agenda retrieved February 9th, 2006, from http://evonet.sdsc.edu/evoscisociety/what_is_evo_biology.htm

Gaston, J. (1984). *Cultural Awareness Teaching Techniques*. Brattleboro : Pro Lingua Associates.

Goffman, E. (1967). *Interaction Ritual*. Garden City, NY : Anchor Books. [ゴッフマン, A. (1986)『儀礼としての相互行為：対面行動の社会学』(広瀬英彦・安江孝司 訳) 法政大学出版局／ゴッフマン, A. (2002)『儀礼としての相互行為：対面行動の社会学（新訳版）』(浅野敏夫 訳) 法政大学出版局]

Goldstein, D. L., & Smith, D. H. (1999). The analysis of the effects of experiential training on sojourners' cross-cultural adaptability. *International Journal of Intercultural Relations, 23* (1), 157-173.

Gordon, M. (1973). Assimilation in America : Theory and reality. In P. Rose (Ed.), *The Study of Society* (pp. 350-365). New York : Random House.

Hall, E. T. (1959). *The Silent Language*. New York : Anchor Books. [ホール, E. T. (1966)『沈黙のことば』(国広正雄・長井善見・斎藤美津子 訳) 南雲堂]

Hall, E. T. (1976). *Beyond Culture*. New York : Anchor Books Doubleday. [ホール, E. T. (1977)『文化を超えて』(安西徹雄 注釈) 研究社出版, ホール, E. T. (1979)『文化を越えて』(岩田慶治・谷泰 訳) ティビーエス・ブリタニカ, ホール, E. T. (1990)『文化を超えて』(藤本昌司 訳) 桐原書店]

Hall, E. T. (1984). *The Dance of Life : The Other Dimension of Time*. New York : Anchor Books. [ホール, E. T. (1983)『文化としての時間』(宇波彰 訳) ティビーエス・ブリタニカ]

Hall, E. T., & Hall, M. R. (1987). *Hidden Differences : Doing Business with the Japanese*.

New York: Anchor Books Doubleday. [ホール, E. T., & ホール, R. M. (1987)『摩擦を乗り切る』(國広正雄 訳) 文藝春秋]

Hall, S., & Du Gay, P. (1996). *Questions of Cultural Identity*. London: Sage Publications. [ホール, S., & ドゥ・ゲイ, P. (2001)『カルチュラル・アイデンティティの諸問題: 誰がアイデンティティを必要とするのか?』(宇波彰 監訳) 大村書店]

Hammer, M. R., Bennett, M. J., & Wiseman, R. (2003). Measuring intercultural competence: The Intercultural Development Inventory. *International Journal of Intercultural Relations, 27* (4), 421-443.

Hammer, M. R., Gudykunst, W. B., & Wiseman, R. L. (1978). Dimensions of intercultural effectiveness: An exploratory study. *International Journal of Intercultural Relations, 2*, 382-393.

Hampden-Turner, C., & Trompenaars, F. (2000). *Building Cross-cultural Competence: How to Create Wealth from Conflicting Values*. New Haven and London: Yale University Press.

Hannigan, T. P. (1990). Traits, attitudes, and skills that are related to intercultural effectiveness and their implications for cross-cultural training: A review of the literature. *International Journal of Intercultural Relations, 14* (1), 89-111.

Hanvey, R. (1979). Cross-cultural awareness. In E. C. Smith & L. F. Luce (Eds.), *Toward Internationalism: Readings in Cross-Cultural Communication* (pp. 46-56). Rowley, MA: Newbury House.

Harrison, D. (1999). Communicating classrooms: English language teaching and world citizenship. *The Language Teacher, 23* (2), 29-31.

Hess, J. D. (1994). *The Whole World Guide to Culture Learning*. Yarmouth, ME: Intercultural Press.

Higgings, M., & Tanaka, B. M. (1999). Empowering ESL students for world citizenship. *The Language Teacher, 23* (2), 15-19.

Hofstede, G. (1980). *Culture's Consequences: International Differences in Work-Related Values*. Beverly Hills, CA: Sage Publications. [ホーフステッド, G. (1984)『経営文化の国際比較: 多国籍企業の中の国民性』(万成博・安藤文四郎 監訳) 産業能率大学出版部]

Hofstede, G. (1983). Dimensions of national culture in fifty countries and three regions. In J. B. Deregowski, S. Dziurawiec & R. C. Annis (Eds.), *Expisications in Cross-Cultural Psychology*. Lisse, Netherlands: Swetz and Zeitlinger.

Hofstede, G. (1986). Cultural differences in teaching and learning. *International Journal of Intercultural Relations, 10* (3), 301-320.

Hofstede, G. (1997). *Cultures and Organizations: Software of the Mind*. New York: McGraw-Hill. [ホフステード, G. (1995)『多文化世界: 違いを学び共存への道を探る』(岩井紀子・岩井八郎 訳) 有斐閣]

Hofstede, G., & Spangenberg, J. (1984). Hofstede's culture dimensions : An independent validation using Rokeach's Value Survey. *Journal of Cross-Cultural Psychology, 15* (4), 417-433.

Hu, H. C. (1944). The Chinese concept of "Face". *American Anthropologist, 46* (1), 45-64.

Imahori, T. T., & Lanigan, M. L. (1989). Relational model of intercultural communication competence. *International Journal of Intercultural Relations, 13* (3), 269-286.

Ingulsrud, J. E., Kai, K., Kadowaki, S., Kurobane, S., & Shiobara, M. (2002). The assessment of cross-cultural experience : Measuring awareness through critical text analysis. *International Journal of Intercultural Relations, 26* (5), 473-491.

Jack, G., & Phipps, A. (2005). *Tourism and Intercultural Exchange : Why Tourism Matters (Tourism and Cultural Change)*. Clevedon : Channel View Publications.

Jaffe, A. (Ed.). (1979). *C. G. Jung : Word and Image*. Princeton : Princeton University Press.［ヤッフェ，A.（編）（1995）『ユング：そのイメージとことば』（氏原寛 訳）誠信書房］

James, C., & Garrett, P. (Eds.). (1991). *Language Awareness in the Classroom (Applied Linguistics and Language Study)*. London : Longman.

Jandt, F. E. (1995). *Intercultural Communication Student Workbook*. Thousand Oaks : Sage Publications.

Kamal, A. A., & Maruyama, G. (1990). Cross-cultural contact and attitudes of Qatari students in the United States. *International Journal of Intercultural Relations, 14* (2), 123-134.

Kay, P., & Kempton, W. (1984). What is the Sapir-Whorf hypothesis? *American Anthropologist, 86* (1), 65-78.

Kemp, J. B. (1995). Culture clash and teacher awareness. *The Language Teacher, 19* (8), 8-11.

Kim, Y., Triandis, H. C., Kagitcibasi, C., Choi, S.-C., & Yoon, G. (1994). *Individualism and Collectivism : Theory, Method and Applications*. Thousand Oaks, CA : Sage Publications.

Kim, Y. Y. (2001). *Becoming Intercultural : An Integrative Theory of Communication and Cross-cultural Adaptation*. Thousand Oaks, CA : Sage Publications.

Kluckhohn, F., & Strodbeck, F. (1961). *Variations in Value Orientations*. New York : Harper & Row.

Kramsch, C. (1998). *Language and Culture*. New York : Oxford University Press.

Kramsch, C. (2005). *Intercultural Literacy vs. Communicative Competence*, Waseda University, Tokyo, Japan.［クラムシュ，C.（2007）「外国語教育・学習者主体の変遷：異文化リテラシーとコミュニケーション能力」『変貌する言語教育：多言語・多文化社会

のリテラシーズとは何か』(佐々木倫子・細川英雄・砂川裕一・川上郁雄・門倉正美・牲川波都季 編) くろしお出版]
Kraus, S. J. (1995). Attitudes and the prediction of behavior: A meta-analysis of the empirical literature. *Personality and Social Psychology Bulletin, 21* (1), 58-75.
Landis, D., & Bhagat, R. S. (Eds.). (1996). *Handbook of Intercultural Training (2nd edition.)* Thousand Oaks: Sage Publications.
LaPiere, R. T. (1934). Attitudes vs. actions. *Social Forces, 13* (2), 230-237.
Levi-Strauss, C. (1958). *Anthropologie structurale.* Paris: Plon. [レヴィ＝ストロース, C. (1972)『構造人類学』(荒川幾男 等 訳) みすず書房]
Lewin, K. (1936). Some social-psychological differences between the US and Germany. In K. Lewin (Ed.), *Principles of Topological Psychology.* London: McGraw-Hill.
Matsumoto, D., & Juang, L. (2004). *Culture and Psychology.* Belmont: Wadsworth. [マツモト, D. (2001)『文化と心理学：比較文化心理学入門』(南雅彦・佐藤公代 監訳) 北大路書房]
Matsumoto, D., LeRoux, J., Ratzlaffa, C., Tatania, H., Uchida, H., Kima, C., et al. (2001). Development and validation of a measure of intercultural adjustment potential in Japanese sojourners: The Intercultural Adjustment Potential Scale (ICAPS). *International Journal of Intercultural Relations, 25* (5), 483-510.
McGuigan, J. (1999). *Modernity and Postmodern Culture.* Buckingham and Philadelphia: Open University Press. [マグウィガン, J. (2000)『モダニティとポストモダン文化：カルチュラル・スタディーズ入門』(村上恭子 訳) 彩流社]
McLuhan, M. (1964). *Understanding Media.* New York: Mentor. [マクルーハン, M. (1987)『メディア論：人間の拡張の諸相』(栗原裕・河本仲聖 訳) みすず書房]
McLuhan, M. a. Q. F. (1968). *War and Peace in the Global Village.* New York: Bantam. [マクルーハン, M., & フィオール, Q. (1972)『地球村の戦争と平和』(広瀬英彦 訳) 番町書房]
Mead, M. (1961). *Coming of Age in Samoa.* New York: Perennial Classics. [ミード, M. (1976)『サモアの思春期』(畑中幸子・山本真鳥 訳) 蒼樹書房]
Mead, M. (1995). *Blackberry Winter: My Earlier Years.* New York: Kodansha International. [ミード, M. (1975)『女として人類学者として：マーガレット・ミード自伝』(和智綏子 訳) 平凡社／ミード, M. (1988)『女流文化人類学者の青春』(相沢敬久 訳) 英宝社]
Moran, P. (2001). *Teaching Culture: Perspectives in Practice.* Boston: Heinle & Heinle.
Morse, G. (2006, January). Decisions and Desire. *Harvard Business Review,* 42-51.
Muller, B.-D. (2003). Linguistic awareness of cultures: Principles of a training module. In P. Kistler, Konivuori, Sini (Ed.), *From International exchanges to intercultural communication: combining theory and practice* (pp. 50-90). Jyvaskyla: University

of Jyvaskyla.

Nagata, A. L. (2005). Promoting self-reflexivity in intercultural education. *Journal of Intercultural Communication, 8,* 139-167. [Nagata, A. L. (2005)『異文化コミュニケーション学会 紀要』第8号, 139-167頁. 異文化コミュニケーション学会]

Nisbitt, R. E. (2003). *The Geography of Thought : How Asians and Westerners Think Differently . . . and Why.* New York : Free Press. [ニスベット, R. E. (2004)『木を見る西洋人森を見る東洋人：思考の違いはいかにして生まれるか』(村本由紀子 訳) ダイヤモンド社]

Noels, K., Pon, G., & Clement, R. (1996). Language, identity, and adjustment : The role of linguistic self-confidence in the acculturation process. *Journal of Language and Social Psychology, 15,* 246-264.

Oberg, K. (1960). Culture shock : Adjustment to new cultural environments. *Practical Anthropology, 7,* 177-182.

Olson, C. L., & Kroeger, K. R. (2001). Global Competency and Intercultural Sensitivity. *Journal of Studies in International Education, 5* (2), 116-137.

Paige, M. R. (Ed.). (1993). *Education for the Intercultural Experience.* Yarmouth, ME : Intercultural Press.

Paige, R. M. (1993). On the nature of intercultural experiences and intercultural education. In R. M. Page (Ed.), *Education for the Intercultural Experience* (pp. 1-20). Yarmouth, ME : Intercultural Press.

Paige, R. M., Jacobs-Cassuto, M., Yershova, Y., & DeJaeghere, J. (1999). *Assessing intercultural sensitivity : A validation study of the Hammer and Bennett (1998) Intercultural Development Inventory.* Paper presented at the International Academy of Intercultural Research Conference, Kent State University, Kent, Ohio.

Parry, M. (2002). *Transcultured Selves Under Scrutiny : Whither languages?* Paper presented at the Transcultured Self : Experiencing Languages and Intercultural Communication, Johannes Kepler Universitat, Linz, Austria.

Pinker, S. (1995). *The Language Instinct : How the Mind Creates Language.* New York : HarperCollins. [ピンカー, S. (1995)『言語を生みだす本能 上』(椋田直子 訳) 日本放送出版協会／ピンカー, S. (1995)『言語を生みだす本能 下』(椋田直子 訳) 日本放送出版協会]

Santa, J. L., & Baker, L. (1975). Linguistic influences on visual memory. *Memory and Cognition, 3* (4), 445-450.

Sapir, E. (1921). *Language an Introduction to the Study of Speech.* San Diego : Harcourt Brace & Company. [サピア, E. (1943)『言語：ことばの研究序説』(木坂千秋 訳) 刀江書院／サピーア, E. (1957)『言語：ことばの研究』(泉井久之助 訳) 紀伊國屋書店／サピア, E. (1998)『言語：ことばの研究序説』(安藤貞雄 訳) 岩波書店]

Sapir, E. (1958 [1929]). The status of linguistics as a science. In D. G. Mandelbaum (Ed.), *Culture, Language and Personality*. Berkeley, CA : University of California Press.

Schuetz, A. (1963). The stranger : An essay in social psychology. In A. J. Vidich (Ed.), *Identity and Anxiety : Survival of the Person in Mass Society*. Glencoe, IL : Free Press.

Scollon, R., & Scollon, S. W. (2001). *Intercultural Communication : A Discourse Approach*. Oxford : Blackwell.

Scott, J. (Ed.). (2003). *Travel Industry World Yearbook-The Big Picture*. Spencertown, NY : Travel Industry Publishing Company.

Scully, G. (2000). Does the distriutions of income affect fife expectancy? Retrieved Feb. 27, 2006, from www.ncpa.org/ba/ba328/ba328.html

Seelye, H. N. (1984). *Teaching Culture-Strategies for Intercultural Communication*. Lincolnwood : National Textbook Company.

Seelye, H. N. (Ed.). (1996). *Experiential Activities for Intercultural Learning*. Yarmouth, ME : Intercultural Press.

Sharp, J. (1997, March 19th 1997). Communities of practice : A review of the Literature Retrieved April 15th, 2004, from http://www.tfriend.com/cop-lit.htm

Shaules, J. (2003, November). Student identity : From personal to global. *Oxford News for Japan*, 4-5.

Shaules, J. (2004a). *Explicit and Implicit Cultural Difference in Cultural Learning Among Long-term Expatriates*. University of Southampton, Southampton.

Shaules, J. (2004b). Going mainstream : The role of intercultural education in Japan. *The Journal of Intercultural Communication-SIETAR Japan, 7.* [『異文化コミュニケーション』第7号. 異文化コミュニケーション学会]

Shaules, J. (2006). Assessing intercultural learning strategies with personal Intercultural Change Orientation (PICO) Profiles. *Rikkyo Journal of Intercultural Communication.* [『異文化コミュニケーション論集』第4号, 立教大学異文化コミュニケーション研究科]

Shaules, J., & Inoue, A. (2000). Relativism and universalism--opposing views of education for internationalization. *The Language Teacher, 24* (5), 13-17.

Shaules, J., Tsujioka, H., & Iida, M. (2004). *Identity* : Oxford University Press.

Sherbert, G., Gerin, A., & Petty, S. (Eds.). (2006). *Canadian Cultural Poesis : Essays on Canadian Culture*. Waterloo : Wilfrid Laurier University Press.

Simmel, G. (1950). The stranger (K. H. Wolff, Trans.). In K. H. Wolff (Ed.), *The Sociology of George Simmel*. Glencoe, IL : Free Press.

Singer, M. R. (1968). *Perception & Identity in Intercultural Communication*. Yarmouth,

ME : Intercultural Press.

Smith, R. (1999). Intercultural network theory : A cross-paradigmatic approach to acculturation. *International Journal of Intercultural Relations, 23* (4), 629-658.

Sparrow, L. M. (2000). Beyond multicultural man : Complexities of identity. *International Journal of Intercultural Relations, 24* (2), 173-201.

Stone, F. E., & Ward, C. (1990). Loneliness and psychological adjustment of sojourners : New perspectives on culture shock. In D. M. Keats, D. Munro & L. Mann (Eds.), *Heterogeneity in cross-cultural psychology* (pp. 537-547). Lisse, Netherlands : Swets & Zeitlinger.

Stoorti, C. (1994). *Cross-Cultural Dialogues*. Yarmouth, ME : Intercultural Press.

Tylor, E. (1871). *Primitive Culture*. London : John Murray. [タイラー, E. B. (1962)『原始文化：神話・哲学・宗教・言語・芸能・風習に関する研究』（比屋根安定 訳）誠信書房]

Terreni, L., & McCallum, J. Considering Culture Retrieved March 27, 2006, from www.ecd.govt.nz.running/culture/considering.html

Thiagarajan, S., & Steinwachs, B. (1990). *Barnga : A Simulation Game on Cultural Clashes*. Yarmouth, ME : Intercultural Press.

Ting-Toomey (Ed.). (1994). *The Challenge of Facework : Cross-cultural and Interpersonal Issues*. Albany : State University of New York Press.

Ting-Toomey, S., & Oetzel, J. G. (2001). *Managing Intercultural Conflict Effectively*. Thousand Oaks, CA : Sage Publications.

Tomalin, B., & Stempleski, S. (1993). *Cultural Awareness*. New York : Oxford University Press.

Tomlinson, B. (2000). Materials for cultural awareness. *The Language Teacher, 24* (2).

Triandis, H. C. (1972). *The Analysis of Subjective Culture*. New York : Wiley.

Triandis, H. C. (1995). *Individualism and Collectivism*. Boulder, CO : Westview. [トリアンディス, H. C. (2002)『個人主義と集団主義：2つのレンズを通して読み解く文化』（神山貴弥・藤原武弘 編訳）北大路書房]

Triandis, H. C., Lisansky, J., Marin, G. B. H., & Betancourt, H. (1984). Simpatia as a cultural script of Hispanics. *Journal of Personality and Social Psychology, 47* (6), 1363-1375.

Trompenaars, F., & Hampden-Turner, C. (1998). *Riding the Waves of Culture*. New York, NY : McGraw Hill. [トロンペナールス, F., & ハムデン＝ターナー, C. (2001)『異文化の波：グローバル社会：多様性の理解』（須貝栄 訳）白桃書房]

Trompenaars, F., & Hampden-Turner, C. (2004). *Managing People Across Cultures*. Chichester : Capstone Publishing Ltd.

Valdes, J. M. (1994). *Cross-Cultural Dialogues*. Yarmouth, ME : Intercultural Press.

Valdes, J. M. (Ed.). (1986). *Culture Bound*. Cambridge : Cambridge University Press.

Ward, C., & Kennedy, A. (1993). Where's the "culture" in cross-cultural transitions? *Journal of Cross-Cultural Psychology, 24* (2), 221-249.

Ward, C., Bochner, S., & Furnham, A. (2001). *The Psychology of Culture Shock, 2nd edition.* Philadelphia, PA : Routledge.

Ward, C., Okura, Y., Kennedy, A., & Kojima, T. (1998). The U-Curve on trial : A longitudinal study of psychological and sociocultural adjustment during cross-cultural transition. *International Journal of Intercultural Relations, 22* (3), 277-291.

Weaver, G. (1993). Understanding and coping with cross-cultural adjustment stress. In R. M. Page (Ed.), *Education for the Intercultural Experience.* Yarmouth, ME : Intercultural Press.

Weber, M. (1968). *Economy and Society : An Outline of Interpretive Sociology* (E. Fischoff, Trans.). New York : Bedminster Press.

Wicker, A. W. (1969). Attitudes vs. Actions : The relationship of verbal and overt behaviour responses to attitude objects. *Journal of Social Issues, 25* (4), 41-78.

Williams, R. (1958). *Culture and Society 1780-1950.* London : Flamingo. ［ウィリアムズ, R. (1968)『文化と社会：1780-1950』（若松繁信・長谷川光昭 訳）ミネルヴァ書房／ウィリアムズ, R. (2008)『文化と社会：1780-1950（ミネルヴァ・アーカイブス）』（若松繁信・長谷川光昭 訳）ミネルヴァ書房］

Yamamoto, S. (1998). Applying the developmental model of intercultural sensitivity in the Japanese context. *Journal of Intercultural Communication, 2,* 77-100.［山本志都 (1998)「異文化センシティビティ・モデルを日本人に適用するにあたって：再定義の必要性について」『異文化コミュニケーション』第2号，77-100頁．異文化コミュニケーション学会］

Yoneoka, J. (2000). What is a Kokusaijin? a 10-year study. *The Language Teacher, 24* (9), 7-13.

索　引

あ行
アイデンティティ　34-38, 101-103, 112-114, 167ff, 200ff
甘え　54
異文化
　──感受性　100, 125
　──感受性発達モデル（DMIS）　100-103, 116, 119ff
　──教育　93-97, 220-221
　──人　207
　──適応　93ff
　──における失敗　138-139
　──における成功　92ff, 138-139, 200-201
　──の気づき　93-96

か行
価値観　65, 177-178, 237
カメレオン　204-205
カルチャーショック　110-115
規範　65, 177-178, 234
境界性　101-103, 203
　建設的──　101-102, 200
言語学習　106-107, 164-166, 174-175, 190-195
高コンテクスト／低コンテクスト・コミュニケーション　32
国際適応力尺度（ICAPS）　184
混在状態　122, 234

さ行
差異化　100, 138
最小化　117
サピア＝ウォーフの仮説　47

三角測量　211-213, 236
自文化中心主義　116, 144
受容　115, 118, 144, 156ff, 225
　知的──　159-162
　表層──　158-159
　深い──　162-166
知ること（savoirs）　96
深層前提　65-66, 228
深層文化　6, 18ff
　──モデル　136ff, 229
絶対的判断　81

た行
第3文化の子ども　207
多文化人　101, 200
地球村　21
抵抗　115, 144, 147-155, 184ff, 235
　強制された──　168, 232
　深層（での）──　154-155, 159
　表層──　152
ディメンション（次元）　53
適応　115, 118, 144, 167ff, 225
　強制された──　169-170, 231
　表層──　171
　深い──　173, 181
　──（が求める／への）課題　114, 225
統合　119
ドメイン（領域）　53

な行
人間の普遍性　68
認知的（な）共感　138, 143, 183, 229

は行

反感　148
反転　151, 236
否定　116
フェイスワーク　54
文化　28ff, 137
　　——相対主義　118, 144
　　——たまねぎ　64-65
　　——的コード変換　179-180, 227
　　——的差異　27, 228
　　——の距離　195
　　——の氷山　45
　　——プログラミング　19, 72
　　——を学ぶ／——的な学び　16, 220-221, 233
　　——を学ぶプロセス　136ff
防衛　117

ら行

ラポール　151, 182, 184-190, 235

[著者略歴]

Joseph Shaules（ジョセフ・ショールズ）
米国生まれ。86年初来日。サウサンプトン大学で博士号取得。NPO異文化研究所（JII）所長，慶應大学国際センター兼任講師，NHK『ニュースで英会話』に出演など。著書：*A Beginner's Guide to the Deep Culture Experience* (Intercultural Press), *Identity* (Oxford University Press), *Different Realities*（南雲堂）など。

[監訳者略歴]

鳥飼玖美子（とりかい　くみこ）
立教大学特任教授，国立国語研究所客員教授。コロンビア大学修士課程修了，サウサンプトン大学博士課程修了（Ph.D.）。NHK『ニュースで英会話』監修／テレビ講師。著書：『戦後史の中の英語と私』（みすず書房，2013），『異文化コミュニケーション学への招待』（編著）（みすず書房，2011），『国際共通語としての英語』（講談社，2011），『通訳者と戦後日米外交』（みすず書房，2007）など。

[訳者略歴]

長沼美香子（ながぬま　みかこ）
東京大学大学院総合文化研究科博士課程在籍。マッコーリ大学修士課程修了。NHK『ニュースで英会話』原稿執筆，『日本の翻訳論』（共編著）（法政大学出版局，2010）。

深層文化　異文化理解の真の課題とは何か
（しんそうぶんか　いぶんかりかい　しんのかだいとはなに）

© Torikai Kumiko, 2013　　　　　　　　NDC361／255p／21cm

初版第1刷──2013年5月1日

著　者─────ジョセフ・ショールズ
監訳者─────鳥飼玖美子（とりかい　くみこ）
訳　者─────長沼美香子（ながぬま　みかこ）
発行者─────鈴木一行
発行所─────株式会社　大修館書店
　　　　　　〒113-8541 東京都文京区湯島2-1-1
　　　　　　電話03-3868-2651（販売部）／03-3868-2292（編集部）
　　　　　　振替00190-7-40504
　　　　　　［出版情報］http://www.taishukan.co.jp

装幀者─────粕谷浩義
印刷所─────広研印刷
製本所─────司製本

ISBN978-4-469-24577-6　Printed in Japan
Ⓡ本書のコピー、スキャン、デジタル化等の無断複製は著作権法上での例外を除き禁じられています。本書を代行業者等の第三者に依頼してスキャンやデジタル化することは、たとえ個人や家庭内での利用であっても著作権法上認められておりません。